JN133084

●グラフィック[経済学]—5

Graphic

グラフィック 金融論

第2版

細野　薫
石原秀彦　共著
渡部和孝

Textbook

新世社

第2版へのまえがき

本書の初版は，今からちょうど10年前，リーマン・ショックを契機とした金融危機が世界中に広がりつつあるもっとも深刻な中で執筆されました。その後，金融危機はギリシャなどの欧州債務危機にもつながり，さらに拡大しましたが，他方で，新たなセーフティーネット（安全網）の構築や金融規制の枠組みが整備されるとともに，金融政策も，従来とは異なる新しい緩和手法が開発・実施されてきました。こうした政府・中央銀行・国際機関による努力によって，世界経済は金融危機を脱し，安定的な経済成長を実現することができました。しかし，この回復過程において，多くの国において債務が増加するとともに，米中貿易戦争にみられるような保護主義も台頭してきており，新たな金融危機の種が生じている可能性も無視できない状況です。

そこで，この間の金融経済の変化を踏まえ，大幅な加筆修正を加えて第2版を執筆することにしました。主要な変更点としては，まず，第1章で，世界金融危機の経験を踏まえ，金融危機の前兆としてのバブルに関する解説を加えています。また，第5章では，世界金融危機と，その後の金融規制の国際的枠組みであるバーゼルⅢについての節（レッスン）を加え，第7章にはデリバティブについての解説を入れています。第9章では，金融危機後に多くの国で経験したデフレと密接に関係する「流動性の罠」に関する記述を追加しました。さらに，第10章では，新しい金融政策の枠組みとして，量的緩和政策やフォワードガイダンスなどの政策手法を新たに解説しています。これら以外にも，随所に，最近の経済状況の変化に沿った修正を加えています。

もちろん，こうした加筆修正にもかかわらず，「初学者でもわかりやすく，また，興味がわくような配置を心掛ける」という初版の目的は，変わっていません。むしろ，現実の金融経済の変化を踏まえつつ，よりわかりやすくするための工夫を心掛けました。このため，初版を教科書として利用していただいた先生方や学生諸君の声を踏まえて改訂した箇所も数多くあります。たとえば，

第３章では，情報の非対称性にもとづいた，企業の資本構成の理論について，平易な解説を加えています。

本改訂によって，さらに多くの人々が金融に理解を深められることを望んでいます。

改訂にあたっては，新世社編集部の御園生晴彦氏および彦田孝輔氏の多大なるご尽力を得ました。図表の一部の作成は，劉清氏（学習院大学）の協力を得ました。初版を教科書として使っていただいた方々を含め，皆様に，感謝申し上げます。

2019年１月

細野　薫

石原秀彦

渡部和孝

初版へのまえがき

2009年初頭，金融危機が世界経済に暗い影を落としています。この発端は，アメリカの低所得層向けの住宅ローンの焦げ付き（サブプライム･ローン危機）にありましたが，大量のマネーが国境を越えて移動している現在では，その影響は瞬く間に全世界に広がりました。日本経済も例外ではありません。

金融システムや貨幣は，いわば空気や水のようなもので，普段はその重要性に気付かないものです。しかし，いったんうまく機能しなくなると，たちまち経済活動は混乱し，停滞してしまいます。こうした金融危機は，私たちの暮らしにとっては災厄ですが，平時に金融が果たしている役割をあらためて考えさせてくれる好機でもあります。

本書は，こうした金融危機の最中に刊行されることとなりました。もちろん，構想や執筆自体は数年前から始まっていますが，筆者自身，現在進行中の金融危機を目の当たりにし，あらためて金融の果たしている役割やその望ましい姿について考えさせられました。その結果，何度も書き直しを行い，ようやく刊行にこぎつけました。本書は教科書ではありますが，読者の皆様とともに，現在の危機からの克服策について考えるきっかけとなる一冊になればという願いが込められています。

本書の特徴は，第1に，現在の金融危機を踏まえつつ，金融の役割を基礎から学べるように構成されている点です。時事問題を扱った本も，金融の理論を紹介する教科書も数多くありますが，理論を基礎から学びつつ，現在の危機の本質を理解できる類書はほとんどありません。本書は，本文で金融の基礎を学び，BOXや図表で現実の金融が克明にわかるように配慮しています。

第2に，金融の知識がまったくない初学者でもわかりやすく，また，興味がわくような配置を心がけています。まず，金融システムと貨幣の基礎を学び，その後，銀行などの金融仲介機関，株式市場，債券市場，為替市場などの金融システム，そして金融政策へと，徐々に現実経済への応用が理解しやすい構成としました。大学では経済，経営，商学部など，金融・経済を専攻する1，2年生を主な対象としています。

第3に，本書一冊で，自力で金融論を学べるよう配慮しました。難しい数式は使っていませんし，最小限必要な数式（たとえば「割引現在価値」の計算など）に必要な知識も，本書の中で解説しています。また，各章の冒頭には，学習の目的と概要を紹介し，章末には，理解のチェックのために，演習問題を用意しました。巻末には，演習問題の略解もつけています。このため，一般教養科目（共通科目）における金融論の教科書として，あるいは，金融に関心を持つ社会人の自習用としても，活用できるものと思います。

本書は，3名の著者によるものですが，それぞれの研究分野，得意分野を活かしつつ，全体として統一感がでるよう，十分な配慮をしています。具体的には，渡部が企業金融と銀行，石原が貨幣と金融政策，細野が金融システムと金融市場を担当しましたが，用語の統一はもちろん，水準や内容に濃淡がでないよう，全体の原稿をみて，何度も書き直しをしています。

本書が構想されたのは，数年前のことです。そのきっかけを与えてくださったのは，浅子和美教授（一橋大学）でした。その後，紆余曲折を経てようやく刊行に至ったのは，新世社編集部の御園生晴彦氏の忍耐強い励ましのおかげです。校正段階では，清水匡太氏，出井舞夢氏のお二方にも大変お世話になりました。図表の一部は，川上淳之氏（学習院大学）の協力を得ました。また，筆者らがそれぞれ属する大学等で学生の皆様からの質問や反応も本書の執筆に大いに役立ちました。これらのすべての皆様に，この場を借りて厚くお礼を申し上げます。

2009年5月　一日も早い金融危機の克服を願って

細野　薫
石原秀彦
渡部和孝

目　次

第Ⅰ部　金融の基礎

第Ⅱ部　企業の資金調達と銀行・金融システム

第Ⅲ部　金融市場

8　為替レート　209

第Ⅳ部　金融政策

9　貨幣市場の需要と供給　243

1 金融システム

第 1 章と第 2 章は，金融の基礎となる，金融システムと貨幣の役割について説明します。

金融システムとは，おカネが余っている人から足りない人に，おカネを運ぶ仕組みのことをいいます。資金を移動させるという点では，農家から消費者に野菜を運ぶ流通システム（卸売市場やスーパーマーケット）と同じですが，資金の流れには，モノの流れにはない特有の問題があります。

本章では，資金の流れに伴うさまざまな問題を，現代の金融システムがどのように解消し，資金をスムーズに運んでいるかを学びます。

レッスン

レッスン 1.1　金融システムとは

金融システムは，資金が余っている人（貯蓄家）から足りない人（借り手）に資金を運ぶ仕組みです（図 1.1）。資金の移動には，モノの移動にはないさまざまな問題があります。

たとえば，あなたが突然知らない人におカネを貸してくれといわれてもおそらく断るでしょう。その人が将来本当に返済してくれるかどうか，保証がないからです。借りた人は，そもそもあなたからおカネを騙し取ろうとしているかもしれません。あるいは，騙すつもりはなくても，事業に失敗したり失業したりして，約束通り支払いができなくなるかもしれません。逆に，おカネを貸したあとに，あなたが急な病気などで資金が必要になって，約束よりも早く返済してほしいと望むようになるかもしれません。こうした可能性が高いと，そもそもおカネの貸し借りは起こりません。

これらの問題が生じるのは，資金の移動は時間の経過を伴うからです。借り手は，将来の支払いを約束したうえで，資金を受け取ります。貯蓄家は，将来の受取りを期待して，資金を渡します。現時点では，将来のことは不確実なので，約束通り借り手が支払いをできるかどうかはわかりません。したがって，こうした不確実性が軽減されないと，貯蓄家は安心して借り手に資金を渡すことができないのです。

金融システムとは，将来にわたる不確実性を軽減し，おカネが余っている人（貯蓄者）から足りない人（借り手）へと，資金ができるだけスムーズに流れるようにする仕組みのことをいいます。金融システムは，金融市場と金融仲介機関に大別されます（図 1.2）。金融市場とは，貯蓄家が借り手に対して直接資金を提供する市場のことで，具体的には，株式市場と債券市場があります。金融仲介機関とは，貯蓄家と借り手の間に入る金融機関のことで，貯蓄家は金融仲介機関を通じて間接的に資金を借り手に供給します。具体的には，銀行，保険会社，投資信託などがあります。図 1.3 は家計の金融資産の日米およびユー

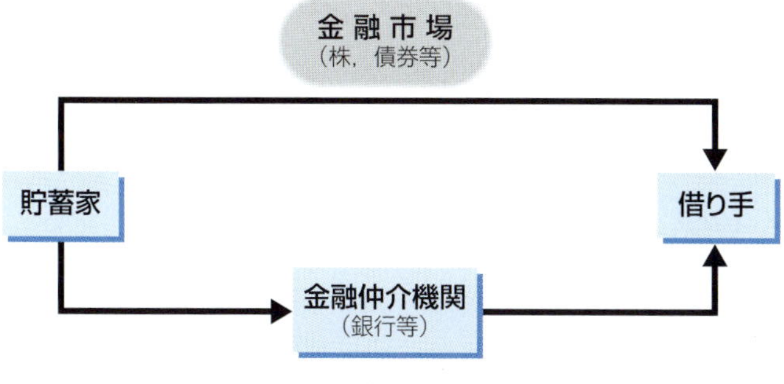

図 1.1　金融システム

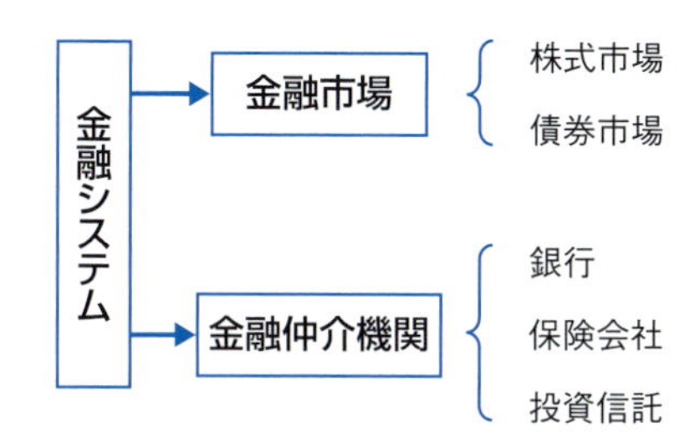

図 1.2　金融システムの分類

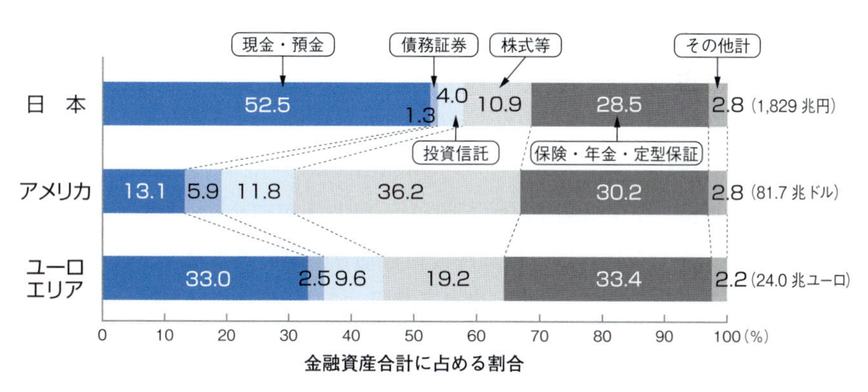

図 1.3　家計の金融資産構成（2018 年 3 月末）

（出所）　日本銀行ウェブサイト　https://www.boj.or.jp/statistics/sj/sjhiq.pdf

（注）「その他計」は，金融資産合計から，「現金・預金」，「債務証券」，「投資信託」，「株式等」，「保険・年金・定型保証」を控除した残差。

ロ圏の比較を示していますが，日本の家計は欧米の家計に比べて，株式や債券などの金融市場を利用することは少なく，銀行預金などの金融仲介機関を使うことが多いことがわかります。

レッスン 1.2 金融市場

債券市場

債券とは，借り手が「いつまでにいくら返済するか」を明示した証明書です。債券には，返済の時期（満期）と，借りた金額（元本），および利子が記載されています（図 1.4）。借り手は，債券を発行し，貯蓄家に購入してもらうことによって，資金の提供を受けます。資金を提供してもよいと思う貯蓄家は，借り手から債券を購入し，購入代金を借り手に支払います。債券や，後に述べる株式の購入者のことを，投資家とも呼びます。

このように，借り手が債券を発行し，投資家がこれを購入する市場を，債券の発行市場と呼びます（図 1.5(a)）。債券を購入した投資家は，そのまま債券を保有してもいいし，途中で他の誰かに売却してもかまいません。

債券の投資家が他の投資家に転売する市場を，債券の流通市場と呼びます（図 1.5(b)）。「債券市場」というのは，発行市場と流通市場をまとめた総称です。借り手は，満期日に債権を保有している投資家に対して，約束した金額（元本＋利子）を返済します（図 1.5(c)）。もし，借り手が持っている資産が約束した返済額よりも少なければ，借り手は約束通り返済できません。このように，借り手が約束を守れないことを，債務不履行（デフォルト）と呼びます。

債務不履行が生じると，借り手は持っている資産の範囲内で債権保有者に返済することになります。債券の保有者は，債務不履行が生じ，当初の約束額よりも少ない額しか返済されないというリスクを抱えることになります。このリスクを信用リスク（デフォルト・リスク）と呼びます。

図 1.4　債券の例

(a)　債券の発行（発行市場）

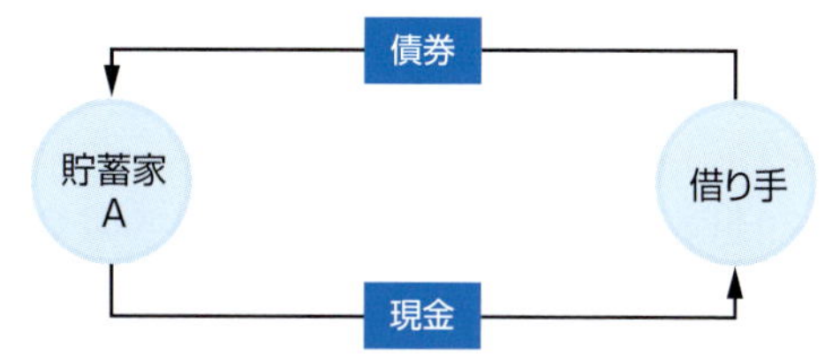

(b)　債券の転売（流通市場）

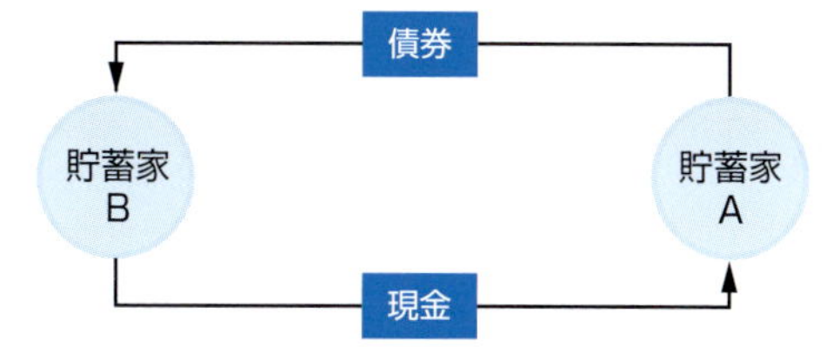

(c)　債券の償還

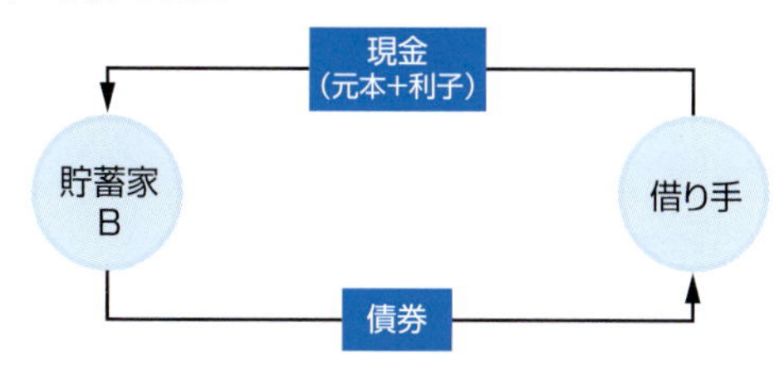

図 1.5　債券市場の仕組み

株式市場

株式とは，会社の所有権を表すものです。株式を購入した人は，会社の所有者（オーナー）として，持っている株式数に応じて会社の利潤を受け取ることができます。

たとえば，ソニーが10億株の株式を発行していれば，ソニー株を10万株を保有している人は，ソニーの利益の1万分の1（10万÷10億）を受け取る権利を持っています。

株式市場も，債券市場と同様に，発行市場と流通市場があります。発行市場は，企業が資金調達のために新たに株式を発行する市場です。他方，流通市場は，投資家どうしの間で株式を売買する市場です。**証券取引所**は，組織化された流通市場であり，多くの企業の株式がここで売買されています（図1.6）。

証券取引所で取引される株式の価格（**株価**）は，その株式に対する需要（買い）と供給（売り）で決まります。たとえば，ソニーの収益は将来高まるだろうと多くの人が予想すれば，ソニーの株式に対する需要が増え，株価が上昇します。逆に，ソニーの収益に対して悲観的な予想が広がると，株価は下落します。ソニーの株式を保有している人は，株価が上がれば，売却することで利益を得ることができますが，株価が下がれば，損失が出ます。このように，株式を保有している人は，株価変動によるリスクを抱えています。一般に，資産価格の変動によるリスクを，**市場リスク**と呼びます。

レッスン1.3 金融仲介機関

銀　行

銀行は，多数の貯蓄家から**預金**として資金を集め，これを多数の借り手に貸し出しています。銀行は，借り手から利子（**貸出金利**）を受け取り，預金者に利子（**預金金利**）を支払っています（図1.7）。貸出金利は預金金利よりも高く，この差額が，銀行の諸費用や銀行の株主への利潤の支払いにあてられています。

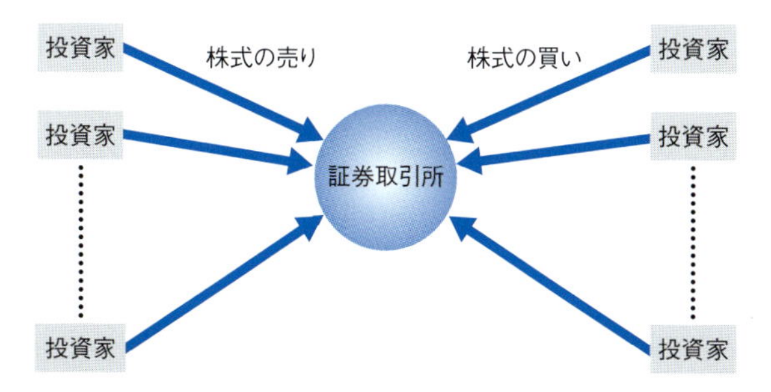

図 1.6　証券取引所の仕組み
証券取引所には，多数の投資家が証券会社を通じて出した株式の売り注文と買い注文が集まり，売りと買いが一致するように株価が決まります。

■BOX1.1　日経平均株価，東証株価指数とは■

テレビでは連日,「今日の日経平均株価の終値は，昨日よりも 180 円安い，22,307 円でした」といったニュースを流しています。日経平均株価とは，どのようなものなのでしょう？

株価は，企業によって値上がりするものもあれば，値下がりするものもあります。なかでも，主要な企業 225 社の株価について，平均をとったものが日経平均です。名前のとおり，日本経済新聞社が公表しており，日経平均株価をみれば，全体的な株価の動向がわかります。

日経平均株価とは別の平均株価として，東京証券取引所が公表している，東証株価指数（TOPIX）があります。これは，東京証券取引所第一部上場株の時価総額の合計を終値（市場が閉まる午後 3 時時点の株価）ベースで評価し，基準日である 1968 年 1 月 4 日の時価総額を 100 として，新規上場などを調整して指数化したものです。

日経平均株価も TOPIX も，株価の全体の動向を知るための平均的な指標です。また，これらの指標をもとにしたさまざまな取引（先物取引やオプション取引）も行われています。

ただし，TOPIX が東証一部上場銘柄すべての時価総額の指数であるのに対し，日経平均は主要な銘柄 225 社の単純平均となっているなど，両者の違いにも注意が必要です。また，日経平均は，ハイテクや金融などの業種からの銘柄採用が多く，これらの株価変動の影響を受けやすいといわれています。

銀行から資金を借りている企業の中には，約束通り金利や元本を返済できずに，債務不履行に陥る企業もあります。こうした貸出は，**不良債権**となります。

銀行預金は，いつでも現金として引き出せます。また，銀行預金は公共料金などの支払いにも使うことができます。このように，銀行預金は通貨（硬貨や紙幣）と同じように，**決済（支払）手段**として使われています。

保険会社

病気や事故などで働けなくなると，通院や入院に費用がかかりますし，その間仕事を休むことで，収入も減ってしまいます。また，働き手が死亡してしまうと，残された家族はたちまち生活に困ってしまうかもしれません。

保険会社は，契約者から保険内容に応じた額の保険料を受け取り，いざ事故や病気等が生じた場合に，その人に対して保険金を支払っています（図 1.8)。人々は，保険会社を利用することで，病気や事故の際の損失を軽減することができます。

投資信託

投資信託とは，多くの人々から小口の資金を集め，それらをまとめて，株式や債券などに運用し,収益が出たら資金を出した人々に分配する仕組みです（図 1.9)。小口の資金しか持たない個人は，1人でさまざまな株や債券を購入することはできませんが，投資信託を利用することで，多種多様な株式や債券から収益を得ることができます。

レッスン 1.4 リスク分散

債券や銀行貸出には，借り手が約束通り返済をしてくれない**信用リスク**があります。また，株式市場では，株価が変動して損失を被る**市場リスク**があります。誰しも，できればより多くの収益を，できるだけ少ないリスクで得たいと

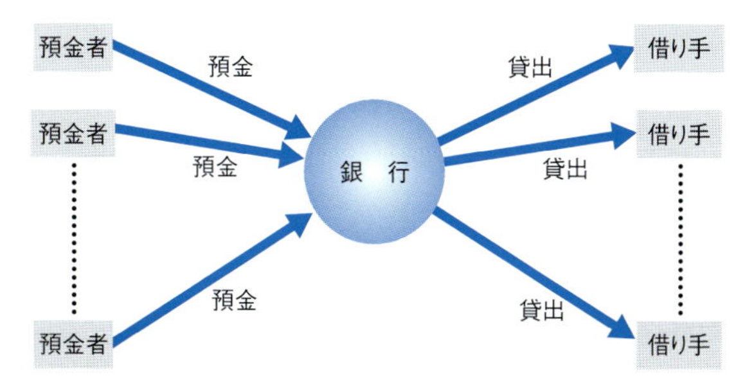

図 1.7　銀行の仕組み

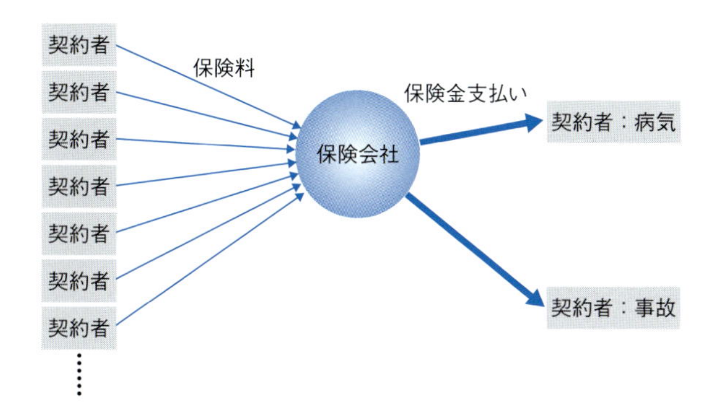

図 1.8　保険の仕組み

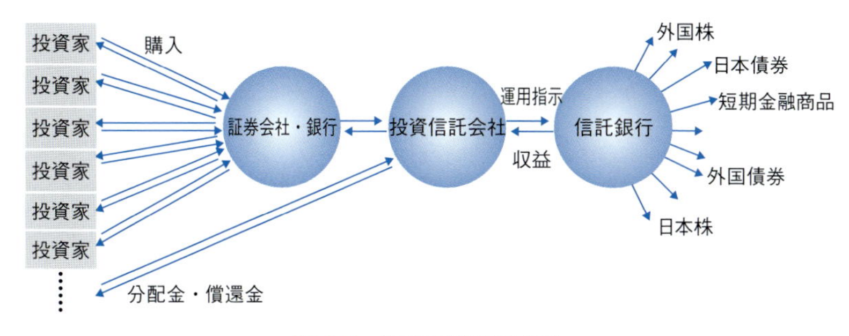

図 1.9　投資信託の仕組み

思っています。金融取引は，現在から将来にわたる取引なので，必ずリスクを伴いますが，金融システムには，リスクをできるだけ小さくできる仕組みが備わっています。まず，金融市場として株式市場を取り上げ，次に金融仲介機関として銀行を取り上げて，それぞれが，どのようにしてリスクを小さくしているのか，その仕組みをみていきましょう。

株式市場におけるリスク分散

まず，株式投資の場合を例にとって説明しましょう（表 1.1）。今，100 万円を持っている投資家がいるとします。株式市場には，A 株と B 株が上場されていて，株価はともに 5,000 円です。企業 A は，エアコンを作っている会社で，年間の平均気温が高ければ収益が高まり，1 年後の株価は 6,000 円になりますが，平均気温が低ければ，1 年後の株価は 4,000 円になるとします。他方，企業 B は石油ファンヒーターを作っている会社で，年間平均気温が低ければ収益が高まり，1 年後の株価は 5,500 円になりますが，平均気温が高ければ，1 年後の株価は 4,500 円になります（表 1.1）。

投資家には，① A 株を 200 株購入，② B 株を 200 株購入，③ A 株，B 株を 100 株ずつ購入，という 3 つの選択肢があるとします。平均気温が高くなる確率と低くなる確率は，ともに$\frac{1}{2}$だとしましょう。このとき，いずれの選択肢も，1 年後に持っている株を売却したときに得られる金額は，平均的には 100 万円です。しかし，リスクは選択肢によって異なります。

選択肢①（A 株を 200 株購入）の場合は，最悪 80 万円しか手に入れることができませんし，選択肢②（B 株を 200 株購入）の場合は，最悪 90 万円しか手に入れることができません。しかし，選択肢③（A 株，B 株を 100 株ずつ購入）の場合，最悪でも 95 万円は手に入れることができ，選択肢③がもっともリスクが低いといえます。つまり，できるだけ多くの企業の株式を購入することで，リスクを軽減できるのです。これを，**リスク分散**と呼びます。株式市場は，投資家にリスク分散の機会を与えています（図 1.10）。

実際に，株式を購入しようとすると 100 株（1 売買単位）あたり数十万円かかることが多いので，少額しか持たない個人が多くの株に分散して投資するこ

表 1.1　分散投資の例

	A 株の 1 年後の株価	B 株の 1 年後の株価
気温高い	6,000	4,500
気温低い	4,000	5,500
平均	5,000	5,000

	選択肢① A 株× 200	選択肢② B 株× 200	選択肢③ A 株× 100，B 株× 100
気温高い	120 万	90 万	105 万
気温低い	80 万	110 万	95 万
平均	100 万	100 万	100 万

① A 株を 200 株，② B 株を 200 株，③ A 株と B 株を 100 株ずつ購入する，という 3 つの投資戦略を考えます。いずれも，平均的な収益は 100 万円で同じですが，リスクは異なります。③の投資戦略は最悪でも 95 万円なので，もっともリスクが小さいといえます。

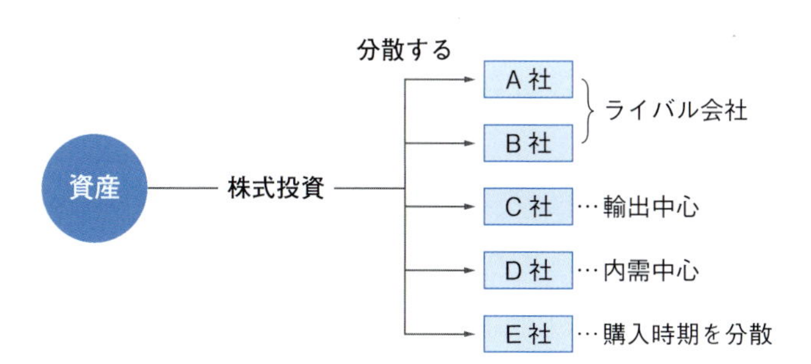

図 1.10　株式投資におけるリスク分散

とは困難です。投資信託は，多くの個人から少額ずつ資金を集めて，株式や債券に分散投資するため，個人でもリスクを分散させることが可能です。

銀行によるリスク分散

銀行も，預金者から集めた資金を多数の借り手に貸し出すことで，リスクを分散しています（図 1.7 参照）。

貸し出すときに，どの借り手が返済できなくなるかを完全に予想することは困難です。しかし，過去のデータなどから，多くの借り手に少額ずつ貸し出していれば，全体の何％程度が返済できなくなるかを予想することは可能ですから，債務不履行による損失はほぼ確定します。

したがって，その分を始めから貸出金利に上乗せしておけば，銀行の収益は安定します。他方，少数の借り手に対し，1 人あたり多額の資金を貸し出していると，その中の数人が返済困難になっただけで，たちまち銀行は大きな損失を被ってしまいます。

たとえば，サイコロを振ったときに「1」が出る確率は$\frac{1}{6}$ですが，実際に 6 回振ったとき，「1」が 2 回出ることもあります。しかし，6 万回振ったとき，「1」が出る回数はその$\frac{1}{6}$のほぼ 1 万回で，「1」が 2 万回も出ることはありません（これを，**大数の法則**と呼びます；図 1.11）。「1 回サイコロを振る」ことを「1 人の人に貸し出す」ことに置き換え，「「1」が出る」というのを，「借り手が返済困難に陥る」と置き換えれば，より多くの借り手に少額ずつ資金を貸し出すことで，リスクが小さくなることがわかると思います。

分散できないリスク

多くの銘柄の株式を購入したり，多くの企業に貸出を行うことで，リスクのかなりの部分は分散できますが，それでも**分散できないリスク**もあります（図 1.12）。

たとえば，日本経済全体が不況に陥った場合には，どの企業も多かれ少なかれ収益が悪化します。そうしたマクロ経済全体に共通のショックは分散化できません。分散化できるのは，各企業に固有のリスクのみです。1990 年代初頭

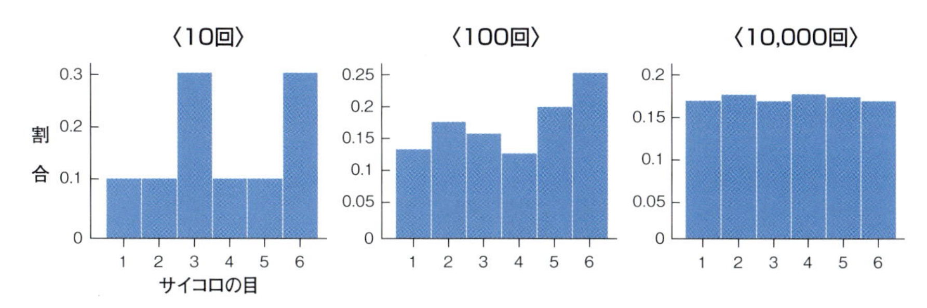

図 1.11　大数の法則
サイコロを 10 回，100 回，10,000 回振って，各目が出た回数の割合をグラフにしたものです。横軸がサイコロの目，縦軸が割合です。サイコロを振る数が増えるにつれて，各目が出る割合が，ほぼ理論値の 6 分の 1（0.1667）に等しくなっていくことがわかります。

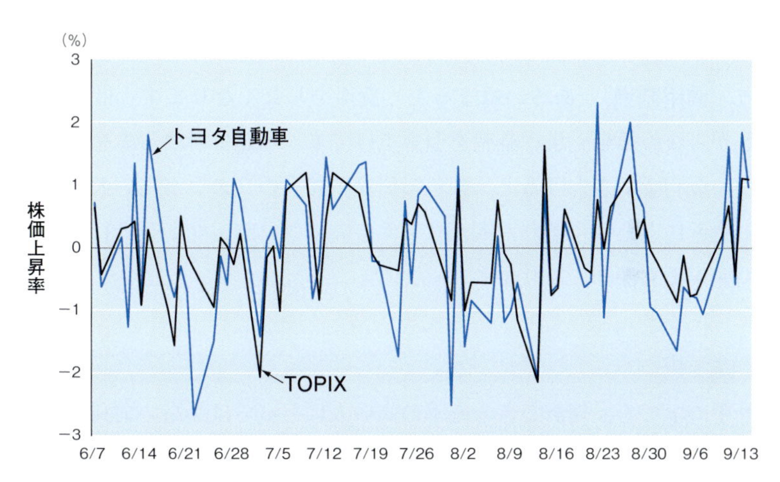

図 1.12　分散できないリスクの例
（出所）　マネックス証券ウェブサイトより著者作成
（注）　2018 年 6 月 7 日から 9 月 14 日までの終値の対前日比上昇率。
東証株価指数（TOPIX）は，東京証券取引所に上場している株価の平均値で，その上昇率は，上場株式のすべてに分散投資している場合の収益率にほぼ等しくなります。これをみると，1 社の株式（ここでは，トヨタ自動車を例に描いています）に投資するよりもばらつきが小さく，分散投資によるリスクの軽減がみて取れます。ただし，リスクが完全になくなるわけではありません。これが，分散できないリスクです。

の日本のように，不況や地価の下落などの深刻な共通ショックが発生すると，分散投資をしていた投資家も損失を被りますし，銀行も，多くの企業が借金を返済できなくなるので，多額の不良債権を抱えることになります。

レッスン 1.5 情報生産

情報の非対称性

金融取引では，貸し手が，借り手の返済能力（信用力）や行動について十分な情報を持っていないことがしばしばあります。これを情報の非対称性と呼びます。借り手は自分のことをよく知っているが，貸し手は借り手のことを知らないという意味で，情報は対称的でありません（図 1.13）。

情報の非対称性が深刻な場合，貸し手は，借りたい人の一部にしか貸さなかったり（信用割当），あるいはまったく貸出をしなくなります。借り手の信用力がわからない場合，単に金利を引き上げても，問題は解決しません。それどころか，金利を引き上げると，むしろ債務不履行のリスクが高い人だけが借入を申し込みにきたり，借りた人がリスクの高いプロジェクトを実行しようとして，問題がより深刻になります。

逆　選　択

借り手の中でも，返済できる確率の高い人にとっては，高い金利を支払うことは損になります。これに対し，返済できる確率が低い人は，高い金利で借りても，実際に返す確率は低いので，とにかくおカネを借りてしまえば得です。これは，逆選択と呼ばれます。

たとえば，A さんの事業は安全で，必ず 1000 万円の収入があるとします。他方，B さんの事業はリスクが高く，確率$\frac{1}{2}$で 1100 万円の収入がでますが，確率$\frac{1}{2}$で収入はゼロだとします（図 1.14）。A さんも B さんも手元に 50 万円しか資金がなく，事業をするにはあと 800 万円の資金が必要だとします。預金

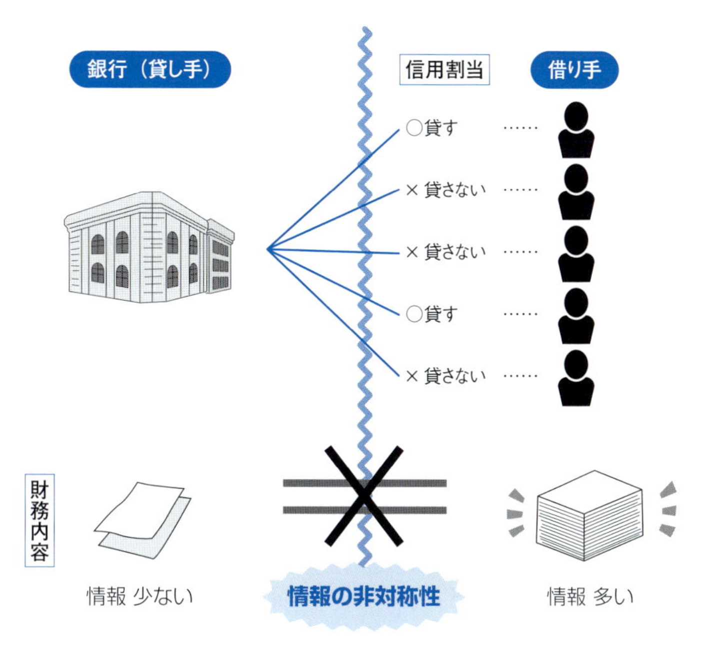

図 1.13　情報の非対称性

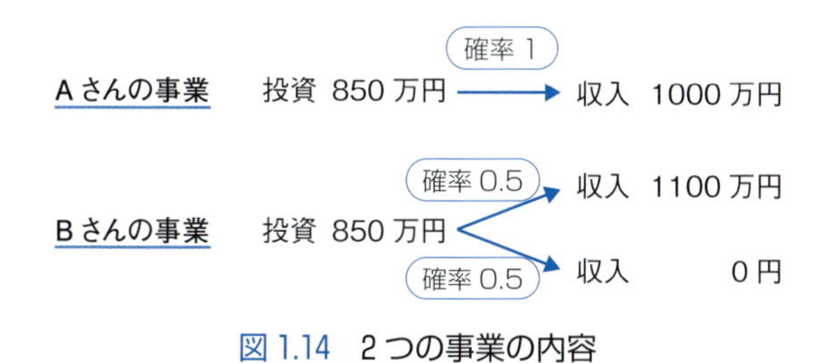

図 1.14　2 つの事業の内容

金利は0%だとして，貸出金利が10%と20%の場合を考えてみましょう。

Bさんの収入の期待値（平均値）は550万円（=1100万円×0.5+0円×0.5）で，Aさんよりも低いことがわかります。Bさんは期待値が低く，リスクが高いので，もし銀行がAさんとBさんの見分けがつけば，Aさんのみに貸出をしたいと考えるでしょう。では，AさんとBさんの見分けがつかない場合はどうでしょうか？

まず，貸出金利を10%にした場合を考えてみましょう（図1.15(1)）。Aさんは1000万円の収入のうち，880万円（元本800万円+金利80万円）を返済するので，手元に120万円残ります。他方，Bさんは確率$\frac{1}{2}$で1100万円の収入があり，このうち880万円を返済するので，手元に220万円残りますが，確率$\frac{1}{2}$で収入ゼロですから，返済額も手元に残る金額もゼロです。したがって，Bさんの手元に残る金額の期待値（平均値）は110万円です。AさんもBさんも，資金を借りずに手元の50万円を現金として置いておく場合（あるいは預金した場合）の金額50万円よりも多いので，資金を借りて事業を営もうとするでしょう。

次に，貸出金利を引き上げて20%にした場合を考えてみましょう（図1.15(2)）。Aさんは1000万円の利益のうち，960万円（元本800万円+金利160万円）を返済するので，手元に40万円残ります。これは，50万円より少ないので，Aさんは借入をせずに，手元の資金を現金（あるいは預金）として置いておくでしょう。他方，Bさんは確率$\frac{1}{2}$で収入1100万円を得ますから，このうち960万円を返済し，手元に140万円残りますが，確率$\frac{1}{2}$で収入ゼロですから，返済額も手元に残る資金もゼロになります。したがって，Bさんの手元に残る金額の期待値（平均値）は70万円です。これはBさんが始めに持っていた50万円より多いので，Bさんは資金を借り入れて事業を営もうとするでしょう。

結局，金利を20%に引き上げると，リスクが高いBさんだけが申し込みにきます。これは，逆選択の例です。

次に，貸し手の立場からみてみましょう。借入金利が10%の場合，AさんとBさんが借入を申し込みにきますから，2人にそれぞれ800万円，合計で

(1) 金利 10 % の場合

〈A さんの事業〉

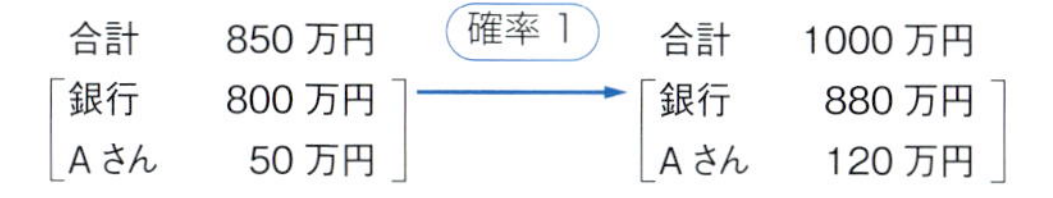

〈B さんの事業〉

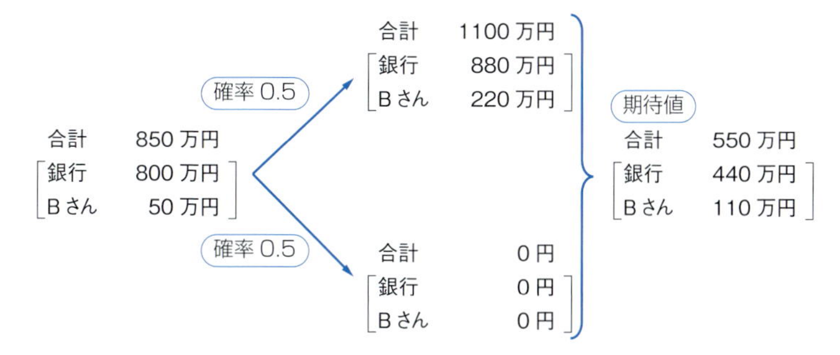

(2) 金利 20 % の場合

〈A さんの事業〉

〈B さんの事業〉

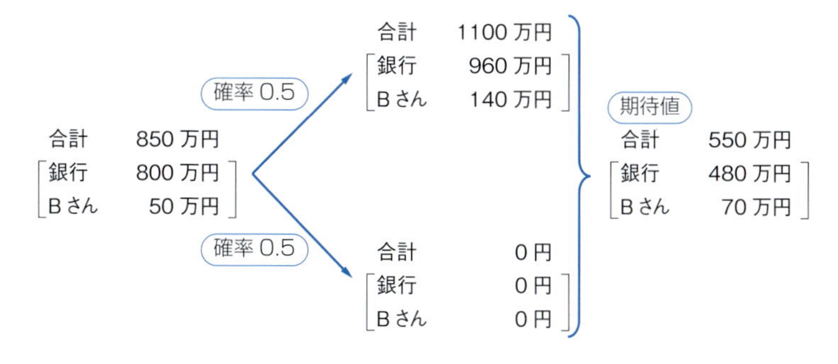

図 1.15 逆選択の例

1600万円貸すことになります。そしてAさんからは必ず，Bさんからは確率$\frac{1}{2}$で，それぞれ880万円返済されるので，期待値（平均値）でみて1320万円（＝880万円×1＋880万円×0.5）しか返済されません。1600万円貸して1320万円の返済では損なので，金利10％では貸しません。

では，金利20％の場合はどうでしょうか。Bさんだけが借りにきますから，800万円を貸すことになります。そして，Bさんは確率$\frac{1}{2}$で960万円返済しますから，期待値では480万円（＝960万円×0.5＋0円×0.5）です。800万円貸して480万円の返済では損なので，やはり金利20％でも貸しません。

結局，AさんとBさんの見分けがつかない貸し手は，金利をいくらに設定しても，貸付金額を上回る返済額を得られないので，資金を貸し出すことはありません。Bさんだけでなく，収益が高くリスクの低いAさんも借りられないのです。

モラル・ハザード

逆選択は，借入を申し込みにくる人の中にリスクの高い人と低い人がいて，貸し手が借り手のリスクを事前に見分けられないときに生じる問題でした。貸し手が，借り手の融資を受けた後の行動を監視できない場合も，金利の引き上げは問題をより深刻にします。逆選択の例ではAさんとBさんがいるという設定でしたが，一人の借り手がAという安全なプロジェクトとBという危険なプロジェクトを選ぶことができるという設定に変更すると，金利が高くなるとリスクの高いプロジェクトBを選ぶ傾向が強まることがわかるでしょう。

借り手が借りたお金で実施した危険なプロジェクトが失敗して，約束した額を返済できない場合，借り手の資産はすべて貸し手に持っていかれるので，借り手に残る資産はゼロで一定になりますが，プロジェクトが成功した場合は，約束した額を返済した残りはすべて借り手のものになります。他方，安全な資産を選ぶと，金利水準が高くなるほど，借り手の取り分は少なくなります。そこで，金利が高く，返済額が多くなるほど，「いちかばちか」のリスクが高いプロジェクトを選択しようとするのです。これは，**モラル・ハザード**と呼ばれます（図1.16）。

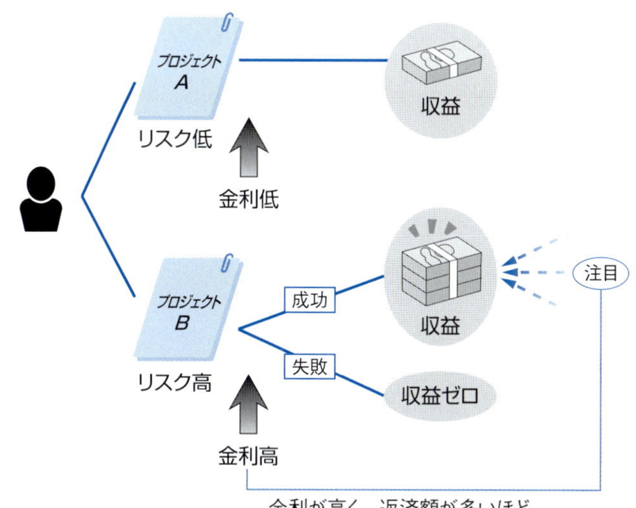

図 1.16　モラル・ハザード

一般的に，モラル・ハザードとは，A さんと B さんが取引を行おうとするとき，① A さんの行為が，B さんがこの取引から得られる利得に影響を及ぼすが，② B さんは A さんの行為を完全には監視あるいは強制できない状況（あるいはそうした A さんの行為）を指します（David M. Kreps, *A Course in Microeconomic Theory*, Pearson Education Limited, 1990 を参照）。たとえば，ある人（A さん）が保険会社（B さん）と火災保険契約という取引を行おうとするとき，① A さんが寝たばこをするという行為が，火事になる確率，つまり，保険会社が保険金を支払う確率を高めてしまうのですが，②保険会社は，A さんに寝たばこをやめさせることができません。こうした状況では，A さんが保険に入ったことで，寝たばこを頻繁にしてしまうというモラル・ハザードが生じます。おカネの貸し借りでは，A さんが B さんからおカネを借りることで，A さんがよりリスクの高いプロジェクトを選択してしまうことを指します。

金融市場における情報生産

よく発達した金融システムでは，逆選択やモラル・ハザードの問題を解消するために，貸し手が借り手の情報を入手できる仕組みが備わっています。

株式市場では，多くの人々が売買取引に参加します。人々は，公開されている現在の収益，資産，新製品などに関する情報にもとづいて，企業の将来性を判断しています。ある人は，この企業は収益が増えるだろうと予想し，その企業の株を買います。同じ企業であっても，別の人は，収益が減るだろうと予想し，その企業の株を売ります。この結果，多くの人が将来にわたって高い収益が期待できると考える企業の株は人気が出て株価が上がり，逆に収益があまり期待できないと考えられる企業の株価は下がります。このように，公開情報をもとに行った多くの人の判断の結果が，株価に集約されているのです。したがって，逆に株価をみることで，人々が平均的にどのように将来収益を予想しているかがわかります。

多くの人々が売買できる株式市場では，株価を通じて，企業収益に関する情報が発信されているともいえます。そして，人々の予想が誤った情報にもとづいて行われないように，企業の資産状況や収益状況を示す**財務諸表**（企業が保有する資産や債務を示す貸借対照表，売上や利益などを示す損益計算書，資金の出入りを示すキャッシュフロー計算書の総称；図 1.17）に関する会計基準やディスクロージャー基準が定められており，これに反する行為（粉飾決算や情報の秘匿，内部情報による取引など）に対して，厳しい処罰が行われているのです。

社債などの債券市場においても，返済が確実な企業の債券は人気が出て，高値で売買されますし，逆に返済が行われない（債務不履行）リスクが高い企業の債券は，安値で売買されます。こうして，債券市場では，債券価格を通じて，債務不履行リスクに関する情報が発信されています。債券市場では，債務不履行のリスクを AAA や BB などのわかりやすい記号で示す**格付け**（表 1.2）が専門の格付機関によって行われているので，投資家は，財務諸表などのほかに，格付けも参考にしながら，債券取引を行っています。

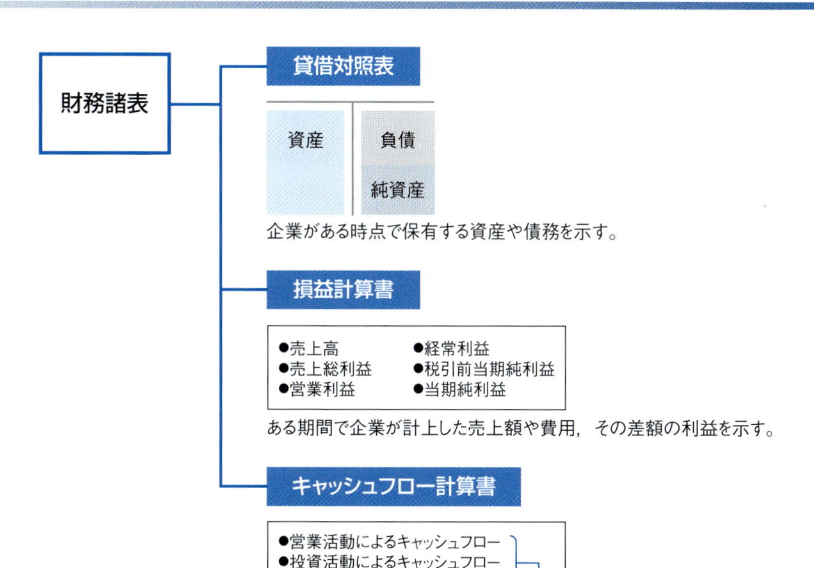

図 1.17　財務諸表

表 1.2　格付けの例

会社名	格付け
IHI	A－
アイカ工業	A
愛三工業	A－
愛知製鋼	A
IDEC	BBB＋
アインホールディングス	A－
⋮	
ロッテ・ショッピング	A
わらべや日洋ホールディングス	BBB＋

（出所）　株式会社日本格付研究所ウェブサイト
（注）　長期発行体格付けを示す（2018 年 9 月 11 日現在）。

銀行による情報生産

銀行は，企業や家計が借入を申し込みにくると，借り手の資産や収入の状況，担保の有無，これまでの返済記録などについて**審査**を行い，審査結果にもとづいて，融資実行の可否，実行する場合の条件（金額，金利，担保，期間など）を決定します。

株式市場や債券市場では，多数の投資家の予想が株価や債券価格といった公開情報に集約されるのに対し，銀行の場合は，審査結果は公表されず，銀行自身が融資判断に活用しています。最近では，複数の銀行が同一の融資条件で融資する**協調融資（シンジケート・ローン）**や**貸出債権**の売買が行われていますが，こうした場合は，審査を行った銀行が得た情報が他の金融機関（シンジケート・ローンの参加金融機関や貸出債権の買い手）に共有されています。

レッスン 1.6 流動性の供給

私たちは，病気やけがをした場合や，失業してしまった場合など，思いがけずおカネが必要になることがあります。そのとき，たとえ瀟洒（しょうしゃ）な家に住み，高価な骨董品を持っていたとしても，家や骨董品の買い手がすぐに見つかるかどうかわかりません。急いで売ろうとすると，本来の価格より相当値引きをしたり，高い販売手数料を支払わざるを得なくなるかもしれません。

ある資産を売りたいときに，容易に売れて現金を手に入れることができる場合，その資産は**流動性**が高いといいます。家や骨董品は，すぐ売却することはむずかしいので，これらは流動性が低い資産だといえます（図 1.18）。

金融市場による流動性供給

家や骨董品と異なり，上場企業の株式や債券の場合，市場が開いている時間であれば，一定の手数料はかかりますが，通常，電話やネットを使ってすぐに売却することができます。証券取引所は，株式や債券に関する多くの人々の売

流動性の低い資産から高い資産へと順番に並べると……

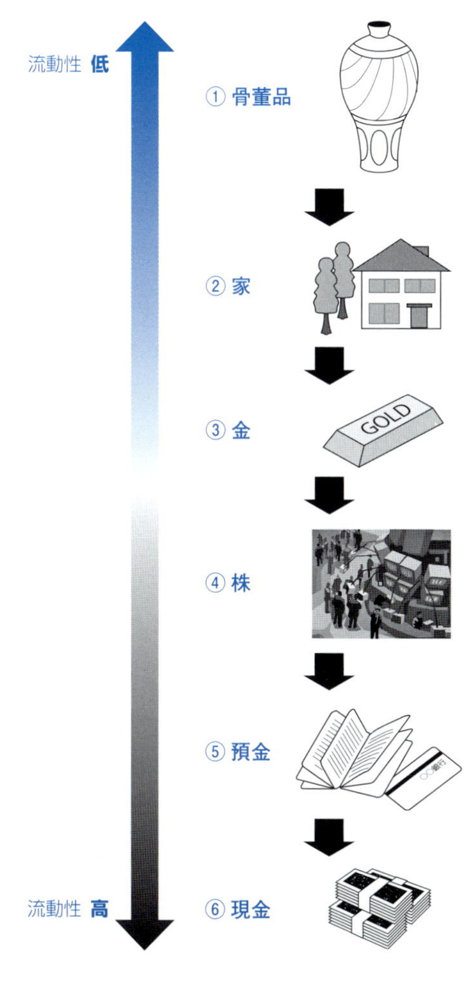

図 1.18　流動性の低い資産と高い資産

買注文を集中させることで，株式や債券の流動性を高める機能を果たしています。

銀行による流動性供給

銀行の場合，当座預金や普通預金は，ATM が稼動している時間帯であれば，いつでも現金を引き出すことができます（時間帯によっては，手数料がかかることがあります）。普通預金などの銀行預金は，現金に次いで，流動性が高い資産だといえるでしょう。

銀行はなぜ，いつでも私たちの預金引き出しに応じることができるのでしょうか？　私たちが銀行に預けた預金のうち，実際に銀行の金庫や ATM の中に保管されているのは，ごく一部です。残りのおカネは，企業や家計に貸し出されています。にもかかわらず，私たちは，ATM に行けばいつでも自分の預金を引き出せます。それはなぜでしょう？

各個人としては，預金を引き出す日が決まっていなくて，まったくランダム（でたらめ）であっても，一日に，ある銀行から引き出される預金の総額は大体決まっており，それは，預金総額の一部にすぎません。たとえば，個人が預金を引き出しに行く確率が$\frac{1}{10}$だとすると（つまり，平均的には，10 日に一度 ATM に立ち寄る），毎日誰が引き出しにくるかは予想できなくても，引き出しにくる人数は預金者全体の$\frac{1}{10}$であるということはわかります（図 1.19）。

したがって，預金のおよそ$\frac{1}{10}$だけを現金として銀行内に保管しておけば，残りの$\frac{9}{10}$を貸出にまわしたとしても，個人の預金引き出しに応じることができるのです。これは，**レッスン 1.4** のリスク分散で述べた，大数の法則と同じ原理です。

レッスン 1.7　金融市場と金融仲介機関の相互依存関係

金融市場と金融仲介機関は，密接に関係しながら，お互いの役割を果たしています（図 1.20）。たとえば，企業が金融市場でコマーシャル・ペーパー（CP）

たとえば，各預金者が，平均的に10日に１日の割合（$\frac{1}{10}$の確率）で預金を引き出しに行くとすると……

預金者	預金を引き出す日					
	4月1日	4月2日	4月3日	4月4日	4月5日	4月6日
預金者1				○		
預金者2	○					
預金者3						○
預金者4			○			
預金者5						○
⋮						
預金者10000			○			
合計	980名	1010名	1005名	997名	990名	1005名

それぞれの預金者がいつ預金を引き出すかは，まったくでたらめ（ランダム）

預金引き出しに来る人は，おおむね1000名程度

図 1.19　銀行による流動性供給

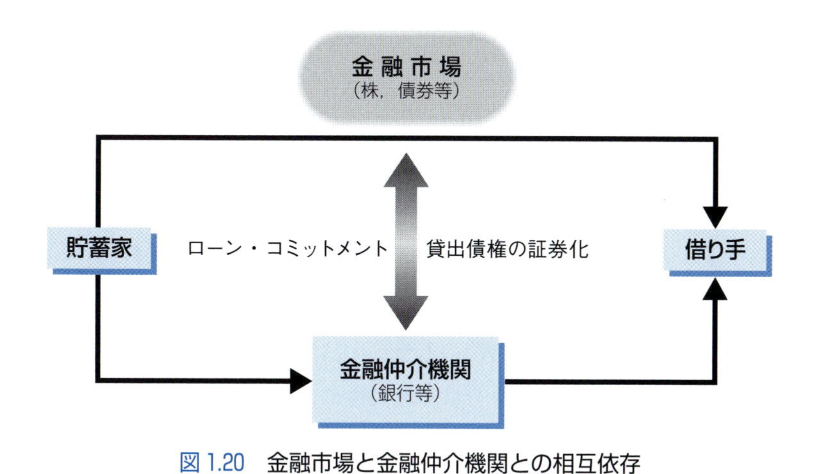

図 1.20　金融市場と金融仲介機関との相互依存

という短期の債券を発行して資金を調達する場合，CPの借り換え（満期を迎えたCPを償還（返済）するために，新たにCPを発行すること）がうまくいかずに一時的に資金難に陥ることを防ぐため，企業は銀行からいつでも貸出をしてもらえるように約束を取り付けています（この約束は，**ローン・コミットメント**あるいは**クレジット・ライン**と呼ばれています）。このように，銀行は企業に**流動性**を提供することで，金融市場を支えています。

逆に，銀行が金融市場を利用して，リスク分散や流動性の確保に役立てようとすることもあります。たとえば，銀行が企業向けの貸出や住宅ローンなどの債権をまとめて，証券として金融市場で投資家に売却する場合です。これは，債権の**証券化**と呼ばれています。この証券を購入した投資家は，借り手の返済資金を受け取る権利を持つわけですが，いくつもの貸出が束ねられているので，個別の貸出と比べれば**リスク分散**のメリットがあります。銀行にとってみれば，貸出債権を売却して現金化することで，貸出リスクを減らし，流動性を高めることができるというメリットがあります。ただし，貸出債権の流動化には，情報の問題がつきまといます。貸し手は借り手の信用力に関する情報が不足しています。そこで，銀行はさまざまな審査を行って融資の可否を決定しています。

もし，ずさんな審査を行えば，**不良債権**（元本や金利の返済が滞っている貸出などの債権）となって銀行自身が損失を被るので，銀行は借り手のできるだけ正確な情報を入手しようと審査しているのです。ところが，融資をした後，その貸出債権を証券として売却してしまう場合は，借り手が返済不能になっても，損失を被るのは銀行ではなく，債券を購入した投資家です。自分自身が損をしなければ，審査も多少いい加減になってしまうかもしれません。2007年夏に，アメリカの低所得者向け貸出（サブプライム・ローンと呼ばれます；第4章およびBOX1.2〜BOX1.4参照）の証券化商品の価格が暴落しましたが，その背景には，こうした金融機関の**モラル・ハザード**の問題がありました。

もちろん，証券化にはリスク分散や流動性の面でメリットもあります。したがって，できるだけモラル・ハザードを抑えつつ，こうしたメリットを活用することができるよう，さまざまな制度設計が模索されています。

■BOX1.2　世界金融危機①：危機の背景■

2008 年 9 月，アメリカの大手証券会社リーマン・ブラザーズが破たんし，世界中のさまざまな金融市場が動揺しました。アメリカ，ヨーロッパ，日本，中国，ロシア，インドなどさまざまな国の株式市場で株価が暴落しました。欧米のインターバンク市場（銀行間で短期資金を貸借する市場）では，資金の出し手がいなくなり，事実上，市場が麻痺する事態に陥りました。欧米ではコマーシャル・ペーパー（CP）の市場で買い手がいなくなり，企業は CP を発行できなくなりました。外国為替市場では，ドルやユーロに対して円高が進みました。

なぜ，こうした金融危機が生じ，それが世界中に伝播したのでしょうか？　また，各国政府は，どのようにしてこの危機を食い止めようとしたのでしょうか？

アメリカでは，2003 年後半以降住宅ブームが起こり，住宅や土地などの不動産価格が上昇していました。これに伴い，金融機関はサブプライム・ローンと呼ばれる個人向け住宅ローンの貸出を増やしていきました。これは，低所得者や延滞歴のある人など，信用力の低い人向けの住宅ローンで，当初の金利は低く抑え，その後階段状に金利を上げていく形態の契約でした。担保となる住宅価格が上がれば，金利が上がる前に，他の金融機関からまた低い金利で借り換えればよい，という安易な考えのもとに，多くの人が借りるようになりました。不動産価格が上昇している限り，容易に借り換えできると考えられたのです。

また，金融機関のほうも，サブプライム・ローンを大量に貸し出すインセンティブ（動機）がありました。サブプライム・ローンを貸し出した金融機関は，そのローンをずっと保有するのではなく，すぐに証券会社などに売却していました。サブプライム・ローンを購入した証券会社は，他のカードローンや自動車ローンなどと組み合わせて，それらのローンから得られる収入を担保とする証券を売っていたのです。サブプライム・ローンだけではリスクが高いのですが，他のローンと組み合わせ，束ねることにより，リスクを減らすことができると考えられました。格付機関も，こうした証券化商品に，AAA などの高格付けをしていました。

こうして，本来はリスクの高いサブプライム・ローンですが，貸しつける金融機関は自らがそのリスクを負担しないので，貸付をどんどん増やしていったのです（これは，モラル・ハザードの一種です）。　（②へつづく）

レッスン1.8 バブルと金融危機

平時においてうまく機能している金融システムが，突如うまく機能を果たせなくなることがあります。たとえば，平常時には，株式は流動性の高い資産なのですが，投資家がパニック的にいっせいに売り注文を出すと，売るに売れないという意味で，流動性が低下してしまうことがあります。こうしたことが上場株式のほとんどの株式で生じると，株式の大暴落という**金融危機**が起こります。こうした大暴落の例としては，ニューヨーク株式市場の「暗黒の木曜日」(1929年10月24日）や「ブラック・マンデー」(1987年10月19日）が有名です。

銀行預金の場合も，預金者がいっせいに預金を引き出そうとすると，銀行にはそれだけの現金がないので，預金の引き出しに応じられなくなります。これが，**銀行危機**と呼ばれるもので，多くの国が経験しています。「火の無いところに煙は立たない」ように，取り付け騒ぎが起こるのは，多くの場合，その銀行の資産内容が悪化し，預金の返済が困難になってしまっているからです。慎重な審査や十分なリスク分散をせず，危険な融資を行った銀行が預金を失い，破たんに追い込まれるというのは，銀行経営者に，そうならないよう健全な融資を行おうとする強いインセンティブ（意欲）を持たせる効果があるので，必ずしも悪いことではありません。

しかし，一時的，あるいは局所的に，ある銀行の経営悪化が預金者の不安心理を高めて他の健全な銀行の預金の引き出しに向かわせることもあります。そうなれば，多くの銀行が貸出先から資金の回収に走るので，借り手は投資プロジェクトをあきらめざるを得ず，経済に深刻な悪影響を及ぼします。こうした状況は，銀行システム全体の危機，すなわち，**システミックな銀行危機**と呼ばれることがあります

また，株価の暴落や銀行取り付けが生じると，その国の金融資産に投資していた外国人がいっせいに金融資産を売りに出すため，その国の通貨の価値（為替レート）が暴落することもあります。これは，**通貨危機**と呼ばれます。さら

■BOX1.3　世界金融危機②：危機の発生■

2006年になって，住宅価格の上昇率が鈍化し始め，これに伴い，サブプライム・ローンの延滞率も高まっていきました。その後，住宅価格は下落に転じ，サブプライム・ローンを組み込んだ証券の価格も低下し始めたのです。こうした証券は，アメリカ，ヨーロッパ，日本など世界中の投資家，ヘッジファンド，証券会社，銀行などが購入していましたから，そうした金融機関などが多額の損失を被るようになりました。

2007年6月には，アメリカのヘッジファンドがサブプライム・ローン関連で多額の損失を被ったことが明らかになり，他の金融機関も多額の損失を被り経営難に陥るのではないかとの懸念が高まりました。とくに証券会社などは，わずかな自己資本と多額の借入金（レバレッジ）をもとに証券化商品をはじめとするさまざまな金融商品に投資していましたから，証券化商品の値下がりが経営危機に直結するおそれが出てきたのです。こうして，さまざまな金融市場で，資金の出し手がいなくなるような事態に陥ったのです。

こうなると，金融機関も資金の手当が難しくなりますし，また，多額の損失を出すと，リスクのある家計や企業向け貸出にも慎重にならざるを得ません（こうした事態は，クレジット・クランチあるいは信用収縮と呼ばれます）。市場で短期の資金を調達できなくなった金融機関は，現金を確保するために，保有している証券などを投げ売りせざるを得なくなり，ますます証券の価格が下がるという事態もみられました。また，アメリカの家計などはローンを借りて消費をするということも難しくなり，自動車などの売れ行きが減少し始めました。そして2008年夏には，金融危機は実体経済にも波及し始めたのです。

こうした中で，リーマン・ブラザーズが破たんし，その後，金融危機は世界中に広がりました。ますます事態は悪化したのです。とくに株式市場では，経済が不況になり企業の売上げが減るだろうという予想が支配的になり，多くの国で株価が暴落しました。日本の金融機関は，サブプライム・ローンなど証券化商品の損失が少なく，金融システムは比較的安定していたので，外国為替市場では，円が買われ，円高が進みました。

（③へつづく）

に，政府の債務が大きくなりすぎて，返済不能となり，**債務不履行**（**デフォルト**）に陥ったり，返済条件の変更，すなわち，**債務再構成**（**デット・リストラクチャリング**）を行うことがあります。また，こうしたことが起こりそうだと予想されると，国債の金利は上昇し，また，社債など他の債券の金利にも波及していきます。こうした状況は，**債務危機**と呼ばれます。

図 1.21(A), (B) は，1970 年から 2017 年までの期間に発生した，システミックな銀行危機の数を国，年ごとに描いています。これによると，システミックな銀行危機が先進国，途上国を問わず頻繁に生じていることがわかります。また，銀行危機と通貨危機，あるいは，債務危機と通貨危機といった，複数種の金融危機が同時に起こることも珍しくありません（図 1.21(C)）。

金融危機が生じる原因はさまざまですが，しばしば，住宅価格や土地などの資産価格の急落がきっかけになっています。1990 年代の日本の銀行危機，2007 年以降のアメリカのサブプライム・ローン危機のいずれも，不動産価格の急落が発端でした。資産の価格は，本来であれば，その収益（地代や家賃など）にもとづく価値（**ファンダメンタルズ**）に等しくなるはずですが，金融緩和などによって低金利が継続し，銀行貸出などが急増するときには，しばしば，ファンダメンタルズを超えた価格（**バブル**）にまで上昇します。その後，資産価格が急激に下落する（バブルの崩壊）と，土地や住宅を担保にしていた貸出が回収できなくなり，銀行の経営が悪化し，銀行危機などが起こります。また，外国からの資金の流入もストップして，通貨危機が生じることもあります。

いったん金融危機が起こると，実体経済に悪影響が及びます。図 1.22 は銀行危機が生じた後に，それ以前の趨勢と比べて，GDP がどの程度落ち込んだかを示しています。これによると，危機発生後 3 年間における GDP の落ち込み幅の累計額は，高所得国（A）では年間 GDP の約$\frac{1}{3}$，中・低所得国（B）では同 1 割強に及ぶことがわかります（いずれも，中央値）。

(A)　世界におけるシステミック銀行危機の頻度(1970−2017)

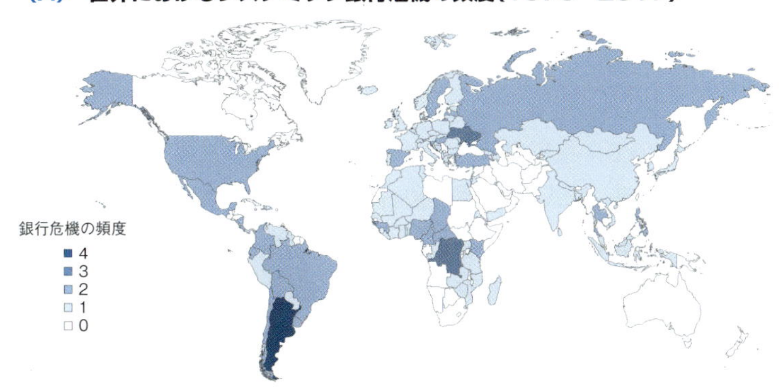

(B)　タイプ別金融危機数の推移

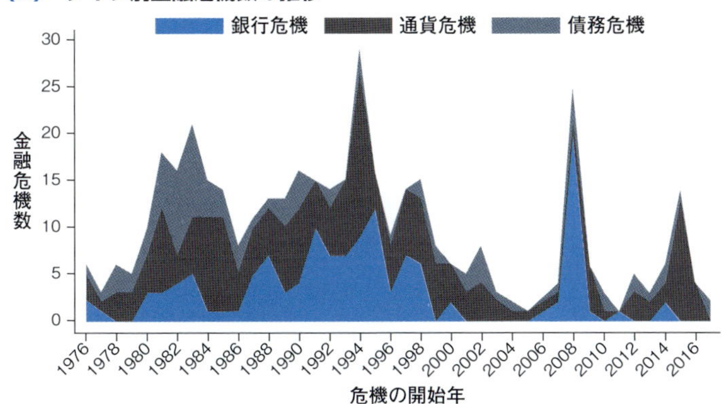

(C)　同時危機(銀行危機・債務危機・通貨危機)

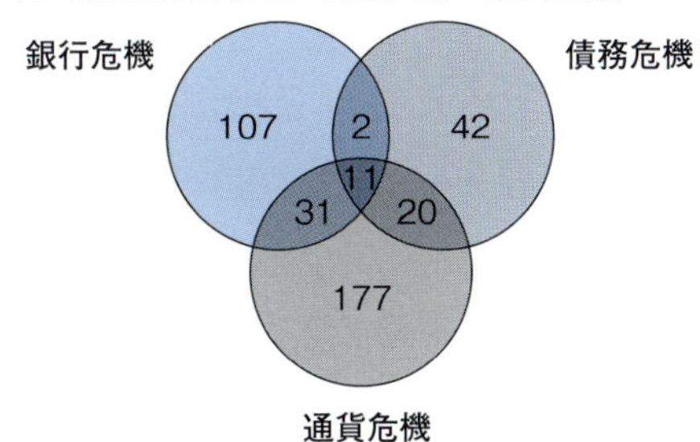

図 1.21　金融危機の頻度

(出所)　Laeven, L. and F. Valencia (2018), "Systemic Banking Crises Revisited," *IMF Working Paper*, 18/206.

レッスン 1.9 金融規制

金融市場において，投資家は，債券や株式を発行する企業の信用リスクや将来収益の見通しにもとづいて，売買を行っています。そうした企業判断のもととなる情報は，財務諸表など企業自身が開示（**ディスクロージャー**）しています。したがって，こうした開示情報に誤りがあったり，あるいは各社ばらばらの基準で比較が困難だと，投資家は正しい判断にもとづいた売買ができません。

このため，財務諸表の作成等にあたっては，統一的な会計基準が設けられており，虚偽の情報開示に対しては厳しい罰則が設けられています。また債券や株式を発行する企業やその関連企業に従事する人だけが得られる情報（内部情報）にもとづいて売買を行えば，そうした情報を得られない外部の人々は，損失を被ることとなり，結局，株式や債券に投資しようとする人々もいなくなってしまうでしょう。こうしたことがないよう，内部情報にもとづく債券や株式の売買（**インサイダー取引**）も厳しく禁止されています。

金融仲介機関についても，さまざまな規制が設けられています。とくに銀行に対しては，預金者保護のために，さまざまな規制と監督が行われています。たとえば，銀行が十分な審査を行わずにずさんな融資をしたり，経営者の私的につながりの強い企業のみに融資を行えば，情報生産やリスク分散が十分に行われず，銀行自身が倒産するリスクが高まります。この結果，預金者の預金も失われかねません。

しかし，一人ひとりの預金者は，少額の預金しか預けていないので，銀行がどういう融資を行っているのかをいちいちチェックするのは面倒です。みな，他の誰かが銀行を監視してくれて，その情報を開示してくれればいいと考えがちです。これは，情報生産に関する**フリー・ライダー**（ただ乗り）の問題と呼ばれています。政府は，預金者の代表として，銀行の行動を規制し，その経営状況を監視しています。

また，銀行預金の取り付け騒ぎを防ぐために，**預金保険**という仕組みを整備

(A) 高所得国

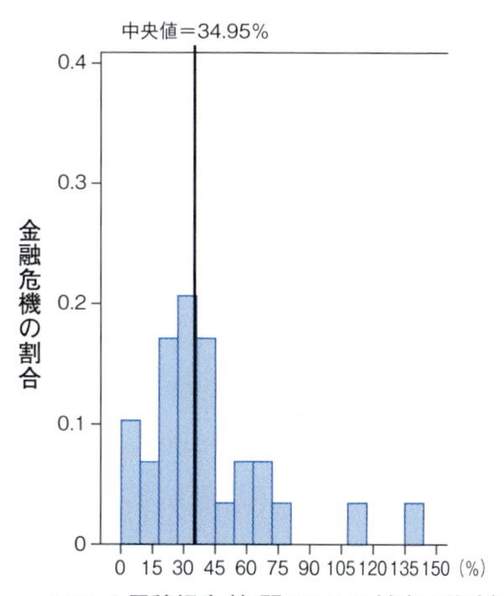

(B) 中・低所得国

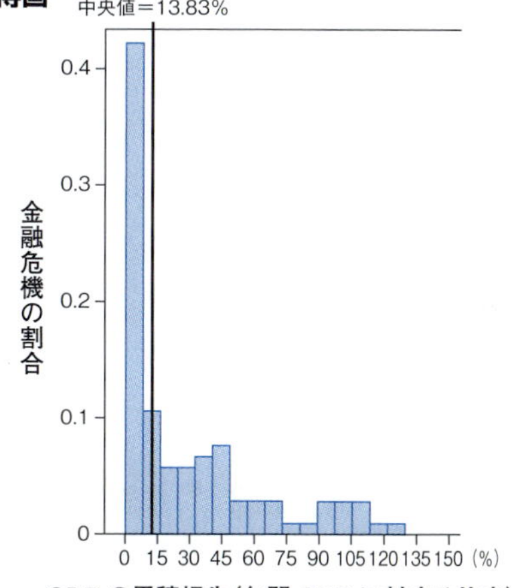

図 1.22　銀行危機時の GDP 損失

（出所）　図 1.21 に同じ

（注）　GDP の損失額は GDP のトレンドからの乖離として計算されている。上図は，危機開始時点を T とすると，T 年から T + 3 年の期間における GDP 損失額を，1 年間のトレンド GDP で除した比率の分布を示す。

して，銀行預金の全額あるいは一部に，政府の保証を付けています。そして，実際に取り付け騒ぎが起こったときには，**中央銀行**（日本では**日本銀行**）が銀行に現金を貸し出すことで騒ぎを収めることもあります（中央銀行の**最後の貸し手**機能と呼ばれます）。他方，手厚い預金保険が整備されると，銀行は十分なリスク分散をせず，危険な融資を行っても預金が集まってくるので，健全な経営をしようとする意欲が阻害されるという弊害もあります。

こうした弊害をできるだけ少なくしつつ，パニック的な取り付け騒ぎを防ぐために，政府による預金の保証を限定的にしたり，銀行の会計基準やディスクロージャーを強化することで，預金者やその他の債権者が銀行を選別できるような工夫がなされています。

また，銀行が保有する資産のリスクに応じて，自己資本（純資産）の水準に最低基準を設け，これを下回らないように規制すること（**自己資本比率規制**）も設けられています。

こうした規制は，預金を受け入れている銀行業に対するものですが，最近では世界的に，銀行以外の金融仲介機関（年金基金，投資ファンドなど）の役割も大きくなりつつあり，これらの金融仲介機関の行動が金融システム全体を揺るがす可能性も指摘されています。

そうした金融仲介機関への規制の在り方も含め，金融システムが安定性を保ちつつ，その役割を十分に発揮できるような仕組みづくりが模索されています。

レッスン1.10　貯蓄・投資と金融システム

金融システムは，資金が余っている人（貯蓄家）から足りない人（借り手）に，資金を運ぶ仕組みです。貯蓄家は支出を上回る所得を得ており，借り手は逆に，所得を上回る支出を行っています。しかし，経済全体では，誰かの支出は，それを受けった人の所得になっているので，所得と支出は一致します。これは，マクロ経済学で習う，**GNI**（**国民総所得**）の定義からもわかります。つまり，

■BOX1.4　世界金融危機③：金融危機への対応と欧州債務危機■

各国の政府・中央銀行は，矢継ぎ早に危機を封じ込めるための対策をとりました。まず，金融機関の資金繰りを助けるために，中央銀行が大量の資金（とくにドル資金）を供給し，前例のないような金融緩和策を講じました。また，アメリカでは，公的資金（税金や国債を原資とする財政資金）を使って，金融機関の不良債権を買い取り，さらに，銀行への資本注入（銀行の株式を購入して，銀行の自己資本を増やすこと）を行いました。また，預金者を保護するための預金保険も拡充しました。イギリスやユーロ圏の諸国でも，一部銀行の国有化を実施したり，銀行間市場での政府保証などを実施しました。日本でも，地方銀行などに対する公的資金による資本増強策が講じられました。

こうして各国政府は，信用不安をできるだけ取り除くことにより，危機を封じ込め，信用収縮を通じて実体経済がさらに悪化することを防ごうとしました。さらに，多くの国の政府は，不況から脱出するため，財政支出を拡大しました。特に中国では，4兆人民元（約57兆円）の経済対策が実施されました。また，これと並行して，金融規制の体系を見直し，今後再び同じような危機が起こらないような仕組みづくりが整えられました。

しかし，銀行への資本注入や財政支出の拡大によって，多くの国の政府債務は増加しました。とくに，欧州の一部の国（ギリシャ，アイルランド，ポルトガル，スペインなど）では，2009年末から政府債務危機が生じ，EUや欧州中央銀行などの支援によって2014年にようやく危機が収束しました。

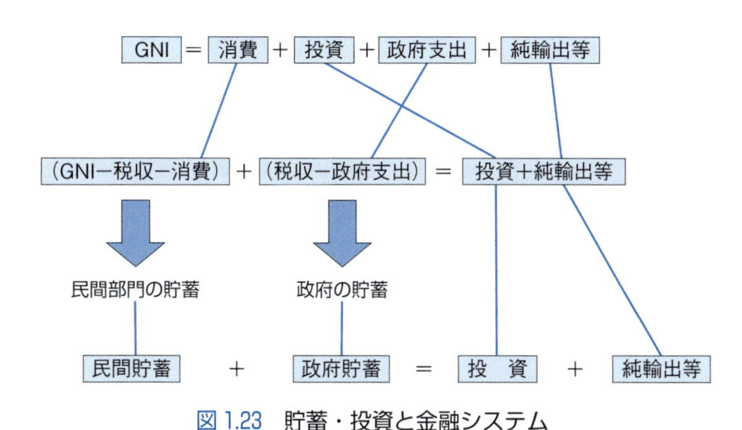

図1.23　貯蓄・投資と金融システム
（注）　純輸出等は，純輸出に海外からの所得（純受取）を加えたもの。

GNI を支出面からみると,

GNI = 消費 + 投資 + 政府支出 + 純輸出等　(1-1)

です。そこで, 両辺から消費と政府支出を引き, 政府の税収を足し引きすると,

(GNI − 税収 − 消費) + (税収 − 政府支出) = 投資 + 純輸出等　(1-2)

となります。左辺の第 1 項は, 税引き後の所得から消費を引いたものですから, 民間部門（家計と企業）の貯蓄を表しています。左辺の第 2 項は, 政府の収入である税収から政府支出を引いたものですから, 政府の貯蓄を表しています。これがマイナスであれば, 財政赤字です。したがって,

民間貯蓄 + 政府貯蓄 = 投資 + 純輸出等　(1-3)

となります（図 1.23)。この両辺を繋ぐのが金融システムの役割だといえます。

図 1.24 は, 日本の民間貯蓄, 政府貯蓄, 投資, 純輸出等の推移を示しています。1990 年代には, 民間貯蓄が増加傾向にありましたが, 投資は停滞し, 両者の差が広がりました。他方, 政府貯蓄のマイナス幅（つまり, 財政赤字）が広がりました。この結果, 民間貯蓄の多くが政府の赤字を埋めるために使われています。

図 1.25 は, 同じ期間の民間貯蓄を家計の貯蓄と企業の貯蓄に分けて, それぞれの推移を示したものです。これをみると, 家計の貯蓄は 1990 年代半ば以降低下傾向にあるのに対し, 企業の貯蓄は 2000 年代初めまで一貫して上昇傾向にありました。家計の貯蓄が減少したのは, 主に貯蓄の取り崩しによって生活する高齢者の割合が少子高齢化の進展により増えたことなどが原因です。

他方, 多くの企業は, 内部の資金（内部留保）を増やして, その範囲内で投資をするようになりました。銀行は, 伝統的には, 資金が余っていた家計から, 設備投資のための資金が不足していた企業に貸出を行っていたのですが, 1980 年代以降の規制緩和のおかげで, 大企業は株式や社債などによる資金調達が可能となったため, 銀行に依存しなくなりました。この結果, 銀行は 1990 年代末以降, 家計から集めた預金の多くを国債の購入にあてるようになりました。

このように, 金融システムの実際の役割は, 家計や企業, 政府の貯蓄や投資行動の変化に伴って常に変化しています。

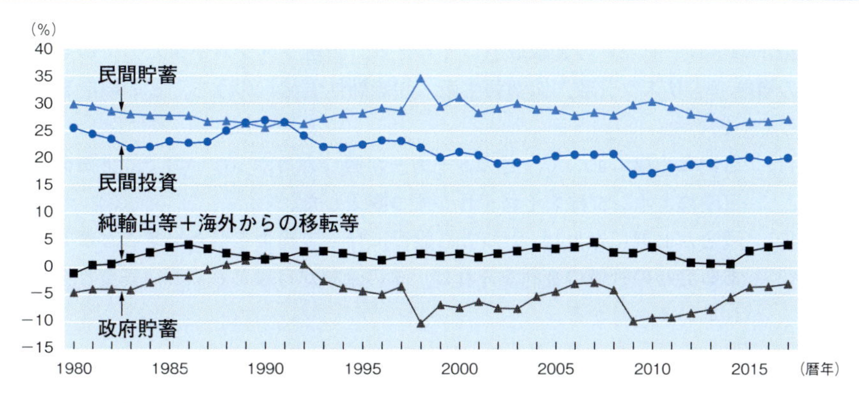

図 1.24　部門別貯蓄投資バランス（対 GDP 比）：1980-2017 年

（出所）　1980-1993 年は，内閣府経済社会総合研究所国民経済計算部編「2009 年度国民経済計算（2000 年基準・93SNA）」，1994-2017 年は，同編「2017 年度国民経済計算（2011 年基準・2008SNA）」より，著者推計。

（注）　1. 民間部門は，家計（個人企業含む），対家計民間非営利団体，非金融法人企業，および金融機関の合計。

2. 各項目は，以下の対名目 GDP 比。
「民間貯蓄」＝貯蓄（純）＋固定資本減耗＋資本移転等（純受取），「民間投資」＝総固定資本形成＋在庫変動＋土地の購入（純），「政府貯蓄」＝（貯蓄（純）＋固定資本減耗＋資本移転等（純受取））－（総固定資本形成＋在庫変動＋土地の購入（純）），「純輸出等＋海外からの移転等」＝純輸出等＋海外からのその他の経常移転（純）＋海外からの資本移転等（純）

3. 統計上の不突合があるため，（民間貯蓄＋政府貯蓄）と（民間投資＋純輸出等＋海外からの移転等）とは厳密には一致しない。

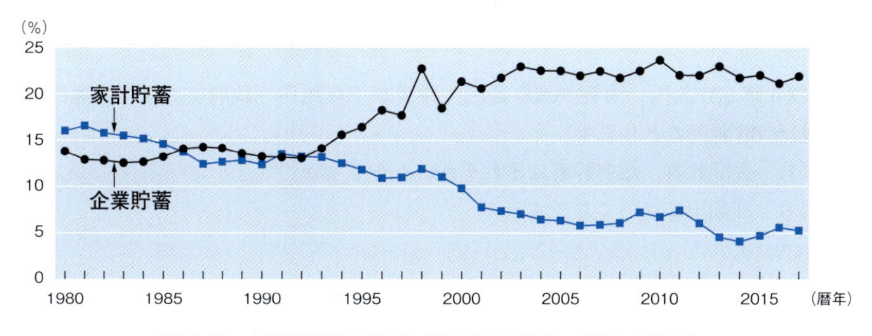

図 1.25　民間貯蓄の構成（対 GDP 比）：1980-2017 年

（出所）　図 1.24 に同じ

（注）　家計貯蓄は，家計（個人企業含む）および対家計民間非営利団体の貯蓄合計。
企業貯蓄は，非金融法人企業および金融機関の貯蓄合計。

第1章　演習問題

1．以下の（1）～（3）の金融取引はそれぞれ，金融システムが果たしている3つの機能（①リスク分散，②情報生産，③流動性供給）のうち，どの機能を利用していますか。

（1）自動車市場において，どのメーカーが勝つかわからないので，トヨタ株と日産株とホンダ株をそれぞれ$\frac{1}{3}$ずつ購入した。

（2）現金が必要になれば，いつでも銀行に行って預金を引き出すことができる。

（3）ある会社の社債の金利をみれば，その企業が今後どれぐらい安全と見込まれているかわかる。

2．ある起業家が，プロジェクトAとプロジェクトBのいずれかを実施する状況を考えます。いずれのプロジェクトも，必要な資金は100万円です。プロジェクトAは，成功すれば200万円，失敗すれば0円の収益を生み，成功する確率は$\frac{1}{2}$です。他方，プロジェクトBは，必ず150万円の収益を生みます。この起業家は，自分の資金が10万円しかなく，どちらのプロジェクトを実施するにしても，90万円を借り入れる必要があります。起業家は，自分が受け取る収益の平均値（期待収益）が高いプロジェクトを選択するとします。

（1）借入金利が10%の場合，起業家はどちらのプロジェクトを選択しますか。

（2）借入金利が20%の場合，起業家はどちらのプロジェクトを選択しますか。

3．金融危機は，実体経済に深刻な影響を及ぼします（図1.22参照）。たとえば，銀行危機が生じたとき，どのような経路を通じて，生産が減少するのでしょうか。1990年代の日本の不良債権問題を例に調べてみましょう。

4．GNIが520兆円，消費が300兆円，投資が100兆円，政府支出が110兆円，税収が80兆円だとします。

（1）民間貯蓄，政府貯蓄はそれぞれいくらですか。

（2）純輸出等はいくらですか。

2 貨　幣

本章では，貨幣について学びます。始めに，貨幣の定義と種類について，定義がその機能にもとづいていること，種類が大きく現金と預金に分かれることを学びます。次に，インフレ・デフレについて，通常は物価上昇・下落と考えますが，貨幣の価値の下落や上昇とも解釈できることを学びます。最後に，インフレ・デフレがマネーストックの増減で生じることを説明する「貨幣数量説」について学びます。

レッスン

レッスン 2.1　貨幣の定義と機能

「貨幣とは何か？」という質問は，一見とても簡単そうに思えます。

一万円札やあまり見かけることのない二千円札といった紙幣や，百円玉などの硬貨が貨幣であることは間違いありません。ですが紙幣や硬貨は現金（cash）と呼ばれることがあります。貨幣と現金はまったく同じと考えてよいでしょうか？　あるいは，昔の硬貨，たとえば江戸時代の一両小判は現在でも貨幣であるといえるでしょうか？　どう考えても，現在の日本で一両小判を貨幣として使っている人はいないでしょう。

では，とても精巧に作られた偽札はどうでしょう？　偽札だとわかるまで本物の紙幣と同様に貨幣として使われた場合には，使われていた間は貨幣だったといえないでしょうか？　このように少し考えただけでも，貨幣かどうかすぐには答えられないものがいろいろと思いつきます。こんなとき，貨幣かどうかどうやって区別すればよいのでしょうか？

経済学では伝統的に，典型的な貨幣は，経済において次の3つの機能を果たす資産だと考えます（図 2.1）。

①価値の尺度

②価値の保蔵

③交換の媒介

ただし，3つの機能をすべて果たしていなくても，いくつかを果たしている場合には貨幣とみなされる場合もないわけではありません。

貨幣の機能①：価値の尺度

貨幣の第1の機能は，価値の尺度（計算単位；unit of account）としての役割です。これは，さまざまな財やサービスの価値が，貨幣単位の「価格」で表示されることです。普段はあまりに当然で気がつかないのですが，外国旅行に行った際，価格が日本円ではなくその国の通貨で表示されているため，高いの

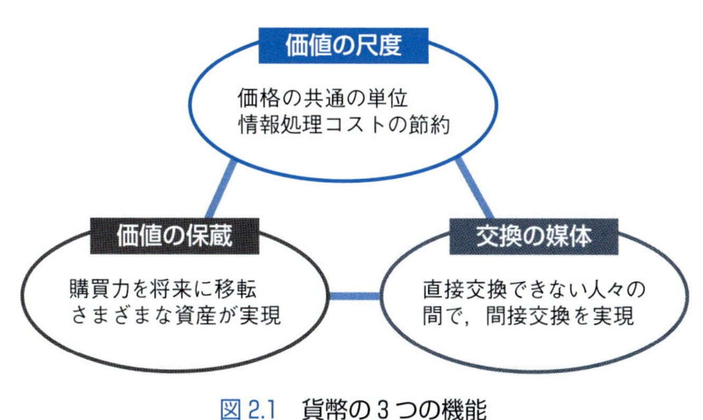

図 2.1　貨幣の 3 つの機能

■BOX2.1　価値尺度について■

価値尺度は貨幣の 3 つの機能の一つですが，すべての貨幣が価値尺度の機能を果たすとは限りません。インフレーションの激しかった 1980 年代の中南米では，自国通貨が流通しているにもかかわらず，価格はアメリカドルで表示されていた，という例が知られています。逆に，ヨーロッパ諸国の共通通貨であるユーロは 1999 年に導入され，ユーロによる価格表示も始まりましたが，紙幣や硬貨の流通は 2002 年まで待たなくてはならず，その間は以前の各国通貨，ドイツマルクやフランスフランが流通していました。

このように，すべての貨幣が必ず価値の尺度になるとは限りませんが，そのようなケースは実際にはほとんどありません。

か安いのかわからなくて困ったことはないでしょうか。もし牛肉100グラムの価格が米1キログラム，豚肉100グラムの価格が小麦粉500グラムなど，さまざまな財・サービスの価格がそれぞれ異なる単位で表示されていたら，毎日の買い物のたびにとても面倒な計算をしなければなりません。貨幣が価値の共通の尺度となっていることで，何が高いか安いかがすぐにわかり，価格に関する情報処理のコストが大幅に節約されます。

ところで，日本の場合，価値尺度の単位は「円」ですが，これは何の単位でしょうか。もちろん紙幣や硬貨など現金の単位なのですが，銀行預金の単位も円ですし，電子マネーのエディ（Edy）やスイカ（Suica）の単位も円，切手や図書カードの単位も円です。ですから，日本の通貨単位が円であることからといって，現金だけが貨幣だということはけっしていえません。

貨幣の機能②：価値の保蔵

第2の機能は**価値の保蔵**（貯蓄手段；store of value）です。これは，現在の「所得」あるいは「**購買力**」を蓄える，つまり，財やサービスを買おうと思えば買えるけれども，今は買わずに将来使うときまでとっておく働きのことで，貯金箱に貯めてある小銭などは貨幣が貯蓄手段となっている典型的な例です。現金が貯蓄手段として優れている点は，必要なときにいつでも，換金する手間なしに利用することができることです。

しかし，現金以外にも，預金や国債，株式，土地，貴金属などさまざまな**資産**を貯蓄手段として利用することができます。これらの資産を利用すると，利子や配当によって額を増やすことができます。すぐに痛んで価値を失ってしまう生の魚などは別ですが，長期間保存の可能な財は，優れているかどうかは別として価値保蔵の機能を持っています。これらを資産と呼ぶことはできますが，さまざまな資産をすべて貨幣ということはできません。

ですが，価値の保蔵機能を持っていないもの，資産でないものはけっして貨幣にはなれません。貯蓄手段とならないものは，貨幣の第3の機能である**交換の媒介**（交換手段；medium of exchange）としての役割を果たせないからです。

■BOX2.2　商品貨幣■

現在の貨幣は，紙幣の場合は紙，硬貨の場合はニッケルや銅などの素材で，財としてはあまり価値のないものですが，昔は，財として価値のあるものが貨幣として使われていました。米や麦といった穀物が貨幣として用いられた例は，日本をはじめとして世界中で数多くみられます。また，牛や羊などの家畜が用いられた例もあります。

このように一般の財としても有用なものが貨幣として利用されているとき，そのような貨幣を商品貨幣といいます。商品貨幣の中で歴史的にもっとも重要なものが，金に代表される貴金属を利用した金属貨幣です。貴金属は同じ重さや大きさでより大きな価値を持っているので，取引が高額になった場合にも，たとえば米や麦に比べて輸送が簡単です。また，一つの大きな塊だけでなく，多くの小さな粒に加工できるので，比較的少額の取引にも利用できます。これに対して家畜の場合，1 頭をさらに細かく，たとえば 0.5 頭とか 0.2 頭という形に分けることはできません。このように，金属貨幣は取引に用いるのに非常に優れた性質，より経済学的に表現するなら，取引コストを節約できることから，広く世界中で用いられることになりました。日本の紙幣である日本銀行券は，今では金と何の関係もありませんが，1971 年まではアメリカドルを通じてその価値が金の一定量と関係していました。

■BOX2.3　貨幣経済■

18 世紀頃から，農業革命や産業革命を通じて資本主義が成立するまで，人口の大多数を占める農民は日常生活で必要なものの大半を自分たちで作っていたので，貨幣は特別な場合にのみ利用されていました。しかし，資本主義，または市場経済と呼ばれる現代の経済では，以前とは比べ物にならないほど数多くの種類の財・サービスが生み出されて，分業が高度に進んでいるため，ほとんどの人々は必要とするものの中のごく一部しか自分では作ることができません。そのため，貨幣によって仲立ちされる市場での交換がなければ，明日の食べ物さえ手に入れることができません。

このように，経済活動が全面的に貨幣による交換に支えられているため，現代の経済は貨幣経済とも呼ばれます。

貨幣の機能③：交換の媒介

第3の機能である交換の媒介は，それぞれ一対一の物々交換では互いの欲求を満たすことができない，いわゆる「欲求の二重の一致」のない人々の間で，財やサービスの対価として用いられることで交換を実現する働きのことです。このように書くとなんだか難しいことのように思えますが，実はごく簡単なことです。

たとえば，米を持っていて魚が食べたい農夫と，魚を持っていて米が食べたい漁師がいたとします。この場合には，2人の間で米と魚とを交換するだけで，2人とも満足できます。この農夫と漁師のように互いに相手の欲しいものを持っていることを「欲求の二重の一致」といい，この2人の間の米と魚の交換は直接的物々交換といいます。みなが直接的物々交換だけで十分に満足できるなら，この世に貨幣は必要なかったかもしれません。ですが，自分の欲しいものを持っている相手が，実は自分が余分に持っているものを求めていた，といった都合のよい状況はめったに起こりません。現代のように非常にたくさんの種類の財やサービスがあり，分業が進んでほとんどの人がごくわずかな種類のものしか売ることができない場合には,「欲求の二重の一致」はまず実現しません。

しかし，貨幣が交換の媒介として働くことで,「欲求の二重の一致」がない人々の間でも財やサービスの交換を実現することができます。たとえば，図2.2のように，農夫と漁師，山伏の3人がいたとします。農夫は魚を食べたいと思っているけれども，漁師は魚の他は（少しのお酒さえあれば）他に食べ物はいらないと思っており，むしろ山伏に漁の安全を祈ってほしいと思っています。ところが山伏は修行中のために魚を食べてはならず，お米しか食べることができません。また，農夫はいつも神社にお参りに行っているので，山伏に祈ってもらう必要はありません。

この場合，農夫と漁師の間では農夫が漁師に与えるものがなく，漁師と山伏との間では漁師が山伏に与えるものがなく，山伏と農夫との間では山伏から農夫に与えるものがないため，直接的物々交換はどの2人の間でも実現しません（図2.2(a)）。けれども，もし農夫が貨幣を持っていたなら，まず農夫が漁師から魚を買って貨幣を支払い，次に漁師が山伏にお祈りをしてもらってその代

(a)　「欲求の二重の一致」が存在しない状況

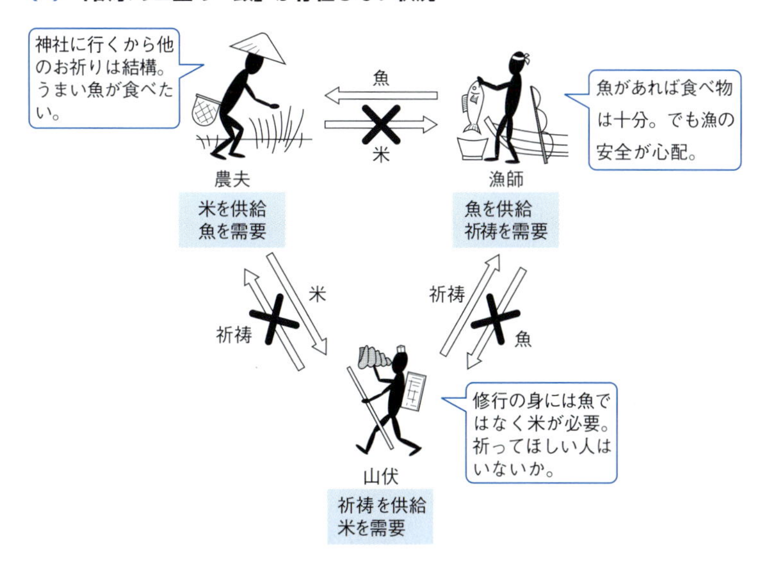

(b)　貨幣を媒介とする間接交換の実現

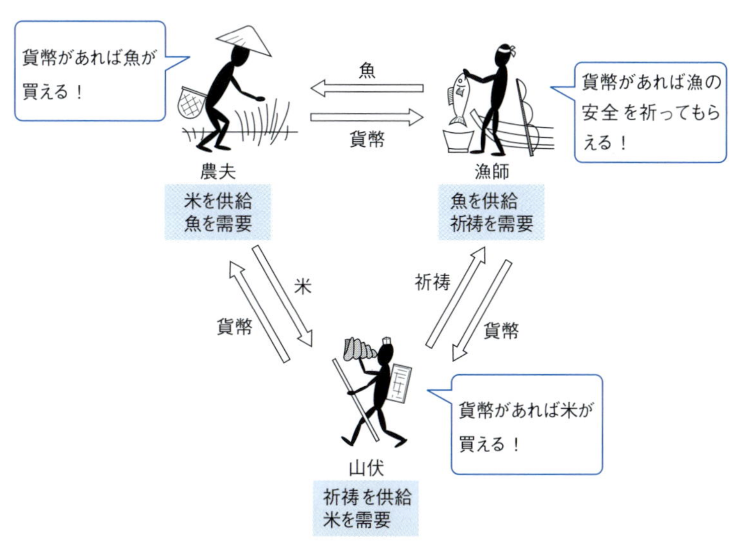

図 2.2　「欲求の二重の一致」の欠如と貨幣による交換の媒介

金に貨幣を支払い，そして山伏が貨幣で農夫から米を買えば，3 人の間で財・サービスの交換が実現し，みながより満足することができます（図 2.2(b)）。

このように，貨幣によって仲立ちされる交換のことを**間接交換**といいます。このとき，農夫が持っていなければならない貨幣は，現在の紙幣や硬貨のようなものでなくてもかまいません。漁師の魚や山伏のお祈りは保存することができず，価値保蔵の機能を持っていないので貨幣として利用することができませんが，農夫の米は，方法が適切なら長期間保存した後でも食べることができます。そのため，最初の農夫と漁師との間の取引で，農夫は魚の代金を米で支払うことができます。この米と魚の交換が最初の例と異なるのは，漁師が受け取った米を自分では食べず，次の山伏との取引でお祈りと交換してしまう，という点です。漁師は食べ物としての米には価値を認めていません。次の山伏との取引で，お祈りと交換することができる，お祈りを「買う」ことができる点に価値があると考えるのです。

これは現在の貨幣と同様です。一万円札を一枚の紙切れとしてみれば，絵や数字が印刷してあるのでメモ用紙としては使えず，硬いので鼻をかんだりすることもできません。一万円札は財としては何の価値もありませんが，次の取引で自分の欲しいものと交換できる購買力を持っているからこそ，人々は喜んで有用な財やサービスと引き換えに貨幣を受け取るのです。

決済手段としての貨幣

貨幣の 3 つの機能による定義，とくにその交換の媒体としての役割を重視する見方は，売り手と買い手の財と貨幣の引き渡しが同時に行われ，交換が即時に終了する状況を想定しています。ですが，経済の発達とともに，売り手の財の引き渡しと買い手の最終的な支払いとのタイミングが異なり，取引において一時的な貸借関係が生じることが多くなりました。企業の場合，仕入先に対して手形を発行し，後日その手形の支払いを行って最終的に取引が終了します。個人がクレジットカードで財やサービスを購入する場合も，財やサービスを受け取った後，クレジットカード会社からの請求に応じて代金を支払うとともに，販売店がクレジットカード会社から代金を受け取ることで，取引が終了するこ

■BOX2.4　仮想通貨とは？■

仮想通貨は，インターネット上に存在し取引される資産であり，暗号技術を応用して匿名性や信頼性を確保していることから，英語では「cryptocurrency」（暗号通貨）と呼ばれています。最初に登場した代表的な仮想通貨であるビットコインは，サトシ・ナカモトを名乗る人物が，2008年10月に発表した論文でその技術を示すとともに，実際にシステムを作り出し2009年1月から取引が始まりました。このビットコインを支える技術は類似の技術も含めた総称として「ブロックチェーン」あるいは「分散型台帳技術」と呼ばれています。多くの仮想通貨がビットコインのプログラムを流用して生み出されているため，現時点（2019年）では，ビットコインの特徴が仮想通貨全般に当てはまると考えられます。

ビットコインの最大の特徴は，中心となる管理者が存在せず，システム上の多数の参加者の活動を通じて自動的に運営されていることです。そのため，発行量も管理者が恣意的に決定するのではなく，記録の整合性を保つための「採掘」作業に対する報酬として支払われることを通じて自動的に決定されます。ビットコインが独自の単位「BTC」を持つのも，システム維持に必要な「採掘」作業にかかる費用を，外部からの投入なしに自給自足するためだといえます。このように外部から自立したビットコインの価値は，自動的に決定される供給量と，人々のビットコインに対する需要が一致するように市場で決定されます。そのため，ビットコインの法定通貨に対する価値は日々変動し，投機の対象となりました。その結果，2017年1月1日に1BTC＝963ドル66セントだったものが，同じ年の12月17日には一時1BTC＝20,089ドルと，1年足らずの間に約20倍に値上がりし，約1年後の2018年12月15日には一時1BTC＝3,191ドル30セントと6分の1以下に下落するという，大きな価格変動が生じました。

価格変動が大きな仮想通貨は，日々の取引における支払手段としては利用しづらいため，取引の大半は投資・投機を目的としています。このような性質は，法定通貨よりもむしろ金や銀といった貴金属に近いものがあります。とはいえ，管理者の不在や独自の単位といった特徴は，技術的には必ずしも不可欠なものではないので，将来的には，仮想通貨が支払手段として既存の通貨にとって代わる日が来るかもしれません。

とになります。代金等を支払って取引を最終的に終了させることを決済といい，決済のための支払いに用いられるものを決済手段といいます。現代では，決済手段となるものだけを貨幣と定義し，他の流動性資産と区別する傾向が強まっています。

以上の定義に従うと，Suica や Edy といったプリペイド式の電子マネーは貨幣ではないことになります。電子マネーで代金を受け取った販売店が，そのデータを電子マネー発行会社に示し当座預金等で代金を受け取ることで，最終的に取引が終了するからです。これに対して，ビットコインなどの仮想通貨は，それをさらに別の決済手段と交換してくれる発行主体等が存在せず，仮想通貨による支払いで取引は完全に終了するので，決済手段としての貨幣とみなすことができます。

レッスン 2.2 マネーストックの定義

レッスン 2.1 では，「貨幣とは何か？」という質問に対して，基本的ではあるけれども，とても抽象的でもある考察を行い，「貨幣は交換手段となる資産であって，多くの場合価格と同じ単位で測られる」という答えを得ました。ですが，このような抽象的な定義では，たとえば「日本経済には今どれだけの額の貨幣が存在するのか？」といった，具体的な数値を聞かれている質問には十分に答えることができません。貨幣の量を測るためには，どの資産が貨幣にあたるのか，具体的に定める必要があります。

日本では，**日本銀行**が具体的な定義とそれにもとづいた金額の調査を行っています。日本銀行による貨幣の定義では，それぞれの資産の「貨幣らしさ」の順に，次のように分類されています。

最初に貨幣とされているのは，一万円札，五千円札，二千円札，千円札の**日本銀行券**，および五百円硬貨などの**補助通貨**で，これらをまとめて**現金通貨**（cash currency）といいます。

(a)　現在発行されている銀行券

一万円券（福沢諭吉）　五千円券（樋口一葉）　二千円券（守礼門）　千円券（野口英世）

(b)　現在発行されていないが有効な銀行券

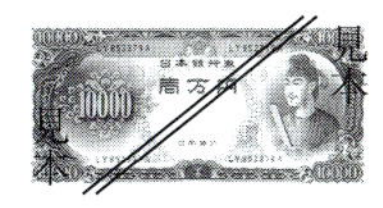

一万円券（福沢諭吉）　一万円券（聖徳太子）　五千円券（新渡戸稲造）　五千円券（聖徳太子）

千円券（夏目漱石）　千円券（伊藤博文）　千円券（聖徳太子）　五百円券（岩倉具視）

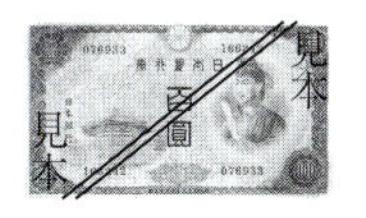

五百円券（岩倉具視）　百円券（板垣退助）　百円券（聖徳太子）　五十円券（高橋是清）

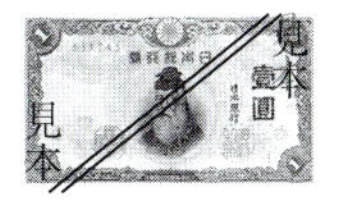

十円券（国会議事堂）　五円券（彩紋）　一円券（二宮尊徳）　一円券（武内宿禰）

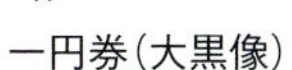

一円券（大黒像）　一円券（武内宿禰）

図 2.3　銀行券の種類
（出所）日本銀行ウェブサイト

「最初」と書いたことからわかるように，日本銀行によって貨幣とされているのは現金だけではありません。銀行の普通預金やゆうちょ銀行の通常貯金は，公共料金の自動引き落としや口座振込による支払いや，クレジットカードの決済など，私たちの生活の中で直接・間接に交換手段としての機能を果たしています。

企業間の取引では，有価証券の一種である手形が，支払手段として広く利用されていますが，手形は一種の借金なので，最終的には貨幣による決済（支払い）がなければ取引は完全に終了しません。当座預金は手形の決済など，企業間の支払いに広く利用されています。普通預金や当座預金のように，いつでも自由に引き出し可能な預金のことを**要求払預金**といいますが，日本銀行による定義では，要求払預金を**預金通貨**と呼んでいます。

決済手段として用いられる現金通貨と預金通貨は，狭義の貨幣になります。

2008 年 5 月まで作成されていた「マネーサプライ統計」では，国内銀行等（全国銀行，信用金庫，農林中金，商工中金）の要求払預金（当座，普通，貯蓄，通知，別段，納税準備の各預金）が預金通貨とされ，ゆうちょ銀行の通常貯金や信用組合の普通預金などは含まれていませんでしたが，2008 年 6 月から作成されるようになった新しい「マネーストック統計」では，それらも含むすべての預金取扱機関の要求払預金が預金通貨に含まれています。

日本銀行の定義による貨幣の 3 番目の分類は**準通貨**（quasi-money，near money）です。これは定期預金や積立預金などの**定期性預金**にあたります。定期性預金は，直接決済手段として用いることはできず，また，満期前に解約すると手数料が取られるなど，要求払預金に比べれば取引や現金化が難しくなりますが，解約する以外にも，担保として利用することで低い金利で借入ができるため，簡単に交換手段として利用することができます。そのため定期性預金も広義の貨幣に含まれています。

2008 年 5 月までのマネーサプライ統計では，対象金融機関の定期性預金だけを準通貨と呼び，準通貨と同様の性質を持っている譲渡性預金（Certificate of Deposit；CD）は厳密には準通貨と区別されていましたが，現在のマネーストック統計ではとくに区別されていません。

表 2.1　マネーストック統計の諸定義

(1)　マネーストック統計における各指標

M1	現金通貨＋預金取扱機関に預け入れられた預金通貨
M2	現金通貨＋国内銀行等に預け入れられた預金
M3	現金通貨＋預金取扱機関に預け入れられた預金
広義流動性	M3 ＋金銭の信託＋投資信託＋金融債＋銀行発行普通社債＋金融機関発行 CP ＋国債・FB ＋外債

(2)　各通貨の定義

現金通貨	銀行券発行高＋貨幣流通高
預金通貨	要求払預金（当座，普通，貯蓄，通知，別段，納税準備）− 対象金融機関保有小切手・手形
預　金	預金通貨＋準通貨（定期預金＋据置預金＋定期積金＋非居住者円預金＋外貨預金）＋ CD（譲渡性預金）

(3)　預金取扱機関と国内銀行等の定義

国内銀行等	日本銀行，国内銀行（除くゆうちょ銀行），外国銀行在日支店，信用金庫，信金中央金庫，農林中央金庫，商工組合中央金庫
預金取扱機関	「国内銀行等」のほか，ゆうちょ銀行，信用組合，全国信用協同組合連合会，労働金庫，労働金庫連合会，農業協同組合，信用農業協同組合連合会，漁業協同組合，信用漁業協同組合連合会を含む全預金取扱機関

（注）　マネーストック統計における M2 は，以前のマネーサプライ統計における M2 ＋ CD に対応し，M3 は，M3 ＋ CD から金銭信託を差し引いた値に対応している。両者の主な違いは，マネーストック統計では証券会社，短資会社および非居住者が通貨保有主体から除かれていることである。

日本銀行の定義ではさらに4番目の分類として**広義流動性**が設けられ，投資信託や国債などが含まれていますが，これは準通貨までとは異なり，何らかの「流動性」を有すると考えられる金融商品が幅広く含まれているので，貨幣とみなせるかどうかはかなり微妙になります。

ある時点，たとえばある年の3月末日時点において，経済に存在する貨幣の総量は，かつては**マネーサプライ**（money supply；通貨供給量）と呼ばれていました。しかし，日本銀行が，国際的な慣行に従って，2008年6月以降は**マネーストック**（money stock）と呼んでいることから，近年はマネーストックと呼ばれるようになりました（マネーストックは，一時点における存在量なのでストック変数に分類され，GDPや消費，投資といったフロー変数とは性質が異なるので，その違いをきちんと理解しておく必要があります）。

マネーストックには，含まれる貨幣の範囲が異なる，いくつかの異なる指標があります。貨幣の範囲がもっとも狭い定義は，金融機関を除く一般企業と個人が保有する現金通貨と預金通貨の，経済全体での合計である**M1**であり，アメリカでは現在でももっとも重視されるマネーストック指標です。

M1に準通貨を加えたものがM2であり，2008年5月までは，このM2に譲渡性預金（CD）を加えた**M2+CD**が，旧マネーサプライ統計の中心的指標でした。しかし，郵政民営化によって2007年10月にゆうちょ銀行が発足したこともあり，2008年6月以降は，これまでのM2 + CDに，ゆうちょ銀行や信用組合などその他金融機関の預貯金を加え，さらに微調整を加えた**M3**が新たな中心指標とされています。このように現在のマネーストック統計で中心的な指標であるM3には，現金の他には銀行預金だけが含まれています。しかし，金融技術の急速な発展により，現在では銀行預金以外でも貨幣としての機能を持つものがどんどん増えてきています。

たとえば，マネー・リザーブ・ファンド（MRF）を利用した証券会社の証券総合口座は，制度上は給与振込を受けられるほか，証券取引の決済，クレジットカードの自動引き落とし機能などを持つことが可能で，潜在的には交換の媒体として銀行預金とほぼ同等の機能を果たします。現在は超低金利のため決済手段としての活用が進んでいませんが，将来活用が進めば，経済全体の貨幣

表 2.2　マネーストック統計公表値（単位：兆円）

年・月			2018 年 6 月	2018 年 7 月
M2			1006.5	1007.5
		同季調済	1002.6	1005.0
M3			1335.9	1338.6
		同季調済	1332.5	1335.3
	M1		759.1	760.7
		現金通貨	99.0	99.8
		預金通貨	660.1	661.0
	準通貨		546.9	547.3
	CD		29.9	30.5
広義流動性			1782.7	1785.8
		同季調済	1777.5	1780.6
	金銭の信託		292.6	292.9
	投資信託		89.5	89.0
	金融債		3.5	3.5
	銀行発行普通社債		0.7	0.7
	金融機関発行 CP		0.2	0.2
	国債		23.9	24.0
	外債		36.4	36.9

（出所）　日本銀行「マネーストック統計」
「季調済」とは「季節調整済」の略で，例年生じる季節ごとの違いをならした値です。季節調整済みの値を用いることで，経済状況の変化で生じた値の変化をより的確に知ることができます。

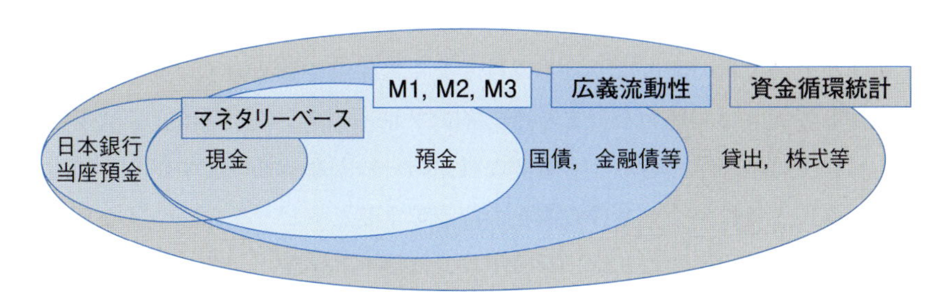

図 2.4　マネタリーベース，マネーストック統計，資金循環統計の対象範囲
（出所）　日本銀行調査統計局「マネーストック統計の解説」

の総量をより正確に把握するために，マネーストック統計をさらに見直す必要が生じるかもしれません。同様の問題は，電子マネーや仮想通貨が普及してその残高が増加した場合にも起こる可能性があります。

このような貨幣の変化に対する統計の見直しが遅れると，マネーストック統計の指標としての適切さが失われる可能性があります。そうなると，現在の経済状況を適切に把握することが難しくなり，将来の予想もより不確かとなるため，企業や政府，中央銀行にとってとても深刻な問題となります。

レッスン2.3 インフレ・デフレと貨幣の価値

1990年代末から2010年代にかけて，日本経済は**デフレ**の状態が続き，その原因や景気との関連をめぐって活発な議論が繰り広げられました。デフレの評価をめぐって「良いデフレ」「悪いデフレ」といった議論がなされたり，景気悪化の深刻だった1999年頃には「デフレ・スパイラル」という言葉が恐ろしい世紀末の予言のように語られたりもしました。

このように人々の関心を集めたデフレですが，もともとは**デフレーション**（deflation）という英単語を縮めたもので，「一般物価水準が継続的に下落し続ける現象」を意味します。その反対に「一般物価水準が継続的に上昇し続ける現象」を意味する言葉が**インフレ**（**インフレーション**；inflation）で，1973年の第1次石油危機の際には，日本だけでなく世界中で激しいインフレーションが発生して大きな問題となりました。インフレ・デフレの問題は，景気変動とともにマクロ経済学のもっとも重要な課題の一つとなっていますが，金融論においても，とくにマクロ金融政策との関連で重要なトピックの一つとなります。というのも，経済学ではインフレ・デフレは**貨幣的現象**だと考えられているからです。本節では，インフレ・デフレの意味をより詳しく学び，どうして貨幣的現象といえるのかを考えたいと思います。

インフレ・デフレを理解するうえで，まず知っておかなければならないのは，

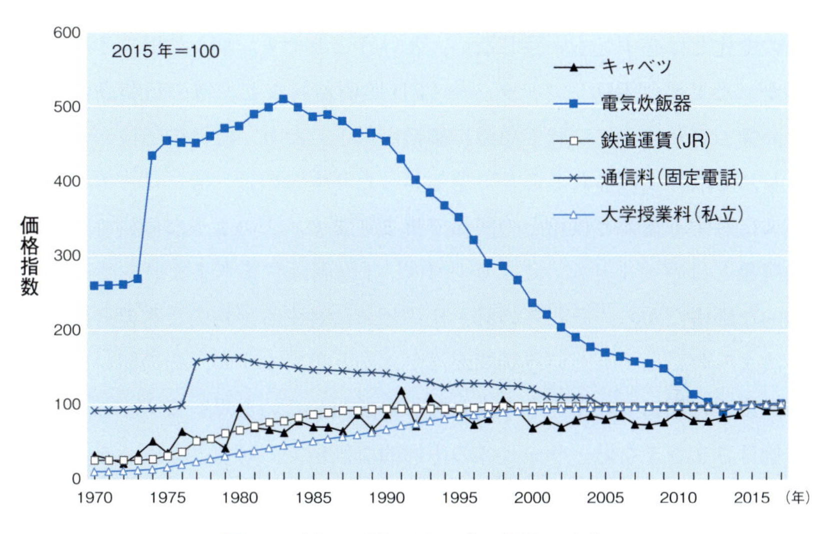

図 2.5　個々の財・サービス価格の変化
（データ出所）　総務省統計局「消費者物価指数」
（注）　2015 年の価格を 100 に基準化している。

■BOX2.5　「インフレーション」のもともとの意味■

インフレーション（inflation）という英単語は，現在では「物価上昇」と訳されるのが普通ですが，以前は「通貨膨張」と訳されることもありました。“inflation” は動詞 “inflate” から生まれた名詞なので，本来は「inflate する行為」または「inflate された状態」を指す言葉です。そして “inflate” の意味は，もともとは「ふくらますために（何かの中を）空気やガスでいっぱいに満たす」で，そこから「大きくする（enlarge）」「拡大する（amplify）」という意味が出てきました。そこで，経済において貨幣の量が過度に増加する現象を “inflation” と呼ぶようになったのです。

それが「物価」，つまりさまざまな財・サービスの平均的な価格の上昇・下落を意味するのであって，自動車やコンピュータといった個々の財やサービスの価格の変化とは必ずしも一致しない，ということです。個々の財・サービスの価格が，たとえばBDレコーダーやLED照明器具など家電の新製品が発売当初は高額で普及するにつれて急激に価格が低下したり，野菜の値段が天候不順やテレビで取り上げられることで急上昇したりするのは，もっぱらその財やサービスに対する需要と供給との関係で決まります。このような価格の変化は貨幣的現象とは呼べません。ここからすぐ，「物価はさまざまな財やサービスの平均的な価格だから，それらの財・サービスに対する平均的な需要と供給によって決まるのでは？」という疑問が浮かぶかと思いますが，その問いに答える前に，まず物価について，もう少し詳しく説明したいと思います。

物価はさまざまな財・サービスの平均的な価格で，対象となるさまざまな種類の財やサービスの価格に，それぞれの財のウエイトを掛け，足し合わせたものです。通常はある時点の物価を100と基準化して，その他の時点の物価は，基準年との比率となる**物価指数**の形で表します。対象となる財・サービスの範囲やウエイトによってさまざまな種類に分けられますが，経済全体の一般的な物価の動向を表すものとしては，家計の購入する財・サービスを対象とした**消費者物価指数**（**CPI**），企業間で取引される財を対象とした**企業物価指数**（**CGPI**），日本国内で生産されるすべての財・サービスを対象とした**GDPデフレーター**があります。

一般的には，消費者物価指数の上昇率を**インフレ率**といいます。インフレは，厳密にいえばインフレ率がゼロより大きい状態を指しますが，インフレ率が1～2%と低い場合，あまり問題にされることはありません。これに対して，インフレ率が負の場合には，かなり小さな値であってもデフレの懸念が指摘されます。これは第2次世界大戦以降，世界的にインフレの状態が一般的であってデフレはほとんど生じていないことと，大まかな傾向として，インフレ率が高いときには景気が良く，インフレ率が低いときに景気が悪いことによります。

日本の場合，戦後の混乱が収まり高度経済成長が始まった1956年から，深刻な金融危機の生じた1998年までの43年間のうち，インフレ率が負だったの

表 2.3　消費者物価指数，企業物価指数，GDP デフレーターの分類

■消費者物価指数（CPI）

平均的な家計の購入する財・サービスの価格などを総合した，物価の変動を測定するもの。日本を含む多くの中央銀行が物価安定の目標や定義を定める際に利用している。計算に用いる財・サービスの品目数とウエイト（これをバスケットという）は基準年で固定される。1961 年の改定以降，5 年おきに基準年やバスケットなどの改定が行われており，現在の指数は 2015 年を基準年とする。

■企業物価指数（CGPI）

企業間で取引される財に関する物価の変動を測定するもの。需給動向を敏感に反映するように設計され，速報性も高い。企業間で取引されるサービスの価格に焦点を当てた「企業向けサービス価格指数」も作成されている。

■ GDP デフレーター

名目 GDP と実質 GDP の比から求められる，日本で生産されるすべての財・サービスに関する物価の変動を表すもの。

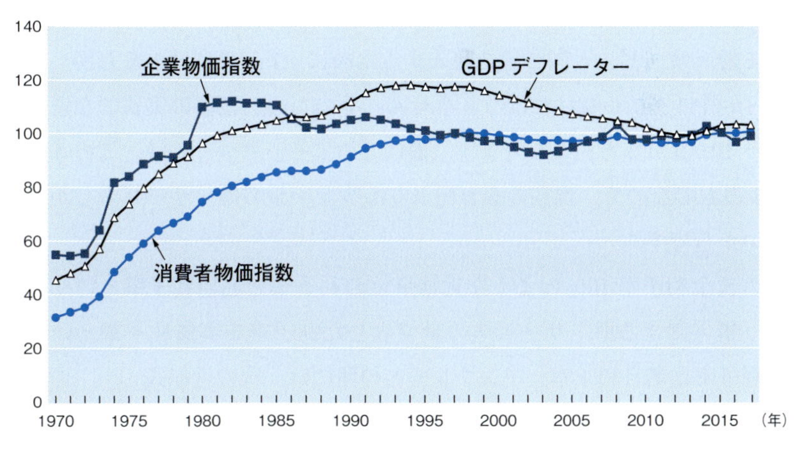

図 2.6　消費者物価指数，企業物価指数，GDP デフレーターの推移
（データ出所）　消費者物価指数：総務省統計局，企業物価指数：日本銀行，GDP デフレーター：内閣府

は 1958 年と 1995 年の 2 年だけです。実に約 40 年もの間，日本はデフレを経験しなかったのです。また，1995 年は 4 月に一時 1 ドル = 79 円 25 銭という急激な円高が生じた年であり，負のインフレ率も例外的な出来事と考えられました。ところが，1999 年から 2017 年までの 19 年間では，逆にインフレ率が正であったのが 2006 年，2008 年，2013 ～ 15 年，2017 年の 6 年間だけで，ちょうど 0%の年を除いても，半分以上の 11 年がインフレ率はマイナスでした。インフレ率が 1%を超えたのも 2008 年と 2014 年の 2 年だけで，そのうち 2014 年は 4 月に消費税が 5%から 8%に引き上げられた影響があるため，実際のインフレ率は低かったと考えられます。1998 年～ 2017 年の 20 年間に日本の物価は 0.9%しか上昇しませんでした。同じ時期にアメリカの物価は約 4 割，ドイツは約 3 割上昇しています。

物価指数やインフレ率を用いると，インフレやデフレの影響をより厳密に測ることができます。たとえば，銀行の一年定期預金の利子率が現在 10%だったとしましょう。この場合，今 100 万円預金すると 1 年後には利子の 10 万円が加わって 110 万円に増えます。

ですが，その利子の 10 万円分，買うことのできる財・サービスの量が増えるとは限りません。今後 1 年間のインフレ率が 5%だとすると，今 100 万円で買える財・サービスと同じ量を購入するために，1 年後には 105 万円，つまり 5 万円余計に支払わなければなりません。そのため，預金の実質的な増加分はおよそ 10 − 5 = 5 万円となります（前に「およそ」とつくのは，この 5 万円は 1 年後のものなので，現在の 5 万円よりも少ない量の財・サービスしか購入できないからです）。

上の預金利子率 10%のような貨幣単位の利子率を**名目利子率**というのに対して，購入できる財・サービスの量で表した利子率を**実質利子率**といいます。実質利子率と名目利子率，インフレ率との間には，次の近似式

実質利子率＝名目利子率－インフレ率

が成り立ちます。このため，名目利子率が同じなら，インフレ率が高いほど実質利子率は低くなり，貸し手の実質的な収益は小さくなります。

以上の実質利子率の説明の中に「インフレ・デフレは貨幣的現象である」と

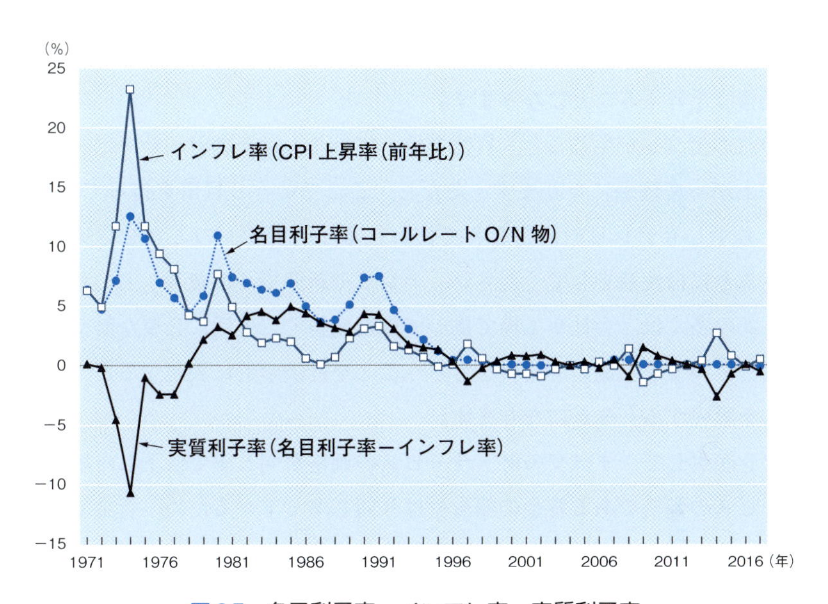

図 2.7　名目利子率，インフレ率，実質利子率

(データ出所)　コールレート：日本銀行，CPI：総務省統計局

1970 年代は，名目利子率は比較的高かったのですが，インフレ率が高かったため，実質利子率は多くの年でマイナスとなり，2000 年代よりもむしろ低かったです。

いえる理由のヒントが隠されていたことに，みなさんは気づいたでしょうか？5%のインフレが起こると，同じ量の財・サービスを買うのに5%余分に支払わなければならないということは，同じ額のお金では，約5%少ない量の財・サービスしか買えない，ということになります。物価水準をアルファベットのPで表すと，その逆数（掛け合わせると1になる数）である$\frac{1}{P}$は1単位の貨幣で購入できる財・サービスの量を表すので，$\frac{1}{P}$を「財・サービスで測った**貨幣の価格**」ということができます。インフレが起こってPが大きくなると$\frac{1}{P}$は小さくなる，つまり貨幣の価格は下落し，逆にデフレでPが小さくなると，貨幣の価格は上昇することになります。

そのためデフレが生じると，貨幣を持っている人はその財・サービス単位の価値が上がって豊かになります。ただし，ここでいう「貨幣を持っている人」とは，必ずしもテレビや新聞などで使われる「消費者」のことを意味しない，ということには注意をしてください。テレビや新聞で「消費者」といわれる普通の人々の多くは，会社や工場で働いて得た給料で，生活に必要な財やサービスを買っています。働いて給料をもらうことを経済学的に表現すると「労働サービスを販売する」ことになります。

デフレが生じて，すべての財・サービスの価格が同じ率で低下した場合，労働サービスの価格である賃金の額もやはり同じ率で下がるため，賃金で購入できる財・サービスの量，すなわち**実質賃金**は変化しません。この場合，デフレによって労働を販売している普通のサラリーマンは損も得もしません。

インフレ・デフレで得する人，損する人を考える際には，貨幣＝銀行預金と考えて「貨幣の所有者＝金を貸している（銀行に預金している）人（**貸し手**）」「モノの所有者＝金を借りて工場やビルを建てた人（**借り手**）」と想像するとわかりやすいと思います。上で説明したように，お金＝貨幣の貸借では貨幣単位の名目利子率が適用されるので，デフレで貨幣の価値が上昇すると実質利子率が上昇して貸し手は得をします。これに対して，銀行から借金して工場を建てた企業は，その工場で作った製品を売って得た貨幣で返済を行うため，デフレで製品価格が下がると，同じ額の借金を返済するために，より多くの製品を販売しなければなりません。その分だけ，実質利子率が上昇するのです。

■BOX2.6　現代のハイパーインフレーション■

物価が１年もたたないうちに数十倍にも上昇するような異常なインフレを，ハイパーインフレーションといいます。歴史上もっとも有名なハイパーインフレーションは，第１次世界大戦後のドイツで生じたもので，パンや新聞などの価格が２年もたたないうちに数千万倍にも上昇するという異常なものでしたが，第２次世界大戦後のハンガリーではさらに激しい史上最悪のインフレが生じました。その後，1980年代には中南米諸国において，物価が１年で数十倍に上昇するハイパーインフレーションが生じ，2000年代にはジンバブエで，ピークには約１日で物価が２倍になるような極端なハイパーインフレーションが生じました。

そして，近年このハイパーインフレーションに見舞われているのが，南米のベネズエラです。2000年代は年率10～30%ほどだったインフレ率は，2013年以降さらに高まり，2015年には112%，2017年には約1000%，つまり物価は１年間で約10倍に上昇しました。しかしこれはほんの序章にすぎませんでした。ベネズエラ中央銀行がインフレ率の公表を取りやめている中，議会が独自に算出したインフレ率は，2018年２月に前年同月比6147%だったものが７月には８万2700%，12月には169万8488%とどんどん上昇し，国際通貨基金（IMF）は，2019年内にインフレ率が1000万%に達するとの予測を発表しました。

2018年８月20日には，通貨単位を10万分の１に切り下げるデノミネーションが実施されましたが，2018年８月17日付のロイターのネット配信記事によれば，デノミ直前の時点で，チーズ１キロ，米ドルで１ドル14セント相当を買うために，2017年に導入されたばかりの千ボリバル紙幣が7500枚必要だったそうです。

このような激しいインフレのもとでは，銀行預金などあっという間に価値を減らしてしまうために誰も利用せず，ちょっとした食料品の買い物に腕一杯の札束を抱えていかなければなりません。お金としての使い道がないため，紙幣を使ってバッグや王冠などの工芸品を作る人もいたそうです。

図2.8　価値を失った紙幣を使って作られたバッグ
（2018年１月30日撮影）

以上の話は，貸し借りが行われた後に，予想外のインフレやデフレが生じた場合にだけあてはまることに注意してください。将来デフレが起こることが前もって予想されている場合，名目利子率は，その分の実質利子率の上昇を織り込んで低く設定されることになります。

レッスン 2.4 貨幣数量説

インフレやデフレが起こる原因は何でしょうか？ レッスン 2.3 でもふれたように，デフレのときに景気が悪くなり，インフレのときには景気が良いことが多いので，物価の問題と景気の問題は，本当は別々にではなく一緒に考えなければなりません。そのため，インフレ・デフレの詳しい考察はマクロ経済学の教科書に譲り，基本だけを簡単に説明したいと思います。

前節で説明したように，物価 P の逆数 $\frac{1}{P}$ は貨幣の価格なので，通常の財・サービスの価格と同じように，マネーストックで表される貨幣の供給が増えると下落（そのため物価 P は上昇）し，減少すると上昇（物価 P は下落）します。その関係をより厳密に示した学説を貨幣数量説（quantity theory of money）といいます。以下では，貨幣数量説の考え方についてできるだけ簡単に説明してみたいと思います。

まず，人々が貨幣を持つ理由をもう一度考えてみましょう。たしかに貨幣は貯蓄手段として使うこともできますが，しばらく使う予定がない場合には，定期預金や国債のほうが，利子率が高い分だけ現金や普通預金よりも有利です。そのため，人々は財やサービスを買うために一時的に貨幣を持っていると考えられます。「一時的」がどのくらいの期間なのか，人によって，金額によって，あるいは時期によって違うと思いますが，経済全体で 1 年を通して平均した値は，安定した一定値になると考えることができます。そのような貨幣の平均保有期間が，仮に 3 カ月だったとしましょう。この場合，同じ貨幣が平均して 3 カ月に一度使われることになり，1 年間では 4 回使われます。

■BOX2.7　ストック，フローと貨幣の流通速度■

（2-1）式で表される交換方程式ですが，左辺にあるマネーストック M と右辺にある取引総量 T は，そのままでは直接比較することができない変数です。というのも，両者は測り方の異なる，別の種類の値だからです。

マネーストック M はある一時点，たとえば 2018 年 4 月 1 日午前 0 時ちょうどに存在する貨幣の総量です。このように，ある一時点における存在量のことをストック変数と呼びます。これに対して取引総量 T は，ほとんどの瞬間では取引が行われておらずゼロになってしまうので，3 カ月や 1 年といったある一定期間を定め，その期間中に行われた取引の総量で表されます。このように，ある一定期間内の発生量のことをフロー変数といいます。

貨幣の流通速度 V は，一定期間中に同じ貨幣が使われる平均回数ですので，貨幣の利用総額 MV はフロー変数となります。貨幣の流通速度 V によって，一定のマネーストック M で可能な貨幣支払いの総額が，取引総額と比較可能なフロー変数として決定できます。

■BOX2.8　貨幣数量説の歴史■

貨幣数量説が現在の形に整理されたのは，交換方程式がアメリカの経済学者フィッシャー（Irving Fisher）によって定式化された 20 世紀初頭ですが，その萌芽は 16 世紀末にまで遡ることができるようです。

16 世紀は，新大陸から大量の金銀が流れ込み，ヨーロッパで物価が約 4 倍にも上昇した，いわゆる価格革命が起こった時期で，その原因について考察がすすめられた結果，貨幣量と物価との関係が明らかになったようです。ですが，その萌芽が今のような数量説に到るまでには，次の 2 つのハードルを越える必要がありました。

一つは，当時の貨幣が金銀であったため，貨幣の価値と財としての金銀の価値が混同されてしまったことです。もう一つは，金銀の存在量がストック変数であるのに対して，取引額はフロー変数であるため，そのままでは比較できない，という点です。2 つめの問題を解決する流通速度の考え方も，17 世紀末には生まれていたようです。

この，貨幣が1年間に利用される平均回数のことを，経済学では**貨幣の流通速度**といいます。1枚の一万円札が1年に4回使われると，合計で4万円の支払いが行われるわけですから，一万円札が10枚あれば支払いは40万円，100枚あれば400万円となります。よって経済全体のマネーストックの大きさをアルファベットのM，貨幣の流通速度をVで表すと，経済全体で1年間に支払い可能な貨幣の総額は$M \times V$(以下では×を省略してMVと表します)となります。

これに対して，1年間に支払われなければならない貨幣の総額は，経済全体で行われる1年間の取引総額ですので，物価をP，取引総量をTで表すとPTと表せます。経済学の基本的な考え方である市場均衡を応用すると，利用可能な貨幣総額MVは貨幣の供給，取引総額PTは貨幣の需要を意味するので，ちょうど需要と供給が一致するように，貨幣の価格である$\frac{1}{P}$が調整されることになります。この関係を方程式で表したものが

$$MV = PT \tag{2-1}$$

です。この（2-1）式を**交換方程式**（または貨幣数量方程式）といい，物価Pはこの交換方程式が成り立つような値に決まります。

ここで，貨幣の流通速度Vと経済全体の取引総量Tが変わらず，マネーストックMだけが変化した場合に何が起こるか考えてみましょう。交換方程式（2-1）から，マネーストックMが2倍になると物価Pもまた2倍になり，マネーストックMが半分になると物価Pも半分になることは簡単にわかります。インフレ率は物価Pの上昇率なので，インフレ率をギリシア文字のπ（パイ），前年の物価をP_1，マネーストックをM_1で表すと，（2-1）式から

$$\pi = \frac{P - P_1}{P_1} = \frac{M - M_1}{M_1} = g_M$$

となり，インフレ率はマネーストック増加率g_Mに等しくなります。通常は取引総量Tも変化しますが，取引総額PTの変化が名目GDP（国内総生産）PYに比例すると考えると，マネーストック増加率g_Mと名目GDP成長率g_{PY}の間には

$$g_M = g_{PY} \tag{2-2}$$

という関係が成り立ちます。

(a)　M1と名目 GDP との関係

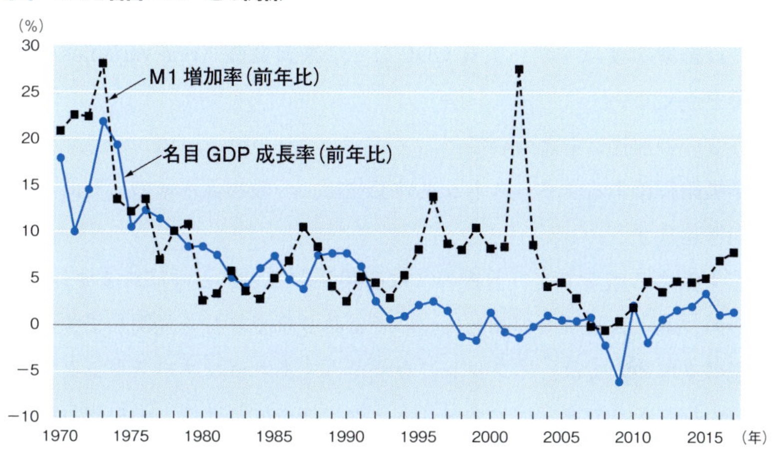

(b)　M2と名目 GDP との関係

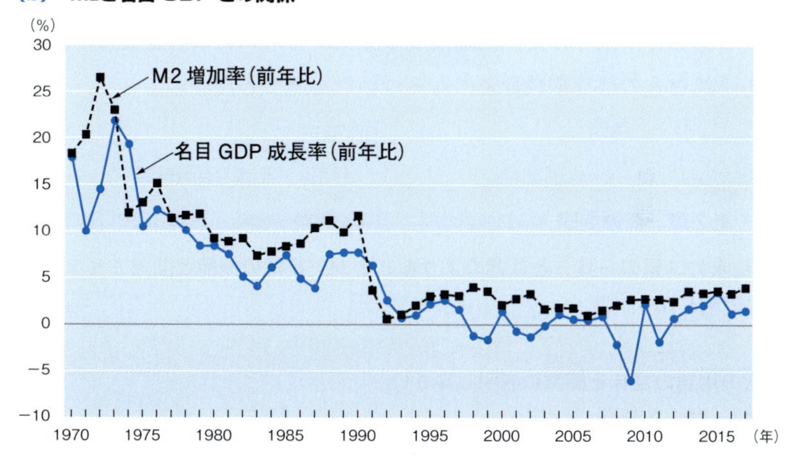

図 2.9　マネーストック増加率と名目 GDP 成長率

(データ出所)　内閣府，日本銀行

上図 (a) より，2002 年は定期性預金のペイオフ実施や大手銀行のシステム障害の影響により，M1 の需要が，とくに年度末の 3 月に急増しました。(a)，(b) からは，(2-2) 式の関係が厳密に成り立っているようにはみえません。

貨幣数量説と呼ばれる物価に関する古典的な命題は，交換方程式に加えて，

①貨幣の流通速度は時間を通じて比較的安定している

②マネーストックの変化は，名目 GDP などの**名目変数**（nominal variables）には影響を及ぼすが，実質 GDP などの**実質変数**（real variables）には影響を与えない

という 2 つの前提にもとづいて，

③中央銀行によるマネーストックの変化は，一般物価水準の比例的な変化を引き起こす

ことを主張する議論です（前提の②は**古典派の二分法**と呼ばれます）。中央銀行とそのマネーストックの調節については第 9 章で詳しく説明しますが，貨幣数量説の立場に立てば，インフレになりそうであればマネーストックを減らし，デフレになりそうであればマネーストックを増やすことで，中央銀行は物価変動を抑えることができるはずです。

1990 年代末から 2000 年代初頭にかけて，当時のデフレに対して，日本の中央銀行である日本銀行の責任を追及する議論が盛んに行われましたが，そのもっとも単純なものは貨幣数量説にもとづいたものでした。

第 2 章　演習問題

1．「欲求の二重の一致」とはどのようなことか，貨幣の機能と関連させながら簡潔に説明しなさい。

2．次の用語の意味を簡潔に説明しなさい。
　(1)　要求払預金
　(2)　準通貨

3．予想外のインフレが経済に及ぼす影響について，簡潔に説明しなさい。

4．貨幣数量説を，交換方程式を用いて簡潔に説明しなさい。

3 企業の資金調達

第 3 章から第 5 章までは，企業の資金調達と，企業にとっての最大の資金調達先である銀行について解説します。

企業が生産活動を行うには，機械や工場といった生産設備が必要です。生産設備を購入するのに自己資金だけでは不十分なので外部から資金を調達します。資金調達手段には，資金を借り入れる負債（デット）による資金調達と，株式などを発行するエクイティーによる資金調達があります。

本章の前半では，資金調達の構成（資本構成）についてのさまざまな仮説を提示し，後半では，資金調達の実情について説明します。

レッスン

レッスン3.1 企業の資本構成

企業は資金を調達し，それを元手に生産設備などへの**投資**を行います。

たとえば，製造業の場合には，企業は新たに工場を建設し，生産のための機械を購入するでしょう。また，工場用地を取得するためにあらかじめ土地を購入することもあるでしょう。商品が売れ残ると倉庫に保存しておくこともあるでしょうし，将来の需要の上昇を見越してあらかじめ在庫を倉庫に保存しておくかもしれません。この他にも思いがけずに余った資金（余剰資金）を銀行預金，株式，債券等の金融資産の購入にあてるなどするかもしれません。

企業のバランスシート

企業の財政状態は，**バランスシート**（**貸借対照表**）によって表されます（図3.1）。資金を債権者などからどのように調達しているかが**負債**という区分でまとめられます。一方，株主や債権者が提供した資金を企業がどのように運用しているかが**資産**という区分でまとめられます。

純資産は資産と負債の差額であり，株主が資金を出資した部分と，企業が過去の利益を蓄積させた部分（株主の所有となる）などから構成されています。

バランスシートでは，右側（**貸方**（かしかた）と呼びます）に**資金の調達原資**である負債と純資産が配置されます。バランスシートのこの部分を**資本構成**といいます。左側（**借方**（かりかた）と呼びます）には資金の運用状況である資産が配置されます。バランスシートのこの部分を**資産構成**といいます。

バランスシートの左側の金額（の合計）と右側の金額の合計は一致します。これを数式で表すと，

資産＝負債＋純資産

となります。

貸借対照表

(201X年3月31日現在)

資　産	負　債
株主や債権者が提供した資金を企業がどのように運用しているかを示す	企業が資金を債権者などからどのように調達しているかを示す
	純資産 株主が出資した部分や企業が過去の利益を備蓄した部分を示す

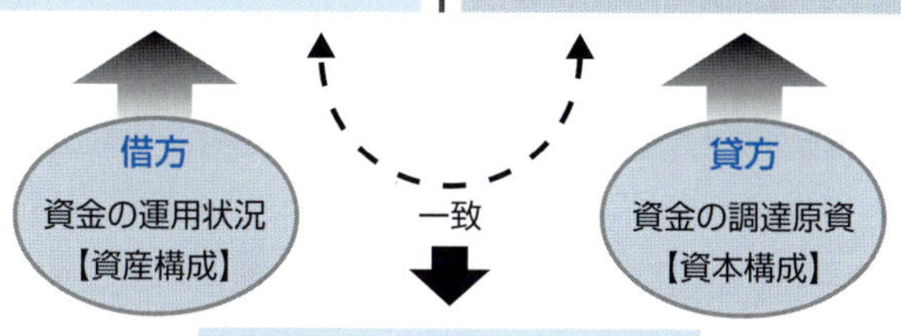

資産 = 負債 + 純資産

図 3.1　バランスシート（貸借対照表）

仮想の企業を使った例：レバレッジとROE

ここである企業の状況を考えましょう。話を単純にするために，ここで想定する企業には自己資金がないとします。つまりこの企業は，資産購入の資金はすべて外部から調達する必要があります。

外部からの資金を調達するには資金を借り入れる（**負債（デット）による資金調達**；debt finance）か，株式などを発行します（**エクイティーによる資金調達**；equity finance）。エクイティーによる資金調達はバランスシート上は純資産として表されます。

今，この企業が，調達した資金による設備で生産を行い，利益（リターン）を得たとします。株式会社の所有者は株主であり，株式会社の目的は株主への利益の還元ですから，その企業の純資産に対する利益の割合（**純資産利益率**；**ROE**（Return on Equity）），つまり利益÷純資産が企業のパフォーマンスを計るための指標となります。

負債÷純資産を**レバレッジ**（**負債純資産比率**；leverage）といいます。図3.2に示したROEの式から，レバレッジが上昇すると右辺の分母が低下するため，ROEが上昇することがわかります。したがって，企業がROEを高めて株主の要求に応えるには，負債での資金調達を多くすることになります。

モジリアーニ・ミラー定理

企業の資本構成について，**モジリアーニ・ミラー定理**（Modigliani-Miller theorem，以下MM定理）と呼ばれる有名な定理があります。MM定理は2つの命題から成り立っていますが，ここでいうMM定理は，一般的に知られているMM定理の第1命題のことです。MM定理の第1命題は，企業の収益性が不変ならば，企業の資本構成が変化しても企業価値は変化しないという一般的な法則のことです。

コーポレートファイナンスは企業の資金調達の様子を理論的，実証的に分析する学問分野ですが，これはMM定理を軸に発展したといっても過言ではありません。後述するように，最近のコーポレートファイナンスはMM定理が成立しない場合の分析を中心に発展していますが，ベンチマーク（基準点）と

ROE：純資産に対する利益の割合（企業のパフォーマンスを表す）

$$\text{ROE}=\frac{\text{利益}(R)}{\text{純資産}(E)}=\frac{R}{\text{資産}(A)\times\dfrac{E}{\text{負債}(D)+E}}=\frac{R}{A\left(\dfrac{1}{\dfrac{D}{E}+1}\right)}$$

レバレッジ（負債純資産比率）$=\dfrac{D}{E}$ より,

$$\text{ROE}=\frac{R}{A\left(\dfrac{1}{\text{レバレッジ}+1}\right)}$$

レバレッジ上昇↑ ⇨ $A\left(\dfrac{1}{\text{レバレッジ}+1}\right)$ の低下↓ ⇨ ROEの上昇↑

ROEを高めるためには負債(*D*)による資金調達を多くすることになる

図 3.2　ROE とレバレッジ

■BOX3.1　ROA■

総資産利益率（ROA；Return on Asset）は，企業の利益を総資産で割ったものです。ROE が，1 株あたりの収益率を表すパフォーマンス指標であるのに対して，ROA は企業が外部から調達した資金と自己資金を合わせた資本全体に対する収益率を表すパフォーマンス指標です。アメリカの大手投資銀行であるリーマン・ブラザーズは ROE を高めるために負債による資金調達を高め，それにより債務負担が増加して破たんに追い込まれました。ROA は ROE の欠点を補うパフォーマンス指標として，今後注目が高まることが予想されます。

してのMM定理の重要性が再確認されたともいえます。

MM定理の例

ここでは，MM定理が成り立つ場合を異なる資本構成を持つ2社の企業の事例を用いて簡単に説明してみましょう。

A社，B社とも営業利益（リターン，なお営業利益は，会計上は利子を支払う前の利益のことです）は10億円で変わらないとします。また利子率は10%だとします。A社，B社の収益性は変わりませんが，A社の資本構成はすべて株式なのに対し，B社は負債と株式発行の両方から資金を調達しています。

今，A社の企業（の資産の）価値をV_A，B社の企業価値をV_Bとします。A社はすべて株式で資金調達していますのでバランスシートを考えると企業価値と純資産価値（E_A）が等しくなります。一方，B社のバランスシートは負債価値と株式価値の合計が企業価値に等しくなります。つまり，

$$V_A = E_A \qquad V_B = D_B + E_B$$

が成り立ちます。

ここで，投資家の立場で，次の2種類の投資戦略を考えます。戦略AはA社の株式の10%に投資するものであり，戦略BはB社の負債の10%，B社の株式の10%を購入するものです。

さて，ここで，戦略Aと戦略Bの各々について投資家に対して発生するリターン（収益の還元）の大きさを計算してみましょう。なお，状況を簡単にするため，A社，B社とも利益の一部を内部留保にすることはなく上がった利益をすべて株主に配当として支払うものとします。

戦略Aにより得られる投資家のリターン，戦略Bにより得られる投資家のリターンは図3.4のようになります。戦略Aでは，投資家はA社の株式の10%を保有していますので，企業の営業利益の10%が配当として投資家に支払われます。戦略Bでは，負債にも投資していますので，投資家は企業の（支払）利子の10%も受け取ります。第2項の（　）の中で支払利子を引いているのは営業利益から企業としての利払い後の経常利益を計算しているものです。

さて，戦略Aの投資価値（保有株式の価値）と戦略Bの投資価値（保有債

■BOX3.2　モジリアーニとミラー■

フランコ・モジリアーニ（Franco Modigliani；1918−2003）はイタリア出身のアメリカの経済学者で，家計は，老後の生活資金として現役時代に貯蓄すると考えるライフサイクル仮説を提唱したことで有名です。一方，マートン・ハワード・ミラー（Merton Howard Miller；1923−2000）はアメリカ生まれの経済学者で，モジリアーニ・ミラー定理が最大の研究業績です。

モジリアーニは1985年に，ミラーは1990年に各々ノーベル経済学賞を受賞しましたが，モジリアーニは家計の貯蓄行動について，ミラーは企業金融についての貢献を評価されての受賞でした。

次のA社，B社を考える。2社は資本構成が異なる。
なお，2社の営業利益（リターン）は10億円で一定，利子率は10%。

A社：すべて株式（$V_A=E_A$）
B社：負債，株式（$V_B=D_B+E_B$）

次の2種類の投資戦略を考える。

戦略A：A社の株式を10%購入
戦略B：B社の株式，債券（負債）を各々10%ずつ購入

図 3.3　設例のまとめ

券と保有株式の価値の合計）は図 3.5 のようになります。

ここで戦略 A と戦略 B で投資家が得るリターンは等しいことを思い出してください。得られるリターンが等しいような 2 種類の投資価値は異ならないはずです。仮に，$V_A > V_B$（$V_A < V_B$）であれば，投資家は戦略を変えても最終的なリターンは変わらないので割高な戦略 A（B）から割安な戦略 B（A）に戦略を転換し，V_A（V_B）が $V_A = V_B$ になるまで低下します。このような投資家の動きを**裁定取引**といいます。したがって $V_A = V_B$ となります。

最適資本構成

先ほど説明したようにレバレッジが上がれば ROE は上昇します。では，レバレッジを最高に引き上げることが最適なのでしょうか？　実は資金調達にあたり，負債での調達にはベネフィットとコストがあり，そのバランスを取るような資本構成の割合を企業が選択するという**トレードオフ理論**という考え方があります（図 3.6）。

レバレッジをわずかに引き上げたときに得られるベネフィットの増分（**限界収益**といいます）が，かかるコストの増分（**限界費用**といいます）よりも大きければ，レバレッジを引き上げますが（ROE 上昇），レバレッジを引き上げたときの限界収益を限界費用が上回るようなら，レバレッジを引き下げます（ROE 低下）。限界収益と限界費用が等しい点が，最適なレバレッジです。このような資金調達の構成を**最適資本構成**といいます。

負債による資金調達のベネフィットは大きく 2 つあります。

第 1 に，株主への（1 単位あたり）リターンである ROE が上昇します。

第 2 に，債務返済に係る利払いは税法上**費用**として認められるため，法人税控除の対象となるのに対し，株主への配当は費用として認められないため，法人税控除の対象とはなりません。

一方，負債による資金調達のコストは資産の価値の低下に対する脆弱（ぜいじゃく）性です。今，この企業が 50 の営業損失を計上したとします。損失は赤字なので何らかの方法でお金を手当して，埋め合わせなければなりません。前述のように企業 A は自己資金がなく，すべて外部からの資金調達に頼っています。

投資家へのリターン

戦略A：0.1×営業利益＝0.1×10＝1億円

戦略B：0.1×利子＋0.1×（営業利益－支払利子）

　　＝0.1×営業利益＝0.1×10＝1億円

図 3.4　各戦略のリターン

投資価値

戦略A：$E_A \times 0.1 = V_A \times 0.1$

戦略B：$E_B \times 0.1 + D_B \times 0.1 = (E_B + D_B) \times 0.1 = V_B \times 0.1$

戦略Aと戦略Bのリターンは等しい。

➡ $V_A = V_B$

図 3.5　各戦略の投資価値

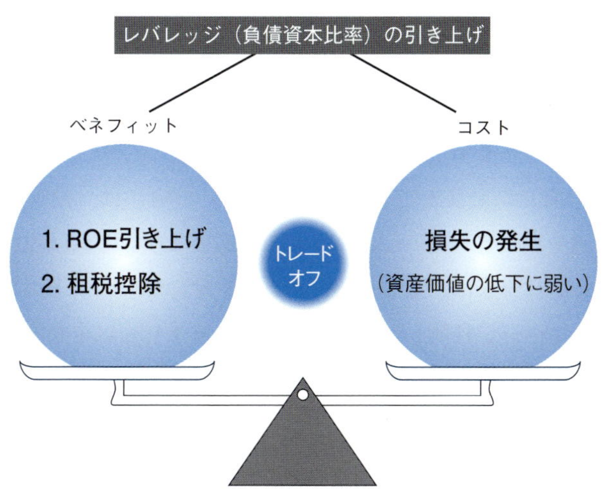

図 3.6　資金調達のトレードオフ

仮にこの企業が100%負債で資金調達していたとすると，50の損失が発生すると赤字を埋めるために資産を現金に換金して支払わざるを得ません。そのため，バランスシート上で負債（返済義務）金額が資産価値を50上回り，債務超過になってしまいます（図3.7では「資産－負債」の額を純資産に記載しています。実際には，株式は出資した額を上回る損失を被ることはありません）。この場合，この企業は債務不履行によって倒産する可能性があります。

しかし，この企業が株式発行などによって100%エクイティーでの資金調達をしていた場合には，純資産が50減少するだけで，損失処理後も依然として純資産はプラスのままとなります。このように，純資産は資産の低下に対するバッファー（クッション）の役割を果たしているといえます。

レッスン3.2 情報の非対称性と企業の資本構成

情報の非対称性の問題

MM定理（の第1命題）によれば債券で資金を調達しようが株式発行で資金を調達しようが企業価値は変わりませんので，債券でも株式でも好きなほうを選べるのではないかと思われます。しかし，MM定理の成立には，実はいくつかの前提があります（図3.8）。

MM定理の成立に必要とされる条件（仮定）の中には，投資家と企業経営者が情報を完全に共有しているというものがあります。これは現実的な仮定ではありません。投資家は，上場企業であってもせいぜいディスクロージャー誌や企業のウェブページ程度しか情報収集源がありません。企業内部での会議の内容や日々の経営上の意思決定については企業秘密も含まれており，知らされていないのが普通です。したがって，企業価値について企業経営者のほうが投資家よりも正確な実態を知っていると考えるのが自然です。このような情報が当事者間で偏在する状態を経済学では**情報の非対称性**があるといいます。

さて，このような状況では，現在の市場での株価（情報を十分に持っていな

【負債100%の場合】

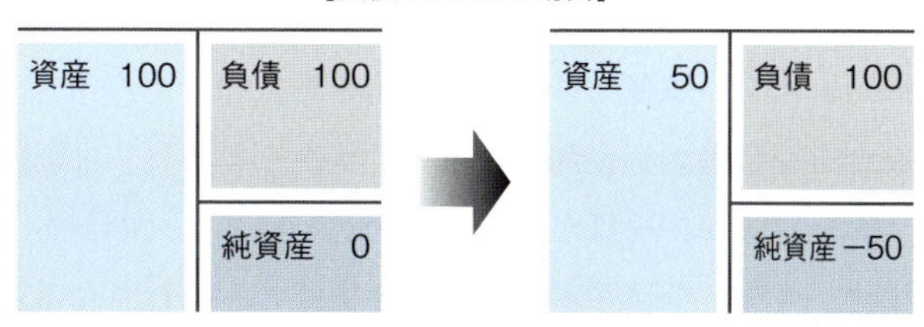

【純資産100%の場合】

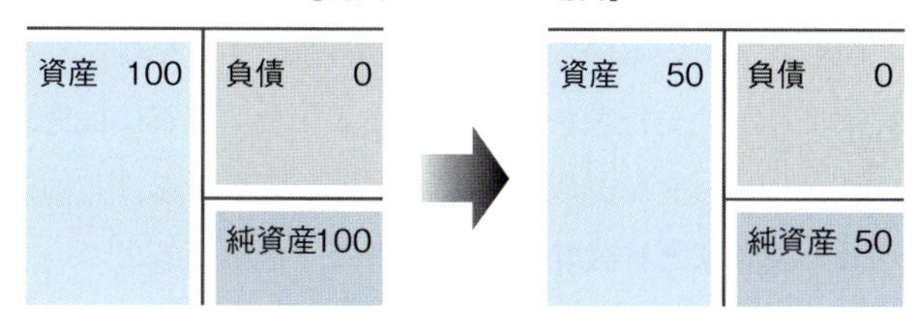

図 3.7　50 の営業損失が発生した場合の例

完全資本市場の仮定

- 法人税，個人対象の税がない。
- 投資家と企業の間に情報の非対称性がない。
- 市場参加者にとって株価や利子率は所与のものである。

図 3.8　MM 定理の主な前提条件

い投資家の企業価値の評価に等しい）が企業価値に比べて割高だと考える企業の経営者は，株式発行によって企業価値に見合った金額以上の資金を返済義務なしに得られますから，債券ではなく株式発行を選択します。

一方，市場での株価が企業価値に比べて割安だと考える企業の経営者は，株式発行によって得られる資金の金額が，企業価値に見合った金額を下回るので株式発行は損だと考え，負債による資金調達を選択します。

このような企業経営者の資金調達の選択の状況を勘案し，投資家は，株式の発行は，企業の経営者が，株価が割高だと考えていることのシグナルを発していると考えます。今後，株価が下がるような株式のみ発行されると考え，株式には投資しません。その結果，企業経営者は株式を発行しても投資家が買ってくれないことがわかっているので負債で資金調達せざるを得なくなります。

では，株式はまったく発行されないのでしょうか。現実には株式は発行されナスダック，ニューヨーク証券取引所，東京証券取引所をはじめ市場規模は巨大です。これは，投資家と株式発行企業の間の，企業価値についての情報の非対称性の程度が小さいからです。いずれにせよ，このような理由から，企業の資金調達においては株式よりも負債の比重が大きくなります。

情報の非対称性の解消

情報の非対称性は，中古車市場のケースを例に説明されることがあります。

アメリカの中古車市場の俗語では，状態の悪い中古車を**レモン**，状態の良い中古車を**ピーチ**といいます。いま中古車市場に，実際の価値が200万円のピーチと，実際の価値が100万円のレモンの，2台の中古車（同車種，同年式，同走行距離）が売りに出されたとします（図3.9）。中古車は外見や試乗した程度では違いがわからないとします。中古車の買い手は，ピーチの価値が200万円，レモンの価値が100万円ということと，レモンに出くわす確率が50％であることは知っているものとします。

このとき買い手は，売りに出された中古車がピーチかレモンかわかりませんから，たとえば，2台の中古車両方にピーチの価格とレモンの価格の平均にあたる150万円で買値を付けます。そうすると，ピーチのオーナーは200万円の

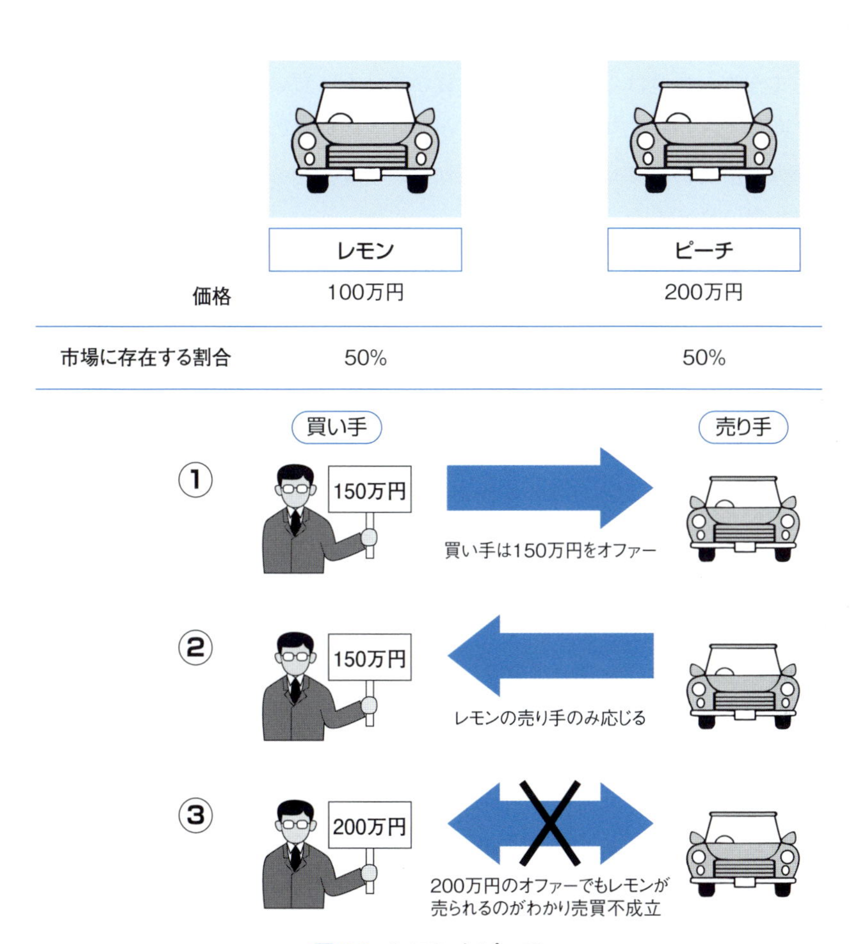

図 3.9　レモンとピーチ

アメリカの中古車市場に存在する情報の非対称性はアカロフ（George A. Akerlof）が理論的に分析し，その研究成果で 2001 年にノーベル経済学賞を受賞したことで有名です。

価値がある車なのに150万円の買値が付くので売ることをやめてしまいます。一方，レモンのオーナーは，100万円の中古車に150万円の買値が付くのでレモンを売りに出します。その結果，売りに出される中古車はレモンだけになってしまいます。このことを知っている買い手は，高い値段でレモンを買わされてしまうことを避けるため中古車を買いません。買い値が200万円を下回る限り，同じことが起こります。買い値が200万円以上の場合は，ピーチとレモンの両方が市場に出てくるので，やはり買い手は損をしてしまうこととなり，中古車を買いません。

その結果，中古車を売りたい人と買いたい人がいるにもかかわらず，中古車の取引が成立せず中古車市場が成立しなくなってしまいます。これは情報が非対称なために中古車市場の市場機能が損なわれているということです。

中古車についての専門知識のある中古車ディーラーは中古車の価値を査定し，中古車をピーチかレモンか識別し買い手に教えてあげることで買い手から手数料を得ます。中古車ディーラーが中古車の売り手と買い手を**仲介**(intermediation)することで中古車市場がはじめて正常に機能するのです（図3.10）。

金融仲介も中古車ディーラー同様，金融仲介機関（銀行）が預金者と借り手企業の間を仲介することによって情報の非対称性を解消する仕組みです。借り手企業の返済能力は一般の預金者にはわかりませんので，預金者が直接企業にお金を貸すのには尻込みしてしまいます。銀行は，企業の返済能力を審査し，貸出金利を設定します。一方，銀行は，預金者の預金金利は貸出金利から審査にかかるようなコストの分を差し引いて決定します。ちょうど金融機関は金融市場における中古車ディーラーのような機能を果たしているのです。

ペッキングオーダー仮説

そもそも，企業経営者の自己資金は経営者自身が用意した資金をエクイティーにしますので情報の非対称性に起因するコストがかかりません（内部資金）。したがって，企業は自己資金があればまずはそれを使い，投資を実施するのにそれでは足りない場合に，外部から資金を調達します（外部資金）。

今までみてきたように，外部からの資金調達の場合に情報の非対称性が金融

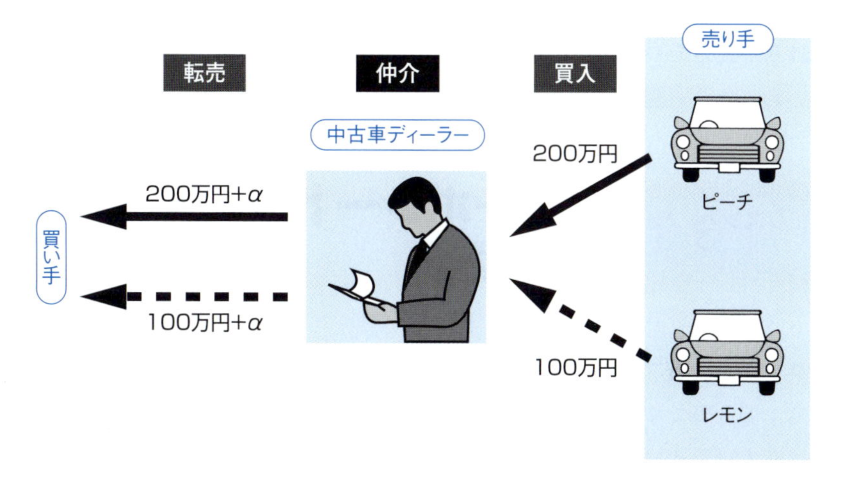

図 3.10　中古車ディーラーの役割
中古車ディーラーは，ピーチは 200 万円，レモンは 100 万円で買い入れ，それぞれ 200 万円＋α（手数料），100 万円＋α（手数料）で販売します。

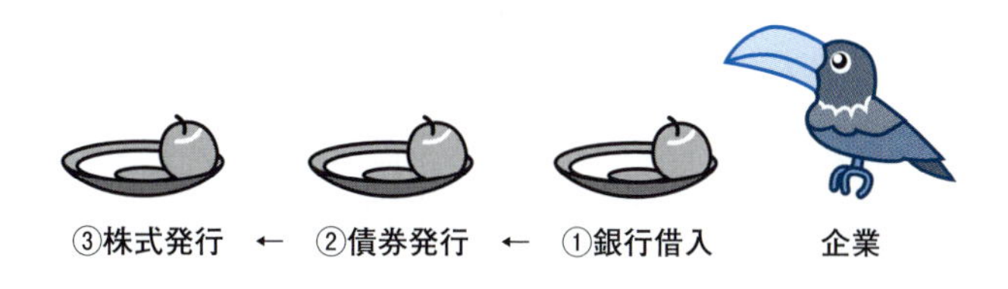

図 3.11　ペッキングオーダー仮説
内部資金の場合は情報の非対称性の問題はありませんが，外部資金の調達においては調達先との情報の非対称性の問題がかかわってきます。図では外部資金に依存して調達する場合に，企業が選択する調達方法の順番を示しています。

を阻害する程度は，①銀行借入，②債券発行，③株式発行の順に小さいため，外部資金の中では，銀行借入，債券発行，株式発行の順に資金調達手段を選択すると考えられます。このように企業の資金調達には優先順位があるという仮説は鳥がえさをついばむ順序という意味の英語句からペッキングオーダー仮説といわれます（図 3.11）。

レッスン 3.3 コーポレートファイナンスの実際

コーポレートファイナンスは企業の資金調達の様子を理論的，実証的に分析する学問分野です。しかし，企業の資金調達の実務は今までみてきたようなものよりもはるかに複雑です。現実と抽象化された理論との大きな違いは，実際には企業は資金の返済の期限に応じて 2 種類の方法で資金を調達している点です。

運転資金

短期の資金は運転資金と呼ばれます。日々の経営上の資金繰りをまかなうために外部資金が必要な場合があります。たとえば，製造業の場合，原材料を仕入れる際に，現金や当座預金，普通預金など，支払いにおける口座引き落としに使っている口座の残高が不足している場合があります。小売業の場合も，卸売業者から仕入れる際に同様の状況に陥る可能性があります。この場合，企業に与えられた選択肢は大きく 3 種類あります。

第 1 に，企業は銀行等，金融機関から資金を借り入れることで運転資金をまかなっているかもしれません（図 3.12）。この場合，銀行は借り手企業の返済能力を審査して，貸出金利を決定します。図では左側に預金者が描かれていますが，貸出金利は，通常，預金金利を上回る利率で決定されます。

第 2 に，企業は取引先企業に債務を負うことで運転資金をまかなうかもしれません。このような取引先企業間の債権債務は企業間信用と呼ばれています。

図 3.12　金融仲介（銀行）の役割

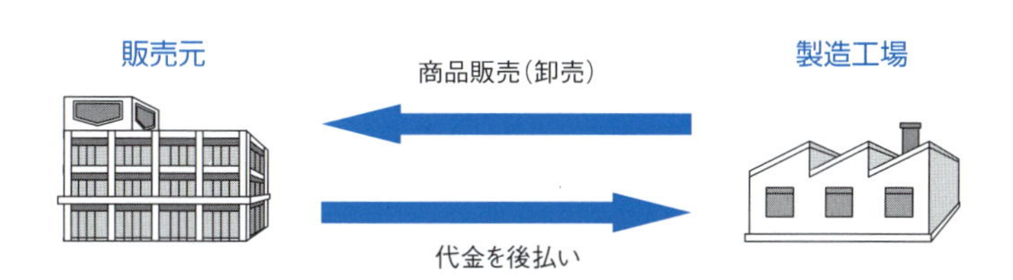

図 3.13　企業間信用（売掛金）

企業は商品等を買う場合，代金を後払いすることがあります。これは買い手にとっては買掛金，売り手にとっては**売掛金**といわれる商慣行です（図 3.13）。この場合，商品の受け渡し時点では，支払いは済んでいません。つまりこの時点で，買い手には債務が，売り手には債権が発生していることになります。企業は手元の現金が不足しているときなど効果的にこの企業間信用を利用して資金繰りをコントロールしています。

企業間信用のもう一つの形としては，**手形**（約束手形）があります。すなわち手形に記載された期限（満期）までに支払いが猶予されることで商品が売れるまでの運転資金をまかなえます。満期前の手形は満期までの利息分などを割り引いて銀行に譲渡することで現金化することもできます。手形には作成・交付・保管コスト，紛失・盗難リスクなどがあります。近年では紙の手形に変わる電子記録債権，企業が売掛金を銀行に売却することで資金調達するファクタリングなど手形に代替する資金調達手段が普及しています。

第 3 に，企業による市場でのコマーシャル・ペーパー（CP；無担保の約束手形）の発行による短期の資金の調達は 1987 年から始まり，現在では大企業の短期資金調達の重要な手段となっています（図 3.14）。

設備資金

長期の資金は工場建設，機械設置など生産設備の設置のために用いられるので**設備資金**といわれます。企業が設備投資をする際の資金調達であり，コーポレートファイナンスの理論で分析の対象とされるのは通常はこの設備資金です。

製造業が工場を建設する際の資金調達について考えてみましょう。工場の建設には莫大な費用がかかりますが，工場が竣工して稼動するまでに時間がかかります。工場は稼動を始めてから生産が開始されてはじめて売上，営業利益の上昇に貢献します。企業は建設中の工場を使ってお金を稼ぐことはできません。したがって，企業はある程度長期間お金を返さなくともよいような資金を必要とします。このような設備資金の調達には大きく 3 種類の方法があります（図 3.15）。

第 1 に，企業は運転資金の調達と同様，銀行など，金融機関から借り入れる

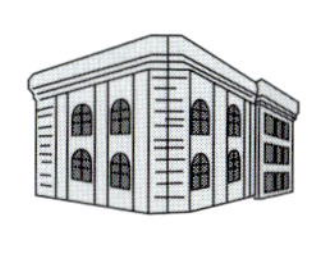

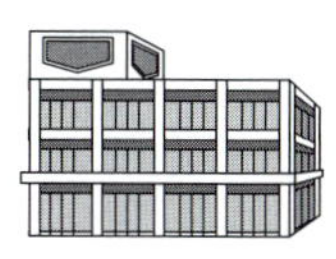
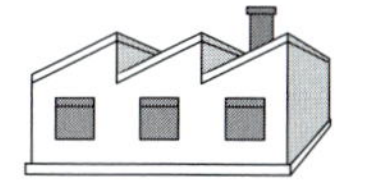

図 3.14　企業の短期外部資金調達の実際（運転資金）
（注）矢印はお金の流れを示す。

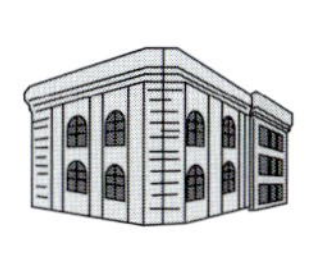

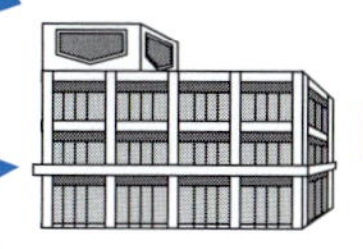
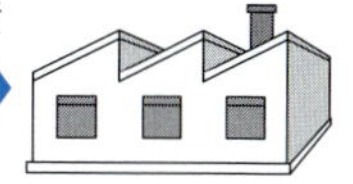

図 3.15　企業の長期外部資金調達の実際（設備資金）
（注）矢印はお金の流れを示す。

ことができます。金融機関借入は短期借入，長期借入と分類されることが多いのですが，一般に，返済までの期間が1年未満のものを**短期借入**といい，運転資金を目的とした借入が中心です。返済までの期間が1年以上のものは**長期借入**といい，設備資金を目的とした借入が中心です。なお，金融機関は企業の返済能力に疑問があると判断する場合，設備資金が借入目的であっても短期貸出を繰り返すこともあります（返済と同時に，また同額の借入を繰り返すことを**ロールオーバー**（roll over）といいます）。

第2に，企業は**社債**を発行して市場で投資家から設備資金を調達することもできます。社債の発行企業は，金融機関借入の場合と同様，返済期日（満期）が来ると投資家に返済する義務があります。また，企業は**株式**を発行して投資家から資金を調達することもできます。他にもワラント債（新株予約権付社債），転換社債（発行企業の株式に転換可能な社債）を発行することもできます。

第3に新規株式の発行があります。株式は，社債と異なり特定の満期までに返済する義務がありませんから，企業にとっては都合が良いといえますが，先述したように情報の非対称性の問題の悪影響をもっとも受けやすいため，発行に制約があります。

社債や株式，コマーシャル・ペーパーの取引においては証券会社が間に入ることもありますが，それらは本質的には借り手の企業が貸し手の投資家に証券（本源的証券）を発行するものであり，第三者を通して資金が供給されるわけではないので，**直接金融**と呼ばれます。一方，金融機関からの借入や企業間信用は，前者の場合，預金等で資金調達する貸し手の金融機関が，後者の場合，自身の仕入先から信用供与を受けている仕入先が金融仲介を行っているので，**間接金融**と呼ばれます（図3.14，図3.15）。

日本企業の資金調達

実際の日本企業の資金調達の状況はどうなっているのでしょうか。

資本金10億円以上の大企業の資本構成の推移をみると，1970年代以降，ほぼ一貫してエクイティーによる資金調達の比重が高まっていることがわかります。一方，間接金融の比重は金融機関借入，企業間信用とも一貫して低下して

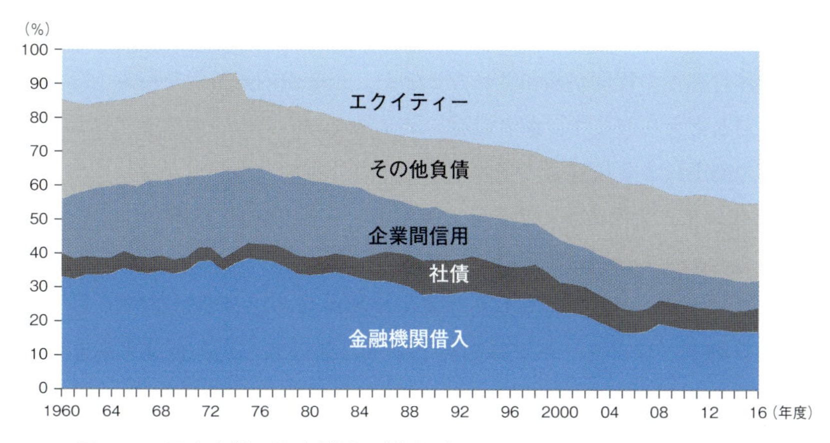

図 3.16　日本企業の資本構造の推移（ストック，資本金 10 億円以上）

（出所）財務省「法人企業統計調査」

（注）シェアを計算する際に，分母については，総資産から，負債から金融機関借入，企業間信用を除いた「その他の負債」を除いた（これは「その他の負債」の多くが従業員の退職給付（年金，退職金）の積立金であり，企業の資金調達とは性格が異なるため）。「その他」にはコマーシャル・ペーパーが含まれるが，コマーシャル・ペーパーは独立した負債項目として調査されておらず，ここでは「その他」をすべて除いた。

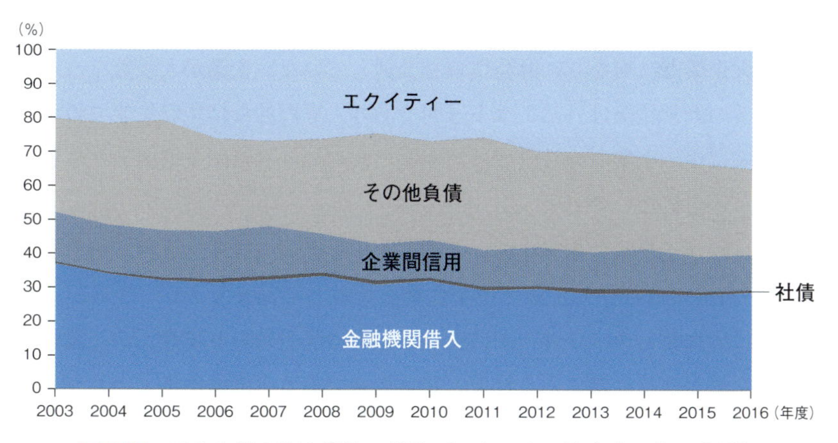

図 3.17　日本企業の資本構造の推移（ストック，資本金 1 億円未満）

（出所）図 3.16 に同じ

います（図 3.16）。

エクイティーによる資金調達の比重の増加は，企業の経営者と投資家の間の情報の非対称性の程度が緩和されたことや，企業が内部留保を積み上げたことが原因だと考えられます。前者には，ディスクロージャーの拡充，コンピュータ技術の向上による投資家の情報収集能力，分析能力の向上が背景にあります。1970 年代以来，金融市場の自由化が進展し，金融の自由化が完成した 2000 年以降にもエクイティーの比重の上昇傾向は止まっていません。

日本には約 358 万社の企業があります（2016 年中小企業庁調べ）。なかにはトヨタ自動車，ソニー，みずほ銀行といった名の通った大企業もありますが，大多数は中小企業です（中小企業の定義については表 3.1 参照）。大企業はわずか 1 万 1,000 社強にすぎません。比率にして 0.3% です。勤労者（サラリーマン）の約 7 割は中小企業に勤務しており，中小企業は企業の付加価値の 5 割強を生み出しています。資本金 1 億円未満の中小企業の資本構成についても，その傾向は大企業ほど著しくはありませんが，エクイティーの比重が高まっています（図 3.17）。

この資本も大企業のように株式を発行して外部から調達したものではなく，企業のオーナーが自己資金を投入したり，オーナーが家族や友人・知人から資本性の資金（返済義務のない資金）を調達したものが大部分を占めます。中小企業は大企業とは異なり，財務情報を公開していない企業が大多数を占めます。中小企業の経営状況は外部には不透明であり，専門的な情報収集能力の低い一般投資家は中小企業への投資には消極的ですので金融機関や取引先から資金を調達せざるを得ないのです。

さらに細かく負債の内容について満期が 1 年未満の短期（流動）負債と長期（固定）負債に分けて大企業と中小企業を比較してみましょう（表 3.2）。流動負債では大企業と中小企業の間に大きな差異は見受けられませんが，固定負債では大企業が直接金融である社債と間接金融である金融機関借入のバランスが取れているのに対し，中小企業では社債はほとんどありません。この社債も多くは**私募債**と呼ばれるもので，市場で一般投資家に売却されるものではなく，企業のオーナーの知人や銀行などに引き受けてもらうものですので必ずしも直

表 3.1　中小企業基本法にもとづく中小企業の定義

	従業員数規模か資本金規模のうち 1 つ以上を満たす必要あり	
	従業員数規模	資本金規模
製造業，建設業等	300 人以下	3 億円以下
卸売業	100 人以下	1 億円以下
小売業	50 人以下	5 千万円以下
サービス業	100 人以下	5 千万円以下

表 3.2　日本企業の負債構造（2016 年度末：%）

● 資本金 10 億円以上

流動負債	
企業間信用	28.9
金融機関借入金	18.9
その他	52.2
固定負債	
社債	26.4
金融機関借入金	43.7
その他	29.8

● 資本金 1 億円未満

流動負債	
企業間信用	33.5
金融機関借入金	21.3
その他	45.2
固定負債	
社債	2.1
金融機関借入金	65.1
その他	32.8

（出所）　財務省「法人企業統計調査」

接金融とはいえません。

第3章　演習問題

1. 法人税，所得税，情報の非対称性がない完全資本市場を仮定します。企業Aと企業Bの営業利益は各々10億円です。企業Aの資本構造は100%エクイティーであるのに対し，企業Bは50億円を利子率10%の条件で債券を発行し資金調達しています。今，ある投資家が，企業Aの株式の20%に投資しているとして，以下の問に答えなさい。
   (1) この投資家が得るリターンを求めなさい。
   (2) まったく同じリターンが得られるような別の投資戦略について説明しなさい。

2. 新規開業企業の資金調達が困難であるとされるがそれはなぜか説明しなさい。また，ベンチャーキャピタルは銀行と比べ新規開業企業に積極的に資金供給ができるのはなぜか説明しなさい。なお，ベンチャーキャピタルは一般投資家や銀行からの借入，債券発行，株式発行によって資金調達し，起業家にエクイティー（株式投資）で投資する仕組みを持った金融機関であり，役員を派遣するなどして経営に積極的に関与する点に特徴があります。

3. 主に資金繰りを使途とする運転資金と工場建設などを使途とする設備資金の経済的な区別がつかない場合があるがそれはどのような場合か説明しなさい。

4. 中小企業による公募社債での資金調達が少ないのはなぜか。情報の非対称性の観点から説明しなさい。

4 銀行の役割と課題

銀行は主に預金で資金調達し，企業などに資金を融資することを役割とする機関です。まず，銀行の経済活動を理解するためには，一般の事業会社以上に，そのバランスシートの理解が重要であることを説明します。続いて銀行が融資する際の金利の決め方について説明します。アメリカのサブプライム・ローン危機が大きな話題となりましたが，元をたどれば銀行の経営危機が原因です。本章の後半では，銀行の経営について考えます。

レッスン

レッスン4.1 銀行の活動

預金で調達した資金を原資とした融資を主要な事業内容とする金融機関には，銀行法で定義された「銀行」以外にも信用金庫，信用組合などがあり，これらを総称して**預金取扱機関**といいます。本章で「銀行」という場合は，とくに断らない場合，広く預金取扱機関のことを指します。預金は次章で説明するように，日本を含む多くの国・地域で預金保険制度によって一定金額まで政府に保証されています。なお，預金で資金を調達しない金融機関は**ノンバンク**（非銀行）と呼ばれます。

預　金

預金には定期預金など**満期**が決まったものと，普通預金・当座預金など満期は決められておらず預金者が，現金が必要になったときにいつでも引き下ろすことのできる**要求払預金**と呼ばれる預金に大別できます。要求払預金の口座は商取引の決済にも使われますので**決済口座**とも呼ばれます。個人であれば電気料金，水道料金など公共料金を普通預金口座から引き落としにできますし，企業間では，資金の受け渡しを，当座預金口座を通じて行うのが普通です。取引の度に現金を取引相手に手わたすのは面倒ですし，防犯の観点からも安全とはいえません。決済口座を通した資金決済は消費者や経済活動を円滑にする重要な**金融インフラ**であるといえます。近年，情報通信技術（ICT；Information and Communication Technology）の進歩により，決済に現金を必要としないキャッシュレス決済が拡大しています。決済手段に限らず，ICTの進歩によりさまざまな新しい金融サービスが出現しています。このような新しい金融サービスは**フィンテック**と総称されています。

銀行は，いわば，バランスシートの借方（貸借対照表の左側）で，個人や企業への融資という形で流動性（現金）を供給し，貸方（貸借対照表の右側）でも個人や企業に要求払預金口座の提供という形で流動性（現金に容易に換金で

■BOX4.1　フィンテック■

フィンテック（Fintech）は金融を意味するファイナンス（finance）と技術を意味するテクノロジー（technology）を合わせて造られた造語です。フィンテックという用語の明確な定義はありませんが，科学技術，とりわけ，ICT の進歩によって可能となった金融サービスの総称です。フィンテックの例をいくつかみていきましょう。

クラウドファンディング（crowdfunding）は，インターネットを通じて投資家から資金を募るもので，フェイスブック（Facebook）などソーシャルネットワーキングサービス（SNS）の発展によって利用が拡大しました。アーティストやアイドルがクラウドファンディングを使って活動資金を集めていると聞いたことがある方も多いでしょう。

デジタル通貨は金額がデジタル情報として記録された決済手段であり，現金を用いない安全な取引の決済（キャッシュレス）を可能にしています。Suica などの交通系 IC カード，楽天 Edy などの電子マネー，スマートフォン（スマホ）で決済するおサイフケータイを利用されている方も多いでしょう。これらはいずれも IC（integrated circuit；集積回路）を組み込んだカードや通信機器の開発で利用が可能になったデジタル通貨です。欧米ではこれまでもクレジットカードの利用が広く普及しており，キャッシュレスの進展が目覚ましかったのですが，近年，中国では，スマホで QR コードを読み取ることにより決済し，スマホ以外にカードリーダーなどの特別な機器を必要としない微信支付（WeChat Pay），支付宝（Alipay）が普及し急速にキャッシュレスが進行しています。日本でも QR コード決済サービスを提供する会社として LINE Pay（LINE），楽天ペイ（楽天），PayPay（ソフトバンク・ヤフー）ほか十数社ありますが，プラットフォームが乱立しており利便性が低く普及は遅れています。仮想通貨はデジタル通貨の一種で，データのデジタル記録技術の一種であるブロックチェーンを利用したビットコインなど，取引のオンライン決済に利用されています。

近年，アメリカを中心に利用が急拡大しているロボアドバイザー（robo-advisor）は金融機関が営業担当者など人を介在させず顧客の資産運用を行うサービスで，AI（artificial intelligence；人工知能）技術の一つである機械学習の技術を応用したものです。なお，開発途上国では低所得者を中心に銀行などの金融サービスを受けられない人が多いという金融排除の問題が深刻ですが，途上国で急速に普及するスマホを通じ，距離的に遠い銀行店舗に行かなくても容易に金融サービスの利用が可能になり金融包摂（financial inclusion）が広がると期待されています。

きる資産）を供給しているといえます。

銀行の活動は，銀行のバランスシート（貸借対照表）を考えると容易に理解ができます（図 4.1）。

銀行の資産と負債

銀行の資産には，主に，**準備預金**，**貸出金**，**インターバンク貸出**，**証券**があります。準備預金は銀行が日本銀行（日本の**中央銀行**。中央銀行については，第 9 章で詳しく解説します）に持っている，原則金利の付かない当座預金です。銀行は企業や個人に融資を行う以外にも，他の金融機関に余剰資金を短期で貸しています。銀行と銀行が余剰資金を貸し借りする市場は**インターバンク市場**（銀行間取引）と呼ばれ，日本では特別に**コール市場**と呼ばれています。証券は**国債**などの債券が中心ですが，日本の銀行は株式も保有しています。

負債としては，主に，預金やインターバンク市場からの借入で資金を調達していますが，（総）資産と（総）負債の差額が銀行の**自己資本**（純資産）となります。

預金は元本が保証された安全資産です。一方，借方の**貸出金**（**貸出債権**）はお金が契約通り返済されないリスク，いわゆる貸倒れリスクがあります（貸倒れは**デフォルト**（default；債務不履行）ともいいます）。

銀行は多くの多種多様な企業や個人に融資することにより，**リスク分散**をはかっています。つまり，銀行は預金という安全資産を貸出金というリスクの高い資産に変換する機能があるのです。

不良債権の償却

次に，銀行のバランスシートと損益計算書の関係についてみてみましょう。銀行は収益として貸出金などの利子収入を得ますが，預金などの利払い，人件費，物件費を費用として計上します。収益と費用の差額が利益になりますが，利益の全部を株主に配当してしまうのではなく一部を**留保利益**として積み立てます。この積立部分はバランスシートにおいては自己資本（純資産）の増加になります（図 4.2）。

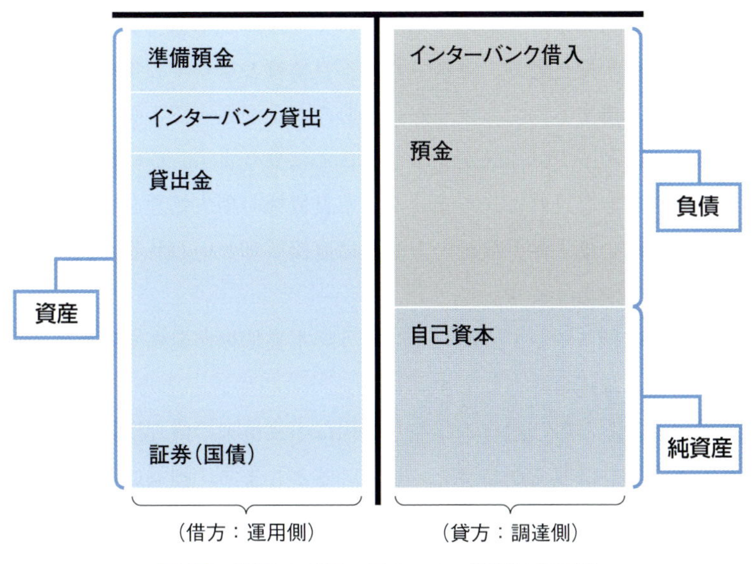

図 4.1　銀行のバランスシート（貸借対照表）

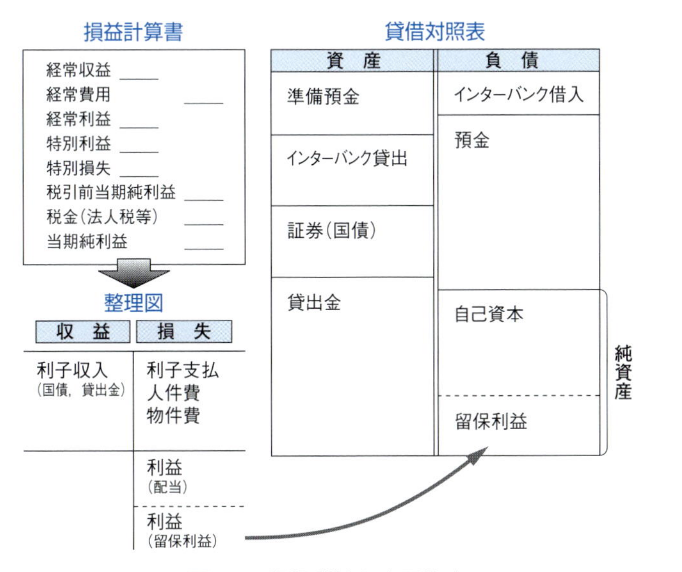

図 4.2　留保利益と自己資本

貸したお金が契約通り返済されない場合，そのような債権は**不良債権**といいます。逆に貸したお金が契約通り返済される場合は**正常債権**といいます。銀行の貸出金の一部が期日通りに返済されず不良債権となってしまった場合，銀行はどのように対処するのでしょうか。貸したお金が返ってこないということですので，銀行にとっては**損失**が発生したことになります。この損失は会計上も損失として処理しなければなりません。不良債権の損失処理を専門用語で**不良債権の償却**（しょうきゃく）といいますが，償却の方法には直接償却といわれる方法と間接償却といわれる方法があります。

まず，**直接償却**について説明しましょう。不良債権が発生すると損益計算書上で不良債権償却損を計上します。

話を単純にするため，銀行の収益と費用は不良債権の償却損を除けば等しい，つまり，営業損益は収支がバランスしているとします。損益は損失が発生したことになりますので不良債権の償却分，（特別）損失が発生します。この損失分は，バランスシート上の自己資本の一部をあてることで埋め合わせます。つまり，バランスシート上では，借方（左の資産側）では，不良債権を償却することにより貸出金のうち不良債権分が消滅し正常債権分が残ります。一方，貸方（右の負債・純資産側）では，自己資本が不良債権の金額と同じ金額だけ低下します（図 4.3）。このような自己資本の低下を**自己資本の毀損**（きそん）といいます。

次に，**間接償却**について説明しましょう。不良債権が発生すると不良債権分を特別損失として損失に計上する点では直接償却の場合と同じですが，不良債権の償却損ではなく，**貸倒引当金**として処理します。貸倒引当金はバランスシート上にも負債の一項目として記されます（ここでは説明の流れから貸倒引当金を負債項目に入れていますが，実際の銀行の貸借対照表上ではマイナス表示（△）をつけて資産項目に表示されます（第 9 章表 9.1 参照））。

つまり，直接償却の場合と同様，自己資本は貸倒引当金の分，減少しますが，不良債権は消滅せず債権としてバランスシート上に残ります。したがってバランスシートの規模は不良債権の償却前後で変わりません（図 4.4）。このように，自己資本には不良債権など，銀行の資産価値の低下に対する**バッファー**（**クッション**）としての役割があります。

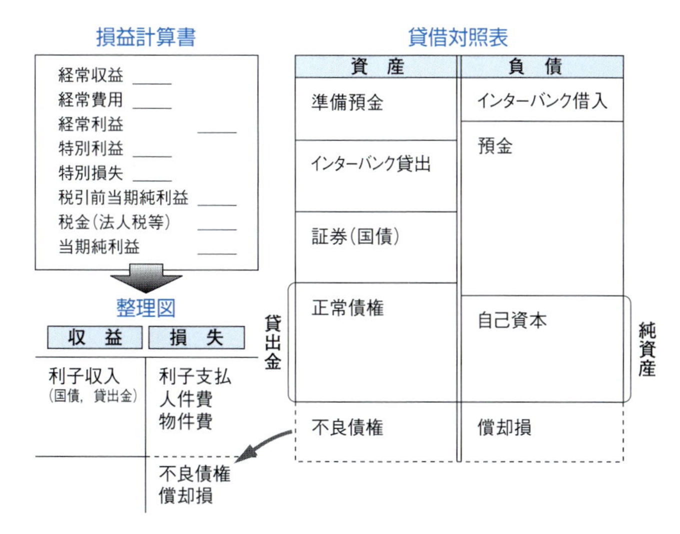

図 4.3　不良債権の直接償却

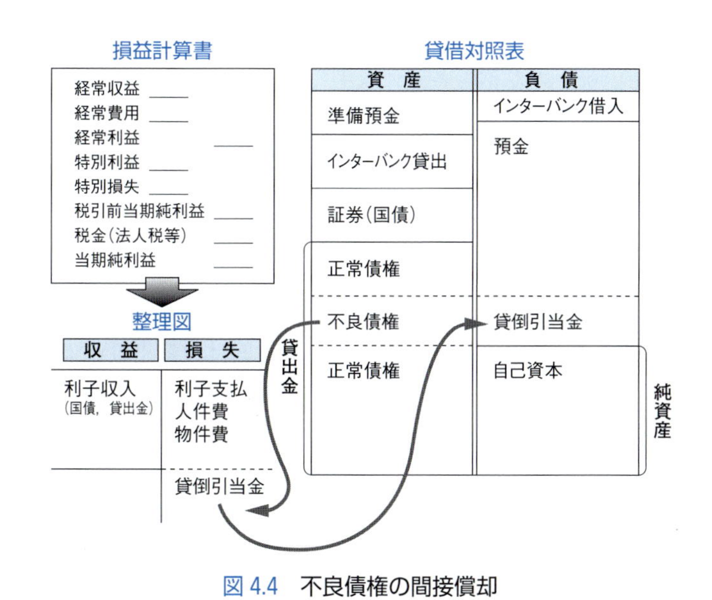

図 4.4　不良債権の間接償却

レッスン 4.2 デフォルト・リスクの問題

貸出金利の設定方法

銀行の基本的な機能が預金として調達した資金を元手に貸出を実施することであるとしても，**融資**のスタイルは銀行によってさまざまです。ここでは銀行が企業に融資をする場合を考えます。

企業によって返済能力は異なります。銀行は返済能力の低い（デフォルト・リスクの高い）企業には高い貸出金利を，返済能力の高い（デフォルト・リスクの低い）企業には低い金利を付けます。デフォルト・リスクの高い企業に高い金利を付けるのは銀行がデフォルト・リスクの高い企業から得られる期待利子収入とデフォルト・リスクの低い企業から得られる期待利子収入が等しくなるように利子率を設定するためです（銀行がリスクに対して**中立的**である，つまり，リスクの有無に関係なく収入の期待値にだけ関心があると仮定した場合を考えています）。

このことを，例をみながら考えてみましょう（図 4.5）。銀行はA社とB社に融資をしているとします。A社のデフォルト確率は50%，B社のデフォルト確率はゼロだとします。この場合，A社向けの貸出金利を i_A，B社向けの貸出金利を i_B とすると，A社向けの期待（収入）利子（率）は $(1-0.5)\times i_A$，B社向けの期待（収入）利子（率）は $(1-0)\times i_B$ となります。両者が等しいとすると，$i_A=2i_B$ が成り立ちます。つまり，デフォルト・リスクの高いA社向けの貸出金利はデフォルト・リスクの低いB社向けの貸出金利より高くなります。

このように銀行は企業が借入を申し込んできたらその企業を厳格に**審査**して**デフォルト確率**を推計し，そのデフォルト確率にもとづいて**貸出金利**を設定します。借入を申し込んでくる企業はデフォルトしたことがないのが普通ですから企業の状況からデフォルト確率を推計する必要があります。銀行がデフォルト確率の推計を怠り，借り手との間の情報の非対称性を放置したままだと**逆選**

50%の確率でデフォルトするA社からの期待利子（率）

$=(1-0.5)\times i_A=0.5i_A$

デフォルト確率がゼロのB社からの期待利子（率）

$=(1-0)\times i_B=i_B$

銀行はA社からの期待利子収入＝B社からの期待利子収入となるように貸出利子率を設定するので

$0.5i_A=i_B \qquad i_A=2i_B$

図 4.5　貸出金利とデフォルト確率

■BOX4.2　担　保■

銀行は，融資にあたって**担保**を条件とする場合があります。担保とは，不動産などの資産を，借り手がデフォルトしたときに銀行が処分（売却）可能という条件で，借り手に差し出してもらう仕組みです。担保を設定していれば，借り手がデフォルトしても担保の売却で貸倒れによる損失分をある程度埋め合わせることができますので担保は銀行にとってはリスクの軽減策として有効な手段です。

■BOX4.3　モニタリング■

銀行は融資を実行した後も，企業の資金繰り，資金の使途を**監視**（**モニタリング**）する必要があります。モニタリングが不十分だと，企業は，工場建設に用いると言って借りた資金を社長個人の趣味や豪華な社長室の家具調度品など事業の生産性に貢献しないものに流用するなど，いわゆる**モラル・ハザード**と呼ばれる事態が発生する可能性があります。

択と呼ばれる深刻な問題が発生します。お金を借りたいと思う企業は収益性に乏しい質の低い企業が中心になり，銀行がお金を貸したいと思っている質の高い企業が借入を申し込まないという事態です。

デフォルト確率の推計のためには銀行は企業の返済能力を示すようなさまざまな情報を収集します。企業の情報には財務諸表に代表される数字で表される定量的情報と数字では表せない定性的情報があります。審査とは銀行がデフォルト確率を推計して貸出金利を決めるプロセスですが，審査には定量的情報のみを用いる場合と定量的情報と定性的情報を総合的に勘案する場合があります。

資金調達を主に銀行借入に依存している企業は中小企業です。これは，大企業の場合，経営の透明性が高く投資家との情報の非対称性の程度が低いため，投資家は金融仲介機関に預金し，融資してもらうよりも，企業が発行する社債に直接投資したほうが高い収益が得られるからです。預金金利は銀行の貸出金利より低いですから，金融機関の仲介を通さなければ，投資家は預金金利よりも高い貸出金利分を収入として得ることができるのです。他方，経営の透明度の低い中小企業に対しては特別に銀行による情報収集が必要になるのです。

トランザクション・バンキングとリレーションシップ・バンキング

銀行は，企業についての情報をもとに企業のデフォルト・リスク（確率）を推計します。先述の通り，デフォルト確率をもとに貸出金利を決めるためです。

デフォルト・リスクの推計のためには定量的情報のみを用いる場合があります。デフォルト・リスクを推計する高度な数理モデルを用いて，機械的に貸出金利を設定します。このような貸出スタイルはトランザクション・バンキングと呼ばれます（図 4.6）。

一般に，中小企業は財務諸表が公認会計士の監査を受けていないなど，定量的情報は信頼性が高くありません。したがって，銀行は，デフォルト・リスクの推計のために定性的情報を加味する場合があります。定性的情報は企業の社長の資質など法的に立証が難しい情報が中心であり，立証可能な定量的情報であるハード情報に対してソフト情報とも呼ばれています。定性的情報は銀行の融資担当者が企業を頻繁に訪問して収集します。銀行は，企業との間に長期間

■BOX4.4　メインバンク■

日本では伝統的に，**メインバンク**と呼ばれる銀行が企業とくに親密なリレーションシップを築き，ソフト情報の収集において非メインバンクに比べ優位な立場に立っているといわれます。メインバンクは，担保が優先的に設定されるなど，さまざまな面で優位な立場にあるとされます。その見返りに，企業が財政的な困難に陥ったときに救済融資を実施する役割もあるともいわれます。

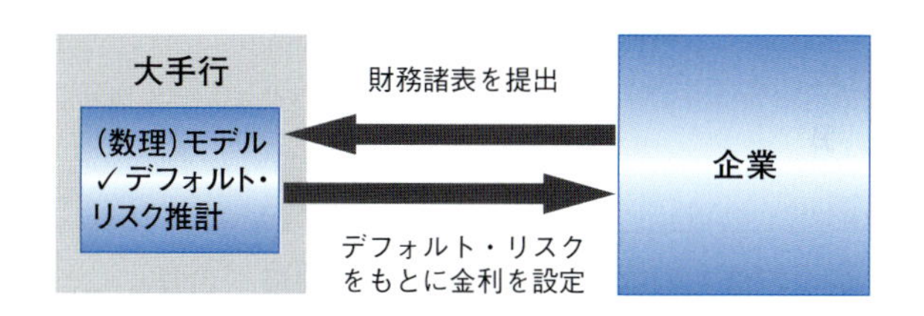

デフォルト・リスクについての数理モデルを用い，機械的に財務諸表の数量データから金利を計算し企業に提示。

図 4.6　大手行のトランザクション・バンキング

のリレーションシップ（取引関係）を築かないと有益な定性的情報を得ることができません。銀行は企業との融資関係を長期間続け，融資担当者が企業の訪問を繰り返して親密な関係を築いていきます。金融庁は地域銀行（地方銀行，第二地方銀行），信用金庫，信用組合など規模の小さい中小金融機関に**リレーションシップ・バンキング**（近年は金融庁はこれを地域密着型金融と呼んでいます）の推進を推奨しています（図 4.7）。

理論的には，大手行はトランザクション・バンキングに，中小行はリレーションシップ・バンキングに強みがあるとされます。大手行がリレーションシップ・バンキングに不得意なのは，大手行の組織階層が中小行に比べると複雑で融資の可否，融資条件に関する意思決定に時間がかかるため，リレーションシップの形成に必要とされる融通の効く対応が難しいことが一つの理由です。

一方，大手行は規模が大きいので高度のコンピュータシステムの導入が可能なため，定性的情報を考慮しなくとも精度の高いデフォルト・リスクの推計が可能な数理モデルを導入することができます。

レッスン 4.3 銀行の経営

銀行の収益源

伝統的に，銀行の最大の収益源は貸出金利と調達（預金）金利の差，**利ざや**です。新規貸出金利は 2007 年以降低下を続けています。（図 4.8）。銀行は推計した借り手のデフォルト・リスクをもとに貸出金利を設定しますが，競合銀行がさらに低い貸出金利を提示してくる場合もあります。競合他社が推計したデフォルト・リスクが自行の推計したデフォルト・リスクより低い場合もあるでしょうし，推計したデフォルト・リスクは変わらなくとも，あえてデフォルト・リスクにもとづいた金利よりも安い金利を提示することで，安売り競争をしかける銀行もあるでしょう。預金金利はこの時期，ほぼ変化していませんから，利ざやが長期低下傾向にあるということです。

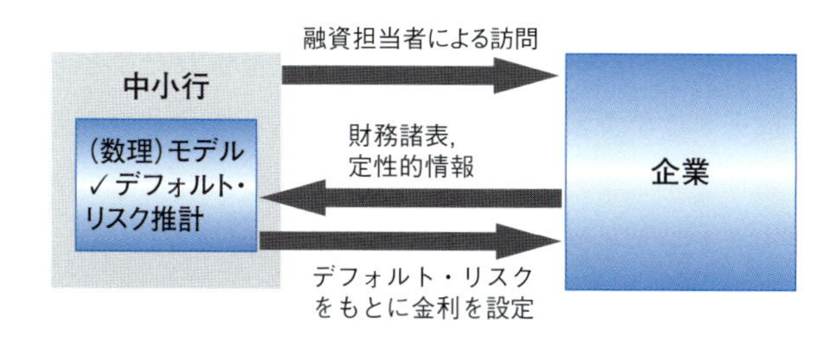

図 4.7 中小行のリレーションシップ・バンキング

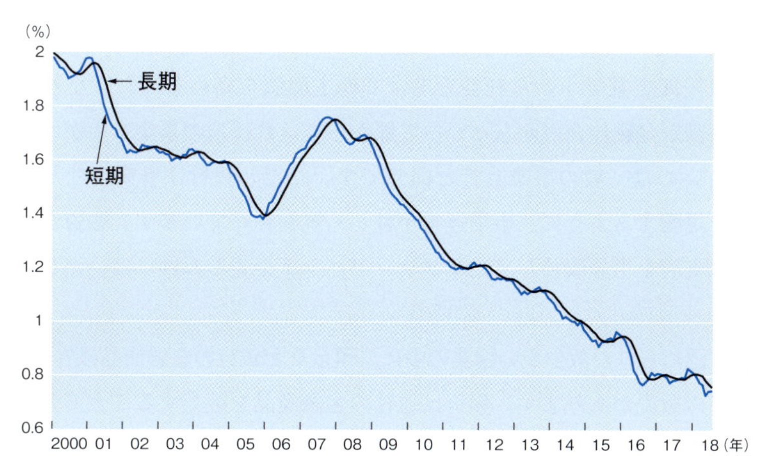

図 4.8 邦銀の新規貸出約定平均金利の推移
(出所) 日本銀行

日本の貸出市場は，とくに大都市圏以外の地方では，従来，地域ごとに銀行の地盤が決まっていたうえ，銀行の店舗設置は規制により制限されていましたので（店舗規制），競争は激しくありませんでした。銀行は十分な利ざやを確保できたのです。ところが近年は，店舗規制が撤廃されたこともあり，銀行が従来の地盤を越えて攻勢をかけることも珍しくありません。その結果，利ざやは低下傾向にあります。平たくいえば，預金を原資にお金を貸すという銀行の伝統的なビジネスモデルが儲からなくなったのです。

ただし，銀行の貸出業務の収益性の低さは貸出金利の低下だけが問題ではないようです。銀行が優良企業向けに短期で貸し出すときの金利であるプライムレートとインターバンク金利の間のスプレッドの推移を日米間で比較してみると，一貫して1%から2%，アメリカのほうが高いことがわかります。この理由はよくわかりませんが，日本の融資市場のほうがアメリカの融資市場より競争度が高いということなのかもしれません。中小企業であっても日本企業はアメリカ企業に比べ取引銀行数が多いことがわかっています。国土の狭い日本では国土の広いアメリカに比べ近隣の銀行が融資競争に参入しやすいのです（図4.9）。

銀行は民間企業ですから利益を上げて株主価値を高めなければなりません。銀行の役割が金融仲介だからといって儲からなければ他の事業も手がけなければならないのは一般の事業会社と同じです。ただし銀行は事業会社と異なり，第5章で説明するように，事業運営が厳しく規制されています。融資が儲からないから支店を半分改装して高級ブランドバッグを売るわけにはいかないのです。

銀行に認められた数少ない副業の中に，預金など銀行の金融商品以外の金融・投資商品の販売があります。銀行は他社の金融商品を販売することで金融商品の販売元から手数料をもらいます。手数料収入を中心とした非資金利益（利ざやが中心の資金利益以外の利益）の比率は2008年度以降年々上昇しています（図4.10）。

地域銀行，信用金庫の比率は大手行には大きく遅れを取っています。

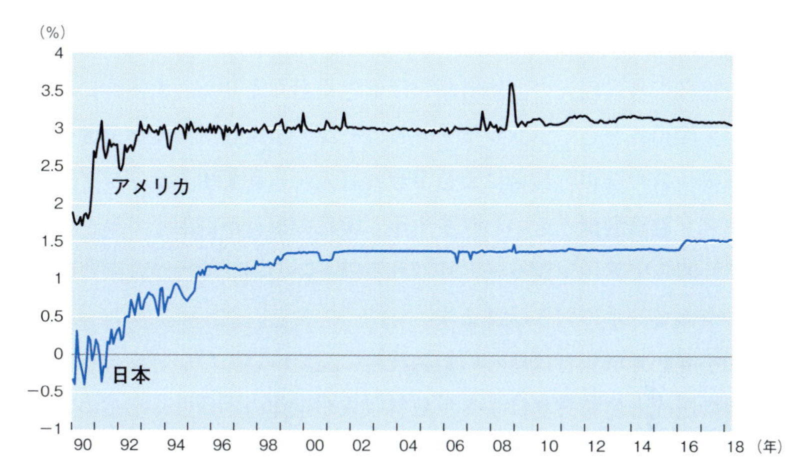

図 4.9　日米の短期プライムレートとインターバンク金利の間のスプレッドの動向
（出所）日本銀行
（注）インターバンク金利は日本の無担保コールレート翌日物。アメリカはフェデラルファンズ・レート（翌日物）。

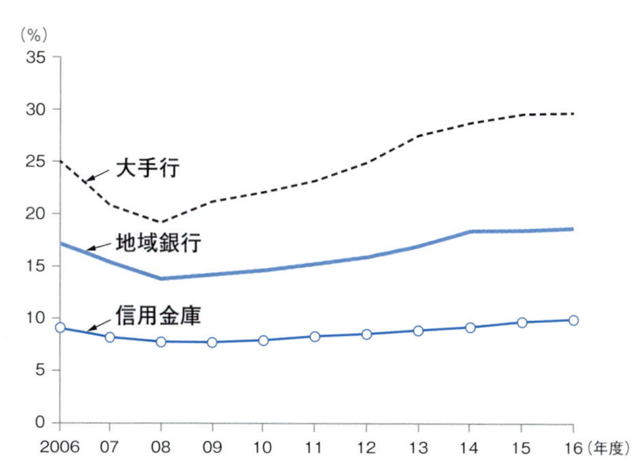

図 4.10　非資金利益比率（地域銀行・信用金庫・大手行）
（出所）日本銀行「金融システムレポート（2018 年 4 月号）」

銀行規模の差

大手行と地域銀行で手数料収入に大きな差が出ているのは，大手行と地域銀行で手数料収入の内訳が異なるからです（図 4.11）。大手行では，**投資信託**等の代理販売は手数料収入に占める割合は大きくありません。大手行には大きな手数料収入源の柱として**シンジケート・ローン**の組成等，高度な金融技術を駆使して獲得する投資銀行業務による手数料収入があります。シンジケート・ローンは別名，**協調融資**ともいわれますが，複数の銀行が協調して単一の企業に融資する仕組みで**アレンジャー**と呼ばれる**ローンの組成銀行**が企業との融資条件設定の交渉を一手に引き受けます。

規模の小さい地域銀行は新しい金融技術に追いついていない場合も多く，投資信託等の販売と為替業務による手数料収入が全体の半分近くを占めています。1990 年初頭のバブル崩壊の後，日本経済が「失われた 20 年」ともいわれる長期低迷に苦しみましたが，その過程で企業の経済活動の大都市圏，とくに首都圏への集中が進みました。地方では景気回復の流れから取り残された中小企業も少なくありません。借り手企業の業況が芳しくない中，数少ない業況の良い企業を巡って銀行が取り合っているような状況では本業（貸出）での収益の向上は望めません。金利の低下から貸出の収益性が低下している中，金融技術への知識の不足から手数料収入の大きな拡大も望めない中小行は今まで以上に苦しい状況に置かれています。

低い邦銀の収益性

ROA で表される銀行の収益性をみてみると，邦銀はアメリカの金融部門を震源地として発生した世界金融危機時の 2009 年を除けば，一貫して米銀を大幅に下回っています。収益性の低さに苦しむ邦銀は，伝統的な融資でも，新しい手数料ビジネスでも，高付加価値の事業展開の必要性に迫られているのです（図 4.12）。

企業の銀行離れ

企業の資金調達において銀行借入の重要性は低下しています。企業向け借入

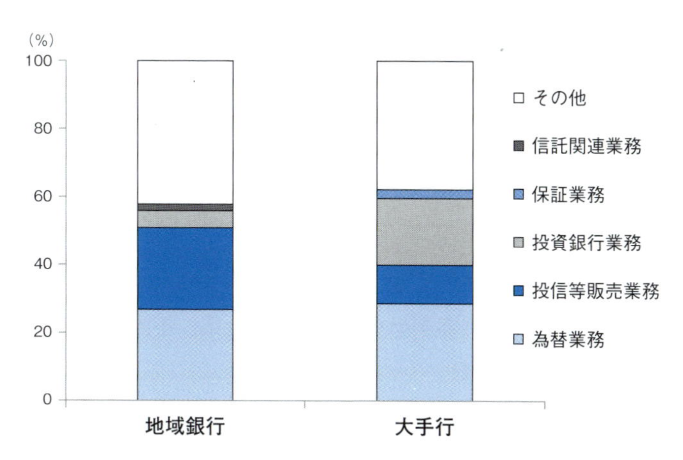

図 4.11　邦銀手数料収益の内訳（大手行・地域銀行）
（出所）　図 4.10 に同じ

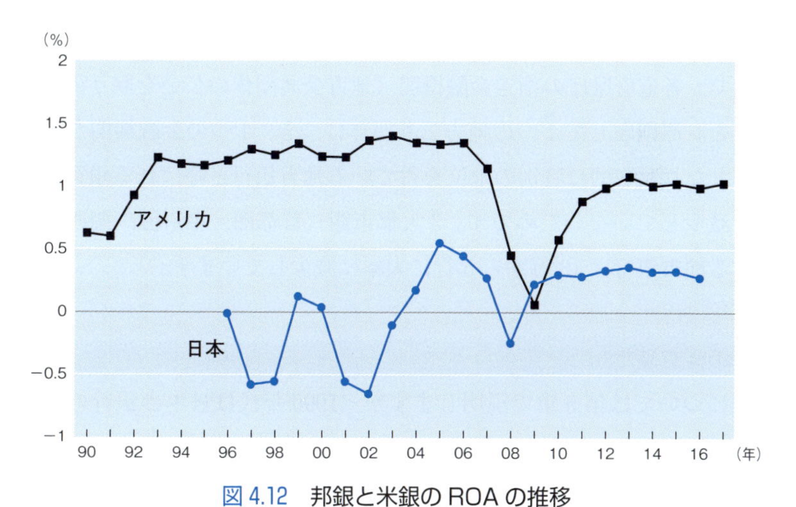

図 4.12　邦銀と米銀の ROA の推移
（出所）　セントルイス準備銀行，全国銀行協会連合会
（注）　アメリカは暦年，日本は年度

に占める金融機関借入の比率は金融危機前の1990年代に比べ近年では低くなっています。大手企業を中心に社債，コマーシャル・ペーパーなど，市場での資金調達が増加し，**銀行離れ**が進んでいます（図4.13）。

金融自由化が進展した1980年代以降，貸出金全体に占める銀行の製造業向け融資の比率はほぼ一貫して低下しています。銀行の貸出先として製造業に置き換わって中心になっているのが**不動産業**です。不動産業向け貸出のシェアは1980年代後半のバブル期に急増，不動産（地価）バブルが崩壊した1990年代以降もシェア上昇の傾向は止まっていません。銀行は大手企業，製造業を借り手として繋ぎ止めることができなくなり，中小企業，不動産業に活路を見つけようとしたのです（図4.14）。

預金取扱機関には銀行，信用金庫，信用組合をはじめ，農漁協，労働金庫などがあります（表4.1）。預金取扱機関数は1990年代以降，一貫して低下傾向にあります（図4.15）。銀行，信用金庫，信用組合合計では1988年から2017年までの30年間で半分強にまで減少しています。とくに比較的規模の小さい地域金融機関である信用金庫，信用組合の数は各々，およそ6割弱，$\frac{1}{3}$になっています。銀行数はそれほど減少していないようにみえますが，これは地域銀行の中で，各道府県庁の指定金融機関（地方公共団体の公金を取り扱う金融機関のこと。原則として1つの地方公共団体につき，1つの金融機関だけ指定できる）となり歴史的に特別の地位を得ている地方銀行と呼ばれる銀行の数がほとんど減少していないためです。3大都市圏（首都圏，中京圏，関西圏）を地盤とする都市銀行は13行から5行に大幅に減少しています。

銀行の経営破たん

詳細については第5章で説明しますが，1990年代は日本の銀行の経営を取り巻く状況が非常に厳しい時代でした。多くの銀行で貸出債権のデフォルトが大幅に増加し，巨額の不良債権を処理する必要がありました。銀行は不良債権を償却処理すると自己資本が低下します。自己資本がマイナスになってしまうと銀行は債務超過になり**経営破たん**します。

銀行数が減少したのは，経営破たんした銀行が出たことも理由の一つですが，

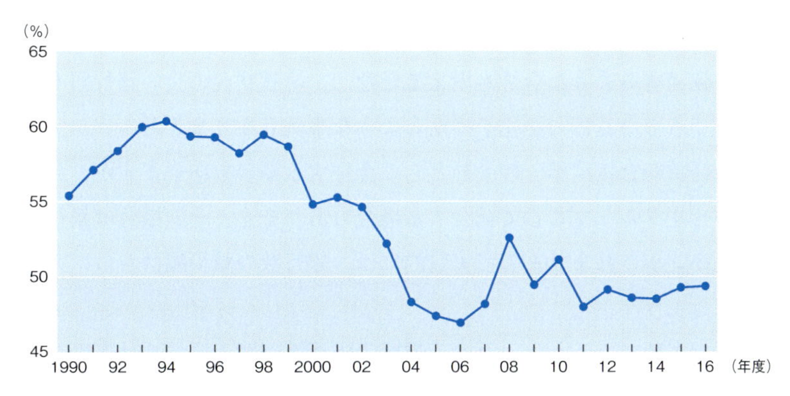

図 4.13　企業向け信用に占める金融機関借入金のシェアの推移
（出所）　財務省「法人企業統計調査」

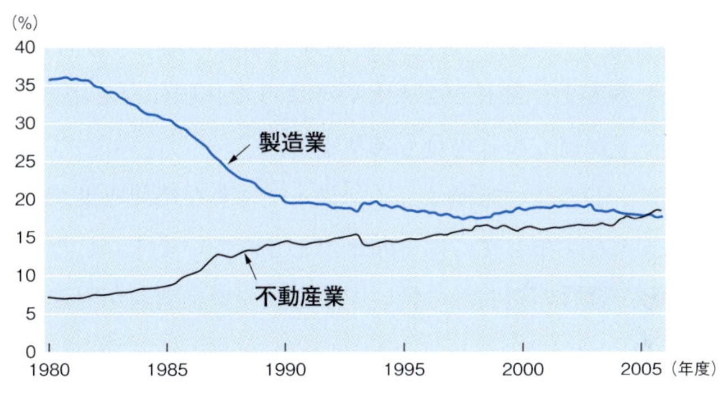

図 4.14　製造業向けと不動産業向け貸出比率（日本）
（出所）　日本銀行をもとに筆者作成

表 4.1　預金取扱機関の種類

銀　行	116 行（全国銀行協会正会員） 総資産 1072 兆円，貸出残高 551 兆円，預金残高 769 兆円
信用金庫	261 金庫　　総資産 155 兆円，貸出残高 71 兆円，預金残高 141 兆円
信用組合	148 組合　　総資産 22 兆円，貸出残高 11 兆円，預金残高 20 兆円
その他	農漁協，労働金庫，ゆうちょ銀行，外資系銀行等

（注）　数字はいずれも 2017 年 3 月末

主な原因は銀行の合併が増加したことです。債務超過状態に陥っているわけではないとしても，自己資本が低下している経営の不安定な銀行を経営状況の良い銀行が救済するような合併も増えましたし，経営状況の良い銀行同士が合併することでさらなる体力強化をはかるような事例もありました。

銀行の経営統合は，単一の会社として合併する場合もありますが、会社としては統合せずグループとして統合する場合もあります。その場合は銀行数の減少にはカウントされませんので実質的には，銀行数の減少幅はさらに大きいといえるでしょう。

銀行が大規模になると，いわゆる規模の経済性が働き経営の効率性が高まる場合もあります。

一方，一般に，銀行は大きくなれば組織が複雑になる場合が多く，また，企業文化の相違から必ずしも組織の統合が順調に進まない場合もあり（たとえば，A行とB行が合併した場合，審査部長がA行出身の場合，B行出身者が部長相当職に就任し事実上，部長が2人というような体制になる場合があります），意思決定スピードが遅くなる場合もあります。

意思決定スピードの遅い組織は，インフォーマルな情報収集が鍵となるリレーションシップ・バンキングには不向きだとされています。したがって大きな銀行が増えると，経営の透明性の低い中小企業の資金調達が困難になる恐れがあります。

大手行は都市銀行，信託銀行，長期信用銀行などの業態の垣根を越えて合併，統合が進み，そのような銀行（グループ）は現在，メガバンク（グループ）と呼ばれる三菱UFJフィナンシャル・グループ，みずほフィナンシャルグループ，三井住友フィナンシャルグループの3グループと，りそなホールディングスを加えた4グループに集約されました。都市銀行は短期融資に，長期信用銀行は長期融資に専門化した業態です。信託銀行は資産の信託業務を兼営している銀行です（信託とは，委託者が信託契約，遺言などの信託行為によってその信頼できる人（受託者）に対して金銭や財産を移転し，受託者は委託者が設定した信託目的に従って受益者のためにその財産（信託財産）の管理・処分などをする制度のことをいいます）。

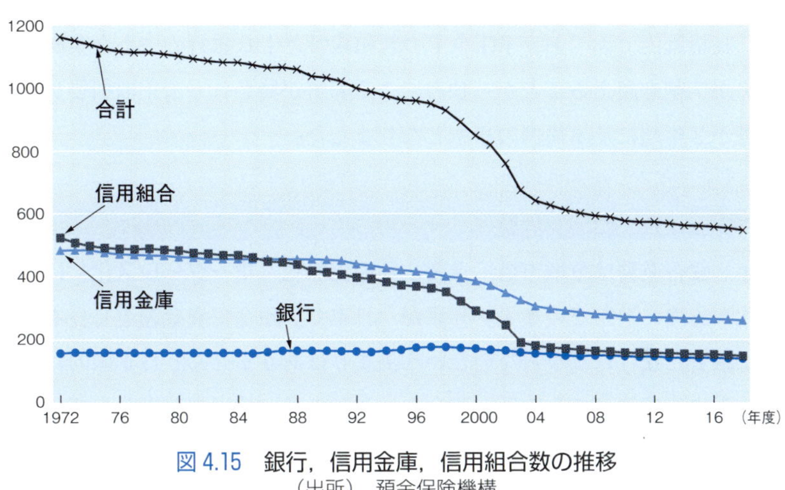

図 4.15　銀行，信用金庫，信用組合数の推移
（出所）　預金保険機構

表 4.2　日本における金融グループ（金融持株会社）

		三菱 UFJ フィナンシャル・グループ	みずほフィナンシャル・グループ	三井住友フィナンシャル・グループ	りそなホールディングス	（参考）日本郵政グループ
連結経常利益(円)		1 兆 4624 億	7824 億	1 兆 1641 億	2178 億	9161 億
連結総資産額(円)		306 兆 9374 億	205 兆 283 億	199 兆 491 億	50 兆 2438 億	290 兆 6402 億
従業員数（人）		117321	60051	72978	16785	245863
会社数	連結子会社	209	124	347	15	264
	持分法適用関連会社	56	19	75	3	22

（データ出所）　有価証券報告書（2017 年度）

また，地方銀行の持株会社方式による経営統合の動きも進んでおり大規模な地方銀行グループが多数誕生しています。特に，2019年4月の経営統合が決定しているふくおかフィナンシャルグループ（ふくおかFG）と十八銀行の統合は，長崎県内でふくおかFG傘下の親和銀行と十八銀行の中小企業向け融資シェアが7割を超えることから独占による弊害が疑われ，公正取引委員会による審査が2年超に及ぶ異例の事態となりました。

サブプライム・ローン危機

近年，銀行業務は金融市場，企業活動の国際化（ボーダーレス化）に伴って国際化が急速に進んでいます。邦銀が，日本で，預金で資金調達し日本の国内企業に融資しなければならないという決まりはありません。日本国内にこだわらず，常に，調達コストの低い資金と，利益の多い貸出先や事業を探していないと競合する金融機関との競争に負けてしまいます。銀行業の国際化に伴う問題を，2000年代後半に世界経済を揺るがしたサブプライム・ローン危機を例にとり説明してみましょう（サブプライム・ローン危機については，第1章のBOX1.2～BOX1.4も参考にしてください）。

サブプライム・ローン（subprime loan）はアメリカの低所得者向け住宅ローンです（図4.16）。住宅ローンの融資を実施するのは銀行ではなくサブプライム・レンダーと呼ばれる住宅ローン専業のノンバンクでした。サブプライム・レンダーは住宅ローン（モーゲージ（mortgage）ともいいます）を証券化して投資家にMBS（Mortgage-Backed Securities）という債券として販売していました。

ノンバンクであるサブプライム・レンダーは預金ではなく債券を発行し投資家から資金を集め，住宅ローンを実施しているともいえます。一般に，MBSは格付会社の格付けを得て売買取引されています。アメリカの住宅価格は1990年代から2006年にかけて上昇を続けましたが，2007年には急激に下落しました（図4.17）。住宅価格の高騰はバブルであったとの主張が大勢を占めるようになりました。サブプライム・ローンは住宅価格低下とともに不良債権化し，MBSの価格は急落しました。

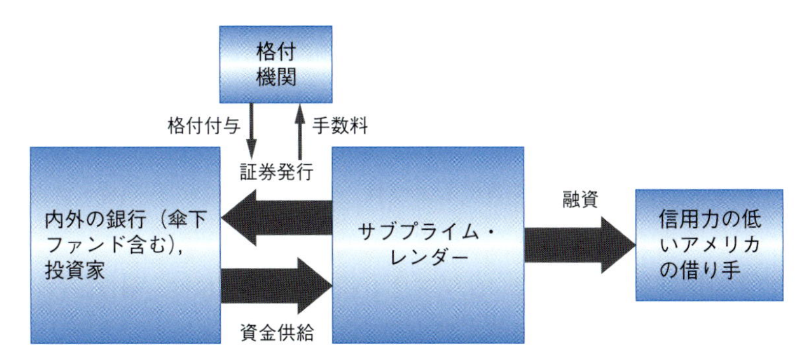

図 4.16　サブプライム・ローンの仕組み

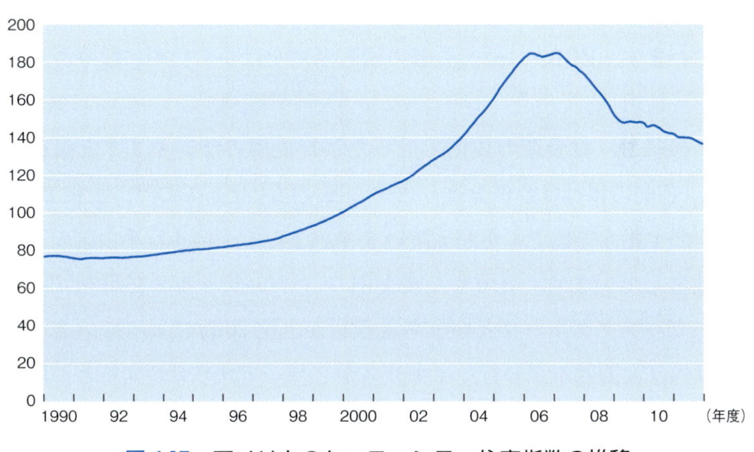

図 4.17　アメリカのケース・シラー住宅指数の推移
（出所）　S&P Dow Jones Indices

MBSは債券ですので，買い手はアメリカ国籍に限定されません。欧州の銀行の中にはサブプライム・ローンを担保にした債券を市場で大量に購入していた銀行もあり，巨額の損失を出しました。市場を通じた銀行業務の国際化により，アメリカの住宅ローンの不良債権化が欧州の銀行の経営問題につながったのです（図4.18）。

サブプライム・ローン危機は，当初は欧州の金融機関の経営危機問題と考えられていましたが，時間が経過するにつれ，米銀も欧州の銀行同様，大量にサブプライム関連の債券を購入していたことが判明し，米銀の多くが巨額の債券償却による損失を出しました。サブプライム・ローン危機は，銀行業務の国際化により，ある国の不良債権問題が外国の銀行に伝播する重要な事例です。

このように金融市場，銀行業が国境を越えてつながりを持つような状態では，各国の金融監督機関や中央銀行が協力して問題解決にあたる必要があります。次章で説明するバーゼル規制の別名であるBIS規制で有名なBIS（Bank for International Settlements；国際決済銀行）は国際間の資金決済の円滑化を図るために設立された国際機関です。BIS規制は，実際にはBIS内に設置されたバーゼル銀行監督委員会（BCBS；Basel Committee on Banking Supervision）が管轄しています。BCBSは銀行監督の国際協調をはかるために設立された機関です。

本章の最後に，総資産の規模で計った銀行規模のランキングを掲載します（表4.3）。各国の銀行は合併を繰り返すことで巨大化しており，上位20行すべて総資産が1兆5千億ドルを超えています。また，上位4行を中国の四大国営銀行が独占しています。日本も三菱UFJフィナンシャル・グループはじめすべてのメガバンクグループとゆうちょ銀行が上位20行に入っています。日中の8行以外は大陸欧州が6行，イギリスが2行，アメリカが4行と，欧米各地域の主要行がランキング入りしています。

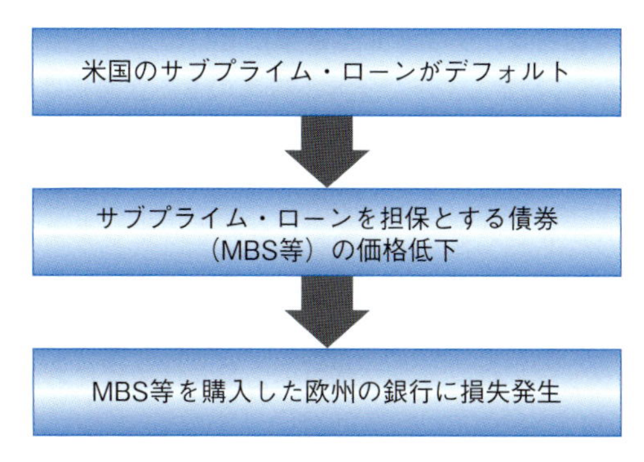

図 4.18　アメリカのサブプライム・ローン危機の欧州への伝播

表 4.3　銀行資産規模世界ランキング

順位	銀行名	国名	資産額（10 億 US ドル）
1	中国工商銀行	中国	4009.26
2	中国建設銀行	中国	3400.25
3	中国農業銀行	中国	3235.65
4	中国銀行	中国	2991.9
5	三菱 UFJ フィナンシャル・グループ	日本	2787.74
6	JP モルガン・チェース	アメリカ	2533.6
7	HSBC ホールディングス	イギリス	2521.77
8	BNP パリバ	フランス	2357.07
9	バンク・オブ・アメリカ	アメリカ	2281.23
10	クレディーアグリコール	フランス	2117.16
11	ウェルス・ファーゴ	アメリカ	1951.76
12	ゆうちょ銀行	日本	1874.02
13	シティ・グループ	アメリカ	1842.47
14	三井住友フィナンシャルグループ	日本	1775.14
15	ドイツ銀行	ドイツ	1765.85
16	バンコ・サンタンダー	スペイン	1736.23
17	みずほフィナンシャルグループ	日本	1715.25
18	バークレーズ	イギリス	1531.73
19	ソシエテ・ジェネラル	フランス	1531.13
20	グループペ BPCE	フランス	1512.27

（出所）https://accuity.com/resources/bank-rankings/
より引用（2018 年 8 月 6 日現在）

第4章　演習問題

1. リスク中立的な銀行は，デフォルト確率がゼロの地方自治体には貸出金利を国債金利と同じ6%に設定し，デフォルト確率のある企業にはスプレッド（国債金利との金利差）を状況に応じて上乗せして貸出金利を設定しているとします。銀行は地方自治体向け融資から得られる期待利子収入と企業向け融資から得られる期待利子収入が等しいように企業向け金利を設定します。企業向け融資のスプレッドが4%であるとすると企業のデフォルト確率はいくらか求めなさい。

2. リレーションシップ・バンキングが中小企業向け融資において有効なのはなぜか説明しなさい。

3. 近年，日本の銀行が利益に占める非資金利益を増加させているのはなぜか説明しなさい。

5 金融規制

本章の前半では，政府の銀行への関与について説明します。銀行は，預金や企業間の資金決済を通じて人々の生活に深くかかわっているため，銀行の経営破たんは，一般の事業会社の経営破たんに比べてその被害が深刻です。そこで政府は，銀行の事業活動にさまざまな方法で関与し，銀行の経営の安定性を確保しているのです。

後半では，政府は銀行規制の他にもさまざまな方法で金融に関与していることを説明します。

レッスン

レッスン5.1 預金保険制度

政府は銀行業に強く関与しています。関与の仕方には，規制，貸出業務の直営，保護があります。政府が銀行業に関与するのは，企業への与信（貸出・支払承諾など）に関して貸し手と借り手の間に情報の非対称性があるからです。ここでは政府による銀行業への関与のうち主なものについて紹介します。

預金保険制度とは

最初に，**預金保険制度**について説明します。預金保険制度は政府出資と各銀行によって支払われる預金保険料によって運営される**預金保険機構**が，銀行が破たんした場合に，破たん銀行に代わって預金者に保険金を支払い，預金者の預金を保護する制度です（図 5.1）。見方を変えれば預金保険機構が銀行の債務を保証しているともいえ，銀行の保護策とみなせます。

日本の預金保険制度はアメリカの預金保険制度をモデルに 1971 年に導入されました。アメリカの連邦預金保険公社（FDIC；Federal Deposit Insurance Corporation）は 1930 年から 1934 年に毎年銀行破たん件数が 2,000 件前後に及んだために設立されました。

モラル・ハザードの問題

銀行と借り手企業の間にあるのと同様，預金者と銀行の間にも**情報の非対称性**があります（図 5.2）。預金者は銀行の経営状況，とくに貸出債権の質について正確な情報を持っていません。預金保険がないとどのような問題が発生するのでしょうか。ある銀行が債務超過に陥って破たんすると，預金者は他の銀行も不良債権を隠しているのではないかと疑心暗鬼に陥ります。そこで預金者はいっせいに各々の預金口座から預金を引き上げます。これが**取り付け騒ぎ**です。その結果，銀行システムは機能停止してしまいます。

預金保険制度にも問題があります。債務（預金）が公的に保証されているた

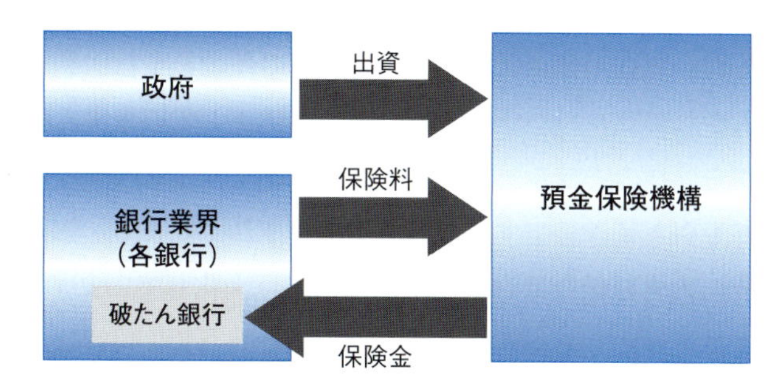

図 5.1　預金保険制度の仕組み

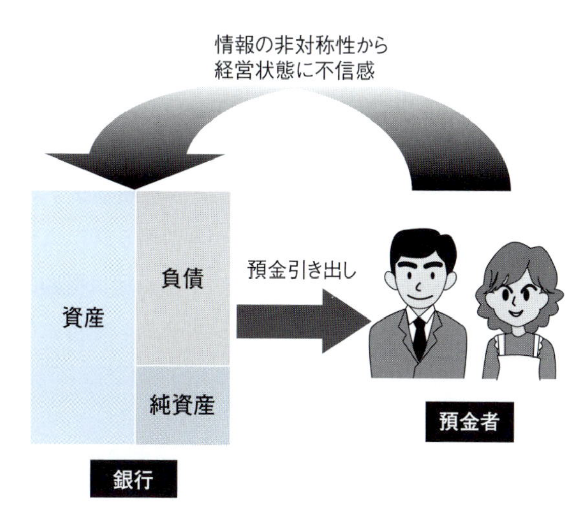

図 5.2　預金者と銀行の間の情報の非対称性

め，銀行の融資における貸倒れの可能性の高い企業への融資を増やすなどリスクテイクが過剰になってしまうモラル・ハザードの問題が発生します（図 5.3）。実際，アメリカでは 1980 年代初頭に銀行のモラル・ハザードが銀行危機を引き起こしました。現在の預金保険制度は預金者の預金を全額保護しないペイオフ制度が導入されモラル・ハザードの危険性を防止しています。

しかしながら同様のモラル・ハザードは，たとえ預金保険制度の制度的欠陥が修正されても引き続き発生する可能性が指摘されています。第 4 章でも説明しましたように内外の銀行は合併を繰り返して巨大化しています。表 4.3 の世界ランキングに入ってくるような銀行をはじめとした大手銀行は，規模があまりに大きすぎるため，破たんした場合，金融システムの機能不全につながります。金融監督当局は，金融システム全体への悪影響を考えると巨大金融機関は潰せないと考えるため（too big to fail といいます），銀行は，経営危機に陥っても政府が救済してくれると考え過剰にリスクを取ってしまう可能性があるのです。現実問題としてたとえば，三菱 UFJ 銀行破たんの金融システムへの損害は計り知れないですし，制度的に金融システムに重大な悪影響を与えるような事態があれば預金保険制度上，特例措置を講ずることが取り決められています。

図 5.4 で銀行 A が銀行 B との資金の決済不履行になると，銀行 B はあてにしていた資金が入らないので銀行 C との資金決済が滞ります。こうして，ドミノ倒し式に決済不履行が銀行システムに広がり決済システムが麻痺してしまうリスクをシステミック・リスクといいます。中央銀行は機動的に資金を銀行システムに供給することによって正常な決済システムの維持に努めています。

レッスン 5.2 自己資本比率規制

次に，現代の中心的な銀行規制である自己資本比率規制について説明しましょう。自己資本比率規制は文字通り資産の内容に応じて自己資本（純資産）の

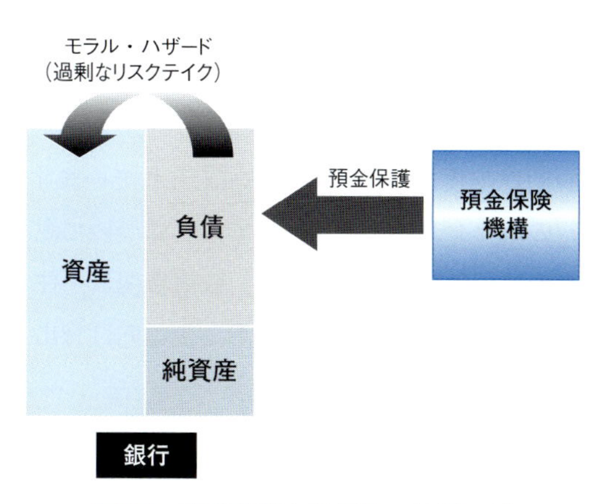

図 5.3　預金保険とモラル・ハザード

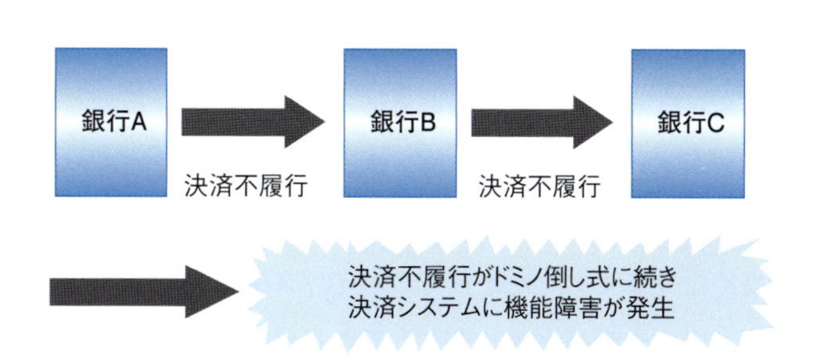

図 5.4　システミック・リスク
（出所）日本銀行ウェブページを参考にして作成

水準に最低基準を設け，銀行の経営の安定性を確保するものです。自己資本比率規制も預金保険制度同様，銀行の経営の安定性を規制により確保し，銀行の資産の質について情報が不十分な預金者の銀行システムへの不安を取り除く効果を持っています。また，さらに重要なことですが，銀行が融資において過剰にリスクテイクをするような事態（モラル・ハザード）を未然に防止する効果を持っています。

自己資本比率規制は時代を追って修正が加えられています。図 5.5 に示されるある架空の銀行のバランスシートを用いて規制について説明しましょう。この銀行は安全資産の準備預金，国債のほか，政府機関債，住宅ローン，企業向け貸出金を資産として保有しています。なお，企業向け貸出金には不動産業向け貸出金が含まれます。

バーゼル規制

現在，広く自己資本比率規制として知られる規制は 1988 年に合意された，いわゆる**バーゼル規制**（**BIS 規制**）ですが，BIS 規制合意前にもその原型となるシンプルな自己資本比率規制がありました。自己資本総資産比率を一定水準（最低基準）以上にするよう要求する規制です。最低基準は各国によって異なっていましたが，日本は原則として 4%でした（図 5.5 に自己資本総資産比率の計算例を示しています）。

しかし単純な自己資本総資産比率を基準にした規制には欠点があります。企業向け貸出などハイリスクな資産を多く持っている銀行は国債などの安全資産を多く持っている銀行に比べて，不良債権の発生などにより資産価値が下落する可能性が高くなります。したがって，ハイリスクな資産を多く持っている銀行ほど経営安定のためのバッファーとしての自己資本を多く必要とするのです（図 5.6）。つまり，より効果的な自己資本比率規制は，個別銀行の**資産のリスク度**を測定し，リスク度に応じて必要な自己資本額を決定するようなより複雑なフレームワークです。

資　産		負　債	
準備預金	3	当座預金	20
		定期預金	60
証券（国債）	10		
政府機関債	7	インターバンク借入	11
住宅ローン	20	貸倒引当金	2
企業向け貸出金	60	中核的自己資本（純資産）	7
（うち不動産業向け	20）		
合計	100	合計	100

（単位：兆円）

図 5.5　自己資本総資産比率の計算

貸倒引当金は実際の貸借対照表ではマイナス表示（△）をつけて資産の部に表記されます。この銀行の例では自己資本総資産比率は，自己資本総資産比率＝ 7÷100=7%>4%ですので，この基準では自己資本充足度が十分であるといえます。

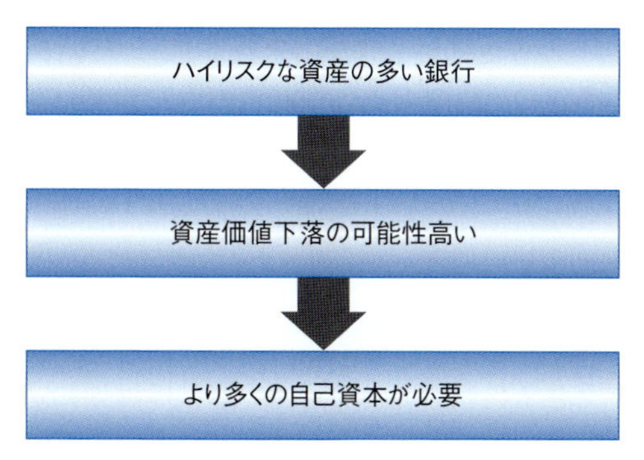

図 5.6　自己資本総資産比率の欠点とリスク加重自己資本比率規制の必要性

リスク加重資産

個々の銀行のリスク度の尺度として銀行の**リスク加重資産**（Risk Weighted Assets；**RWA**）を紹介しましょう。資産の種類毎にリスクウエイトを決め，資産の種類毎にリスクウエイトを掛け合わせて合計したものがRWAです。資産の種類に応じたリスクウエイトは非常に細かく専門的なのでここでは全体は示しません。またBIS規制は後述するように，欠点を改善した新しいフレームワーク（従来の規制フレームワークを**バーゼルⅠ**，さらに複雑な新しいフレームワークを**バーゼルⅡ**といいます）が日本でも2006年度末より施行されましたが，ここではバーゼルⅠのリスクウエイトにもとづいて話を進めます。これは，バーゼルⅡが非常に複雑なこともありますがリスクウエイトの基本的な原則はバーゼルⅠで確立しているからです。

バーゼルⅠではリスクがないとみなされるリスクフリーの資産のリスクウエイトは0（0%），リスクが最高とみなされている資産のリスクウエイトは1（100%）と決められています。リスクフリーとみなされる資産は現金，準備預金，国債などです。リスクが最高とみなされる資産は企業向け貸出金などです。

リスクがその中間とみなされる資産のリスクウエイトはリスク度に応じて0と1の中間の値に決められています。リスク加重資産（RWA）は各資産種類のリスクウエイトにその資産種類の残高を掛け合わせたものをすべての資産種類に関して合計したものです。いま図5.5の銀行のRWAが，表5.1のようであるとします。この銀行の資産残高は100兆円でしたが，企業向け貸出金以外のリスクウエイトは1未満ですのでRWAは71.4兆円と100兆円を下回っています。

規制の例

バーゼルⅠはバランスシート上の純資産の部にほぼ等しい**中核的自己資本**と補助的自己資本の合計（BIS規制上の自己資本，以下，自己資本とします）をRWAの8%以上にするように要求する規制でした。補助的自己資本に含まれる項目は多いですが，もっとも重要なものは**貸倒引当金**です。さらに，**Tier I基準**と呼ばれる追加的な基準があり，中核的自己資本としてRWAの4%以上

表 5.1　リスク加重資産（RWA）の計算

	リスクウエイト (A)	資産残高 (B)	A×B
準備預金	0	3	0
証券（国債）	0	10	0
政府機関債	0.2	7	1.4
住宅ローン	0.5	20	10
企業向け貸出金	1	60	60
		リスク加重資産	71.4

リスクウエイト，自己資本に含まれる項目の詳細は，日本銀行（http://www.boj.or.jp/），金融庁（https://fsa.go.jp/），BIS（https://www.bis.org/）の各ウェブページで確認することができます。

自己資本規制

=8%×RWA

=8%×71.4 兆円=5.71 兆円<9 兆円(自己資本)

=7兆円(中核的自己資本)+2兆円(貸倒引当金などの補助的自己資本,Tier Ⅱ)

Tier Ⅰ(中核的自己資本)基準

=4%×RWA

=4%×71.4 兆円=2.86 兆円<7 兆円

=中核的自己資本（ほぼ貸借対照表上の純資産に相当）

図 5.7　自己資本規制要件の計算

■BOX5.1　貸倒引当金の種類■

貸倒引当金には正常先，要注意先に分類される債権に対して，債権の分類ごとに計上される一般貸倒引当金と，破たん先，実質破たん先，破たん懸念先に分類される債権に対して，債務者ごとに計上される個別貸倒引当金がありますが，左頁の本文解説で述べた，補助的自己資本に含まれる貸倒引当金は，一般貸倒引当金のことです。

が必要とされています。図 5.5 の銀行は自己資本が 9 兆円，中核的自己資本が 7 兆円なので，自己資本規制の基準も Tier Ⅰ基準も満たしています（図 5.7）。

一般に自己資本比率といわれるのは自己資本と RWA の比率です。比率の基準でみても自己資本比率が 12.61%，Tier Ⅰ比率が 9.80% となり，各々の基準を満たしていることがわかります（図 5.8）。

さて，ここで，資産の一部が不良化して資産価値が低下した状況を考えます。具体的には，不動産価格が大幅に低下し，企業向け貸出金の一部である不動産業向け貸出金の 2 割が返済不能となり不良債権化したとします（図 5.9）。銀行は不良債権を直接償却するとします。

バランスシートの借方では，不動産業向け貸出金が 20 兆円から 2 割減の 16 兆円になりますので企業向け貸出金の合計額は 56 兆円にやはり 4 兆円低下します。銀行はまず元々，不良債権償却のために特別に積み立てていた貸倒引当金を取り崩します。この銀行の貸倒引当金は 2 兆円でしたので，4 兆円の不良債権の償却のためにはさらに 2 兆円が必要です。結局，資産と負債の差額である自己資本も 2 兆円減少し，5 兆円に低下せざるを得ません。

不良債権償却後，銀行が自己資本規制の各基準を満たしているか調べてみましょう。まず，RWA は，不動産業向け貸出金が 4 兆円減少しているので，67.4 兆円に低下します。バランスシートのリスク度が低下していることに注意してください（表 5.2）。バランスシートのリスク度は低下しましたが，自己資本の低下率はそれよりも大きいため，自己資本規制の基準を満たさなくなります。RWA67.4 兆円の銀行はその 8%，5.39 兆円の自己資本が最低限ないといけませんが，この銀行の自己資本は 5 兆円しかありません。

一方，中核的自己資本は 5 兆円で，67.4 兆円の 4% は 2.70 兆円ですので Tier Ⅰ基準を満たしています。

自己資本規制
＝8%×RWA＝8%×67.4 兆円＝5.39 兆円＞5 兆円（自己資本）
＝5 兆円（中核的自己資本）＋0 兆円（貸倒引当金）
Tier Ⅰ（中核的自己資本）基準
＝4%×RWA＝4%×67.4 兆円＝2.70 兆円＜5 兆円（中核的自己資本）

自己資本規制

=9÷71.4=12.61%>8%

Tier I(中核的自己資本)基準

=7÷71.4=9.80%>4%

図 5.8　自己資本比率

資　産		負　債	
準備預金	3	当座預金	20
		定期預金	60
証券（国債）	10		
政府機関債	7	インターバンク借入	11
住宅ローン	20	貸倒引当金	0
企業向け貸出金 （うち不動産業向け	56 16）	中核的自己資本（純資産）	5
合計	96	合計	96

（単位：兆円）

図 5.9　不動産価格の低下により，不動産融資の 2 割が不良債権化した例
貸倒引当金をまず引き当て，それでも足りないので，資産と負債の「差額」である「純資産（中核的自己資本）」が 2 兆円低下します。

表 5.2　リスク加重資産の計算

	リスクウエイト (A)	資産残高 (B)	A×B
準備預金	0	3	0
証券（国債）	0	10	0
政府機関債	0.2	7	1.4
住宅ローン	0.5	20	10
企業向け貸出金	1	56	56
		リスク加重資産	67.4

不良債権償却後の銀行の自己資本規制を比率でみると，自己資本比率は7.42%で8%を下回っている一方，Tier Ⅰ比率も同じ7.42%で4%を上回っています。

自己資本規制＝5÷67.4＝7.42%＜8%
Tier Ⅰ（中核的自己資本）基準＝5÷67.4＝7.42%＞4%

早期是正措置の適用

銀行が自己資本規制の基準を満たさない場合，金融監督機関（日本では**金融庁**）は経営改善策の実施の命令などの行政介入を実施します（**早期是正措置**）。銀行が債務超過に陥る前に政府が銀行に警告を発出し破たんを予防する制度です。

行政介入により経営の自由度が大幅に制約を受けるため，銀行には自己資本比率規制の基準を満たそうとする強いインセンティブがあります。自己資本の大幅な低下（自己資本の毀損，**キャピタル・クランチ**）が発生すると，たとえ，自己資本規制の基準を満たしているとしても，不良債権が新しく発生してさらに償却額が増加すれば，自己資本比率規制の基準を下回ってしまうかもしれません。銀行は，自己資本比率を引き上げればよいのですが，それには2種類の方法があります。まず，新株を発行して自己資本を増強する方法がありますが，これには限界があります。というのは，自己資本が大幅に低下したような銀行は経営能力に問題がある場合が多く，投資家はそのような銀行が発行する株式への投資には消極的だからです。

そこで銀行は，自己資本比率の分母を引き下げることで比率を高めようとします。自己資本比率の分母を引き下げるには，リスクウエイトの高い資産残高を削減するのが効果的です。たとえば先の例の銀行が，リスクウエイトの高い企業向け貸出金を一律20%削減するとします。具体的には既存貸出金の満期（償還）時のロールオーバー（再融資）停止，貸出債権の売却などの方法があります。ここではロールオーバーをせず，貸出金の返済で得た現金を国債に再投資したとします（図5.10）。したがってバランスシート上では国債が，企業向け貸出金が減少した分だけ増加しバランスシートの合計額は不変です。

RWAは56.2兆円に低下しますので（表5.3），その8%は4.496兆円となり，

資　産		負　債	
準備預金	3	当座預金	20
		定期預金	60
証券（国債）	21.2		
政府機関債	7	インターバンク借入	11
住宅ローン	20	貸倒引当金	0
企業向け貸出金	44.8	中核的自己資本（純資産）	5
（うち不動産業向け	12.8）		
合計	96	合計	96

（単位：兆円）

図 5.10　銀行の企業向け貸出金の圧縮
リスクウエイトが 100%の資産を一律に 20%ずつ削減します。

表 5.3　リスク加重済み資産の計算

	リスクウエイト（A）	資産残高（B）	A×B
準備預金	0	3	0
証券（国債）	0	21.2	0
政府機関債	0.2	7	1.4
住宅ローン	0.5	20	10
企業向け貸出金	1	44.8	44.8
（うち不動産業向け貸出金）	1	(12.8)	(12.8)
		リスク加重資産	56.2

自己資本の金額5兆円を下回ります。

自己資本規制
＝8％×RWA＝8％×56.2兆円＝4.496兆円＜5兆円
＝5兆円（中核的自己資本）＋0兆円（貸倒引当金）
Tier Ⅰ（中核的自己資本）基準
＝4％×RWA＝4％×56.2兆円＝2.248兆円＜5兆円（中核的自己資本）

銀行は自己資本規制の基準を上回る自己資本の充足度を回復しています。自己資本比率でみても8.90％と8％を上回っています。

自己資本規制＝5÷56.2＝8.90％＞8％
Tier Ⅰ（中核的自己資本）基準＝5÷56.2＝8.90％＞4％

その結果，銀行は行政介入を回避できます。

では，マクロ経済的にこれは良いことなのでしょうか。多くの銀行の自己資本が大幅に低下し企業向けの貸出金を圧縮するような事態になれば，企業は，企業の事情とは無関係に銀行の事情で銀行からの資金調達が困難になります（銀行の自己資本の大幅な低下の主な原因は不動産価格の低下などマクロ的な経済環境の悪化です。このような場合，多かれ少なかれどの銀行も自己資本の低下に直面しますので，通常，売却先も銀行が中心の貸出債権の売買は困難です）。企業は資金不足に陥り，投資などの活動が低迷します。そして企業活動の低迷は景気の悪化につながります。

キャピタル・クランチの実例

邦銀の自己資本は1997年後半から1998年3月にかけて大幅に低下しています。この時期にキャピタル・クランチが発生したといえます（図5.11）。同時期に，銀行の貸出姿勢が企業に厳しいときに負の値をとる日本銀行の短観，貸出態度DIも大幅に低下しています（図5.12）。キャピタル・クランチが企業向け貸出金の大幅な低下（クレジット・クランチあるいは信用収縮）を誘発したのです。

キャピタル・クランチの原因となった不良債権は貸出先の業種に関係なく一律に発生したのではありません。不良債権比率は業種によって大きく異なりま

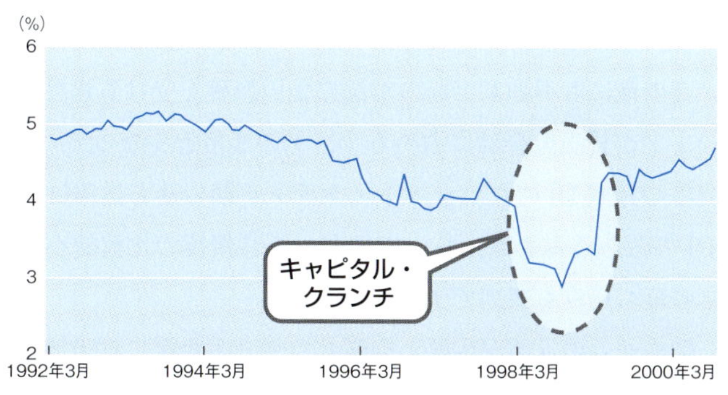

図 5.11　邦銀の自己資本総資産比率の推移
（出所）日本銀行をもとに筆者作成

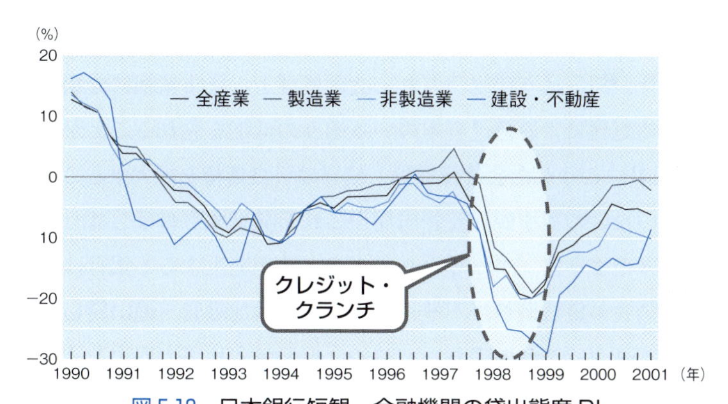

図 5.12　日本銀行短観，金融機関の貸出態度 DI
DI は"diffusion index"の略で，金融機関の貸出態度が「緩い」と回答した企業の割合から「厳しい」と回答した企業の割合を引いたものです。

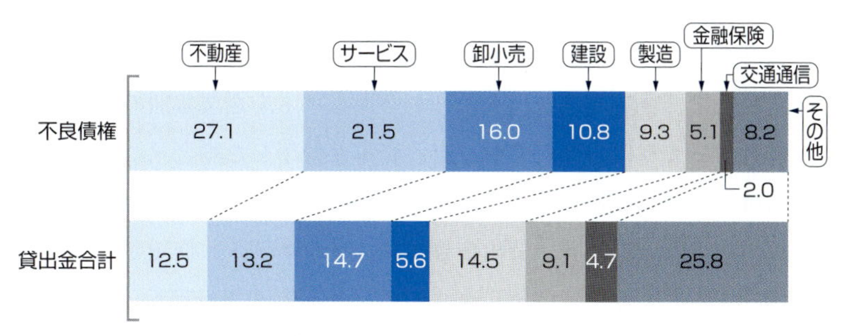

図 5.13　不良債権の業種別シェア（2000 年版：%）
（出所）日本銀行

す（図 5.13）。たとえば（企業向け）貸出金合計に占める不動産業向けのシェアは 12.5%にすぎませんが，不良債権のシェアでは不動産業向けは 27.1%にも達します。この他にも不動産市場の市況に強い影響を受ける建設業も不良債権に占めるシェアが貸出金合計に占めるシェアの 2 倍近くなっています。建設・不動産業向けの短観 DI のクレジット・クランチ期の落ち込みは，その他の業種向けの DI の落ち込みより大きいですが，不良債権の比較的小さい業種向けの貸出供給の落ち込みも深刻です。

銀行は，契約通りの返済が困難と判断した借り手企業には追加融資を実施することがあります。追加融資を原資に借り手企業に既存の借入を返済してもらいます。追加融資は借り手企業にとってはデフォルトの危機を免れることができるので好都合ですが，自己資本が大幅に低下した銀行にとっても既存の事実上の不良債権が期日通りに返済され，会計処理上，正常債権に分類できますので，不良債権処理による自己資本のいっそうの低下を免れることができ好都合です（図 5.14）。こうした会計操作は，結局は不良債権を拡大することとなり本来許されていないのですが，監督当局がこれを発見するのはしばしば困難です。

以上みてきたように，キャピタル・クランチが発生すると銀行は財務が健全な企業には資金の**貸し渋り**，不健全な企業には追加融資（**追い貸し**）を実施することがあります。これにより，一時的に自己資本比率の回復を達成できますが，資金配分は非効率になります。邦銀による資金配分がキャピタル・クランチにより**非効率化**したことは実証研究でコンセンサスを得ています。

バーゼルⅡは，バーゼルⅠの欠点を改善した新しい規制フレームワークで，日本では 2006 年度末に施行されました（図 5.15，表 5.4）。バーゼルⅠからの大きな変更点は，企業向け貸出金のリスクウエイトを企業個別のクレジットリスクに連動するようにした点です。自己資本が低下した場合，ハイリスクの企業向け債権の削減を優先するインセンティブが組み込まれました。また貸倒引当金でカバーされる率の高い貸出債権のリスクウエイトが軽減され，不良債権の間接償却を怠るような追い貸しをするインセンティブが低下しました。

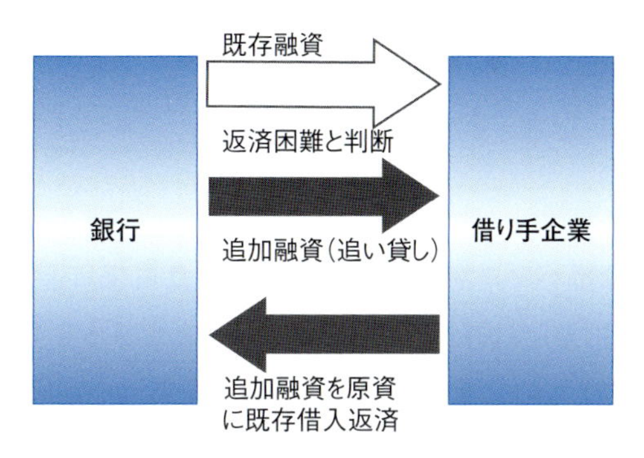

図 5.14　追加融資（追い貸し）

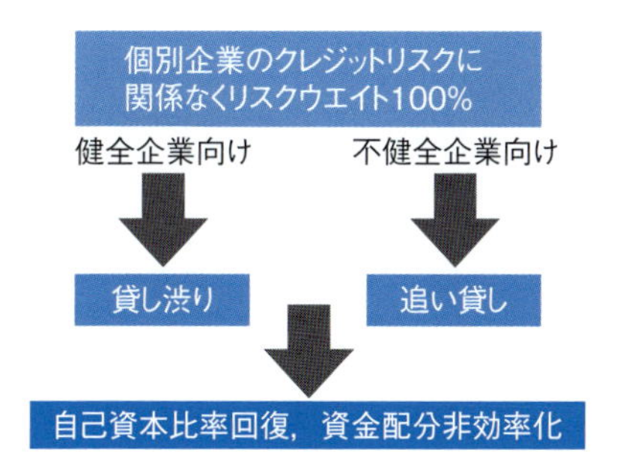

図 5.15　バーゼルⅠ（BaselⅠ，1988 年合意の旧規制）の欠点

表 5.4　バーゼルⅡ（BaselⅡ，2006 年度末施行）

✓企業向けリスクウエイトをクレジットリスクにもとづき分類（リスクの高い企業には高いウエイトを）
●自己資本低下の際でもリスクの高い企業向け債権の削減を優先するインセンティブ
✓貸倒引当金カバー率の高い債権のリスクウエイト軽減
●間接償却を怠る追い貸しインセンティブが低下

（注）　バーゼルⅡ自体は 3 本の柱からなる監督上の指針。

レッスン5.3 バーゼルⅢ

日本の不良債権問題

邦銀は，資産価格バブル崩壊の後，巨額の不良債権に苦しみ，ついに1997年度末（1998年3月）には巨額の不良債権処理をせざるを得ず，キャピタル・クランチを経験しました。それまで，当時の大蔵省は不良債権処理には消極的でしたが，1997年10月に，邦銀の国際インターバンク市場での資金調達金利が急上昇した（**ジャパン・プレミアム**）ことが大蔵省を後押しし，邦銀は不良債権処理をせざるを得なくなったと考えられます。

同時に，1.8兆円の公的資金（税金を原資とする資金）が預金保険機構を通じて主要行に自己資本増強を目的として投入されました。1998年には日本長期信用銀行（現新生銀行），日本債券信用銀行（現あおぞら銀行）が相次いで破たんし金融危機はいっそう深刻になりました。1998年度末（1999年3月）には7.5兆円の公的資金が再投下され，キャピタル・クランチは終息しました。

その後も，景気の低迷により，不良債権はなかなか減少しませんでした。2002年10月には金融庁は，2004年度までに主要行の不良債権比率を半分程度に低下させること，資産査定の厳格化を銀行界に要求することなどを含む金融再生プログラムを発出しました。主要行の貸出金に占める不良債権比率はプログラム発出直前の2001年度末の8.7%から2004年度末には2.9%に低下し，プログラムの不良債権比率半減の目標が達成されました（図5.16）。これを受けて，政府は不良債権問題の終息，銀行システムの正常化を宣言しました。

1990年代から2000年代前半まで邦銀を苦しめた不良債権問題の根源は1970年代にまで遡ります。1970年代に金融市場の規制緩和が始まり，1980年代に入ると大企業は第4章でも説明したように銀行借入を社債，コマーシャル・ペーパーでの資金調達に置き換えました。長い間銀行の主要借入先であった大企業が銀行から離れたため，銀行は新規貸出先開拓の必要性に迫られました。

このような状況で**地価（不動産価格）バブル**が発生しました（図5.17）。銀

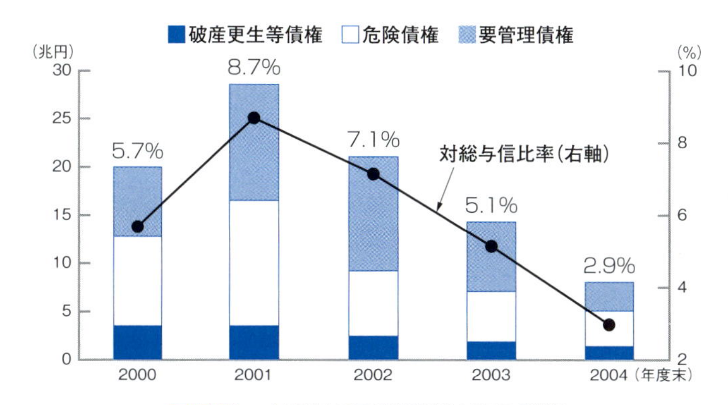

図 5.16　大手行の不良債権比率の推移
（出所）　日本銀行「金融システムレポート（2006 年）」

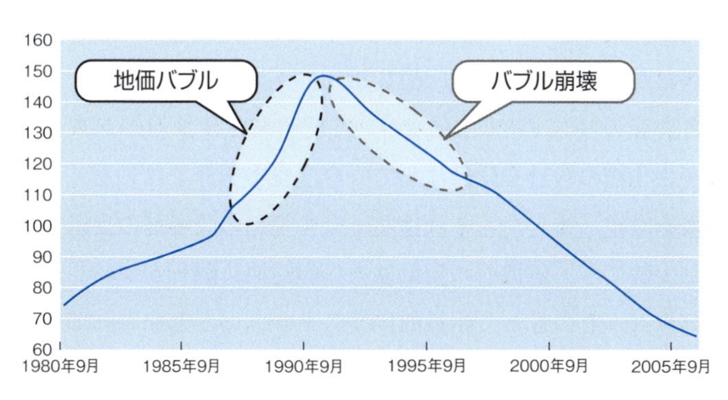

図 5.17　市街地価格指数の推移
（出所）　日本不動産研究所

行は不動産価格の上昇が半永久的に持続することを前提に不動産業向け融資を拡大しました。不動産業向け融資では不動産を担保に取ります。万一，不動産業者の業況が悪化して返済が滞ったとしても，担保の不動産を高い価格で売却すれば，利益が稼げたのです。ところが1990年代に入るとバブルは崩壊，あてにしていた担保価値が下落し，不動産融資は不良債権化してしまったのです。

世界金融危機とバーゼルⅢ

世界金融危機はサブプライム・ローンをはじめとした不動産融資の不良債権化を根本的な原因としていますが，その拡大過程は日本の金融危機に比べても複雑です（BOX5.2）。バーゼルⅡに代わり，2013年から2027年にかけて段階的に実施される**バーゼルⅢ**は世界金融危機の原因となった事象の再発予防を目的とした包括的な枠組みであり，バーゼルⅡまでの自己資本比率規制に関する制度改革にとどまりません。また個別行の破たん防止を主な目的としたバーゼルⅠ，Ⅱとは異なり，銀行システムの健全性の維持とマクロ経済への悪影響の制限を主な目的としています。

バーゼルⅢは危機を誘発する危険な銀行行動の予防を目的に設計されており，従来のリスク加重資産をもとに自己資本の所要額を決める規制に限定されない総合的な規制体系となっています。ここでは，バーゼルⅡからの改正点として重要な5点について説明します（図5.19）。

第1に各資産のリスク度にかかわらず，総資産とオフバランス（簿外）のリスク加重資産相当額の合計を分母にして，自己資本を分子にした「レバレッジ比率」に下限を設定しました。これはバーゼル規制の登場前の自己資本比率規制に類似した規制です。危機前の景気拡大（過熱）期に銀行がレバレッジを大幅に拡大し，バーゼルⅡのもとで相対的にリスクが低いとみなされていたオフバランス取引を通じてレバレッジが拡大する傾向にあったことを背景した規制です。

第2に過熱期に自己資本比率の下限を一時的に引き上げる「カウンターシクリカルバッファー」の設定が可能になりました。過熱期の貸出基準緩和が後退期での貸倒れの増加につながっていることを根拠とした制度改革です。

第3に金融システム上重要な銀行を識別し，そうした銀行については自己資

■BOX5.2　バーゼル規制とサブプライム・ローン危機の発生■

商業用不動産を担保とした融資は，バーゼルⅡでは，リスクウエイトが通常の企業向け融資に比べて高く設定され，バーゼルⅡは不動産融資の過熱化を抑制する機能があったはずでした。それにもかかわらず，第４章で説明したように，不動産である住宅価格の上昇基調を前提に，住宅ローン会社（サブプライム・レンダー）は所得が低く返済能力の低い人達向けの融資を拡大しました。日本で起きたことと同じように，バブル崩壊により住宅価格が反転下落に転じるとサブプライム・ローンが不良債権化してしまったのです。

日本の金融危機とアメリカのサブプライム・ローン危機は不動産のバブル発生とその崩壊を原因として発生したという点ではまったく構造が同一ですが，一つ，違う点があります。それは，住宅ローンは，伝統的に商業用不動産ローンに比べリスクが低い資産とみなされているため住宅ローンのリスクウエイトは商業用不動産ローンより低く設定されていたことです。これは，商業用不動産ローンは借り手の返済の原資が，ローンで購入した不動産そのものから得られる賃貸料収入が中心なのに対し，住宅ローンは住宅購入者の勤労所得を原資としているためです。サブプライム・ローンは，所得の低い借り手を対象とした住宅ローンでした。住宅価格の上昇が見込まれたので，たとえ返済が困難になっても借り手は購入した住宅を売却すれば購入時より高く売れ，容易に利息を含めたローンの返済資金を得られたのです。住宅価格が下落すると，ローンの借り手はこのような返済方法が不可能になりデフォルトしてしまったのです。

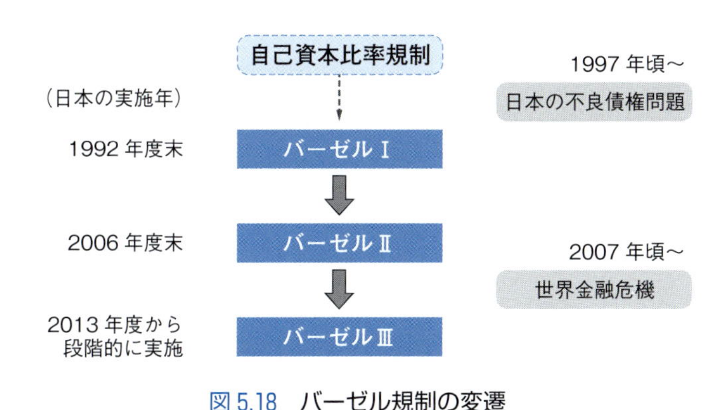

図 5.18　バーゼル規制の変遷

本比率の下限を特別に引き上げ，影響力の大きい銀行の破たん防止を政策的に優先しました。リーマン・ブラザーズの破たんは金融市場の大混乱を招きましたが，重要な金融機関の破たんが金融システム全体に与える負の外部性（影響）が強く認識されるようになりました。

第4に住宅ローンのリスク度計測について，住宅購入価格に対する住宅ローンの比率（LTV = Loan to Value）に連動させ，LTV の高いローンのリスク度を，LTV の低いローンのリスク度よりも高くしました。これは，景気拡大期に LTV の高い住宅ローンを借り住宅ローンの借入を増やした家計の多い地域では，レバレッジが拡大した家計ほど事後的に危機時のデフォルト（債務不履行）の確率が高かったという事実にもとづいた制度改正です。

第5に銀行に流動性の高い資産を確保するよう求める規制が導入されました。具体的には，ストレスシナリオのもとで予想される30日間の現金流出量以上に質の高い流動性資産を保有することを要求する規制（流動性カバレッジ比率規制）と，1年以上流出のリスクがない安定的な資金を銀行のオンバランス，オフバランスのエクスポージャー（リスクにさらされている大きさ）に必要とされる流動性の量以上保有することを要求する規制（安定調達比率規制）などです。これは，市場からの資金調達に依存していた銀行が危機時に資金の大量流出で流動性確保が困難になり，貸出を削減した事実にもとづいた規制です。

このようにバーゼルⅢは，世界金融危機の発生原因となった銀行の危険な行動を精緻に分析し，そうした行動の抑制を目的としています。2008年の世界金融危機と同一の銀行行動を原因とする金融危機が再発する可能性は極めて小さいと考えられます。ただしそれは，金融危機が再発するリスクの芽をすべて摘み取ったことを意味するわけではありません。

バーゼルⅢは預金で資金調達する銀行（預金取扱機関）を対象とした規制の枠組みなので，それ以外の行動を規制できません。世界金融危機では，シャドーバンキング（影の銀行）と呼ばれる預金取扱機関を経由しない金融仲介行動，とりわけリーマン・ブラザーズなどの投資銀行による預金取扱機関の類似行動を通じた過剰なリスクテイクが原因となりました。金融危機後，主要な投資銀行は財政支援を受け入れる資格を得るため預金取扱機関に転換し，バーゼルⅢ

世界金融危機の原因となった危険な銀行行動
（→の後は，バーゼルⅢでの制度改革）

■銀行のレバレッジ拡大
→レバレッジ比率規制
■景気過熱期の銀行の融資基準の緩和
→過熱期に自己資本比率の下限を一時的に引き上げる措置
■銀行破たんの金融システムへの負の影響
→システム上重要な銀行に対する自己資本比率の下限引き上げ
■借入依存度（LTV）が高い住宅ローンの債務不履行確率の高さ
→住宅ローンのリスク度のLTVへの連動化
■危機発生後の市場からの資金調達の困難さ
→銀行に流動性の高い資産を確保するよう求める規制

図5.19　世界金融危機とバーゼルⅢ

（出所）2018年1月19日日本経済新聞朝刊　経済教室「国際金融規制合意　影響は　危険な銀行行動分析・予防」

■BOX5.3　国際銀行規制設計の枠組み■

国際的な銀行規制の枠組みであるバーゼル規制は，1988年に最初のバーゼルⅠの合意が行われ，バーゼルⅡ，バーゼルⅢと制度が大きく改正されました。バーゼル規制はバーゼル銀行監督委員会（BCBS）での国際合意であることからこのように呼ばれますが，BIS規制と呼ばれることもあります。これは，BCBSの各会議は国際決済銀行（Bank for International Settlements；BIS）を事務局として開催されるためです。世界金融危機は，伝統的な預金取扱期間の境界を超え，投資銀行，保険会社などが複雑に関わった危機でした。そこで，危機発生後の2009年に，金融安定化フォーラム（Financial Stability Forum）を改組して設立された金融安定理事会（Financial Stability Board；FSB）がBCBSを含む業態別の制度設計プロセスの取りまとめ機関として設立されました。規制設計の枠組みはさらに，G20の大臣・中央銀行総裁会合，各国首脳会合での合意にもとづく国際政治の枠組みに拡大されました。これは，世界金融危機を経て銀行規制の設計が国際的に重要な政治課題と認識されるようになったことを反映しています。

の対象となりました。しかし，今後も規制の対象外の業態が出現し，過剰にリスクテイクをする可能性は十分考えられます。また規制対象の銀行が規制体系の何らかの抜け穴を発見し，危険な行動をとる可能性も排除できません。

バーゼルⅢは危機が発生してから実に9年を経過して2017年に最終合意に達しました。今後各規制機関は，金融機関の行動，金融市場の進展を常に注視し，バーゼルⅢの枠組みでは対処できない危険な兆候がみられれば，規制の変更も含めて，危機を未然に防止するような迅速な対応が求められます。

レッスン5.4 政府の金融活動

財政投融資改革の影響

日本には民間の銀行と並んで規模の大きな**政府系金融機関**が存在します。政府系金融機関の貸出残高合計は56兆円です（2017年3月末現在）。政府系金融機関は**特殊法人**であり，以前は**財政投融資**（財投）と呼ばれる国の制度によって資金を調達していました。財投は郵便貯金，公的年金積立金の預託金によって資金調達を行い，特殊法人（**財投機関**）に融資を行う制度でした（図5.20の左部分）。しかし，強制的に財投に預託された郵貯，年金資金が配分されるため政府系金融機関を含む特殊法人への資金配分が非効率になるとの批判がありました。

そこで，2001年度より，財投は根本的に改革されました（図5.20の右部分）。郵便貯金，公的年金の預託制度は廃止，また財投機関は資金調達を，原則として，政府保証なしの**財投機関債**により市場で調達することになり，必要に応じて財投債（国債）が市場で発行されることとなりました。政府（財投）を通さない市場での資金調達により**財投機関の経営の効率化**が期待されたのです。さらに業務の効率化を目的として改革も進行中です。

郵政民営化の影響

一方，財投への資金の義務預託制度の制約からはずれた郵便貯金は2003年

■BOX5.4　マクロ・プルーデンス■

銀行の不良債権に起因した日本の金融危機は銀行貸出の低下を通じて日本のマクロ経済に深刻な悪影響を与えました。また，世界金融危機は巨額の不良資産（債権）が発生したアメリカを世界恐慌以来の大不況に陥れただけでなく，世界的な景気後退をもたらしました。金融機関は取引を通じてネットワークを形成しており，世界金融危機におけるリーマン・ブラザーズの破たんのように大規模な金融機関の経営危機が金融システム全体の機能不全をもたらすことによって拡大します。従来の伝統的な金融監督政策は，個別の金融機関の経営の安定性に焦点を当てており，ミクロ・プルーデンス（ミクロ・プルデンシャル政策）と呼ばれています。これに対し，近年の金融監督政策は金融機関の相互の関係による危機の伝播拡大を危険視し，金融システム全体の安定性の確保を主眼としており，マクロ・プルーデンス（マクロ・プルデンシャル政策）と呼ばれています。

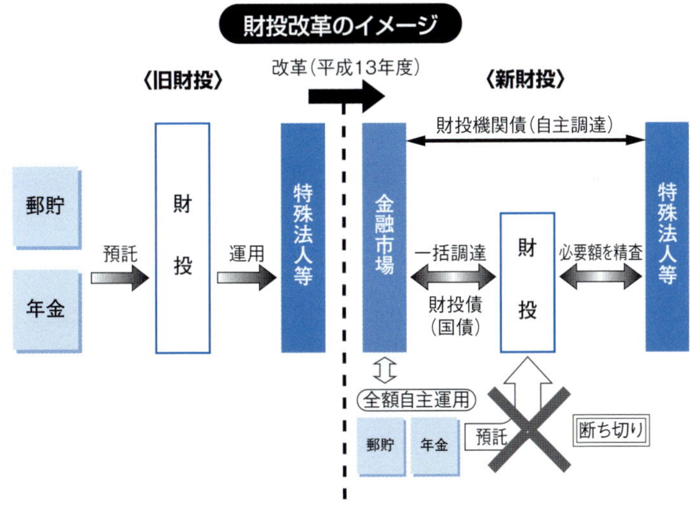

図 5.20　財投改革（財務省資料より）

（注）1. 簡略化のため，簡保，政府保証，産投会計投資は省略している。
2. 簡保については，財投改革前より預託義務はなかった。

4月に政府100%出資の国営日本郵政公社の一事業となりました。民間預金取扱機関の預貯金は預金保険機構の保証額に上限があったのに対し，郵貯には依然，全額，政府保証が付いていました。郵貯は預金保険の対象外でしたので預金保険の保険料を支払う必要もありませんでした。

その後，郵便貯金は2007年10月の郵政事業民営化を機に政府100%出資の株式会社日本郵政の100%子会社である株式会社ゆうちょ銀行に経営形態が転換しました。郵貯は銀行法上の銀行となり，他の預金取扱機関の預貯金同様，政府保証は廃止され，預金保険の対象となりました。

ゆうちょ銀行は2015年に郵政のもう一つの金融事業であるかんぽ生命保険，親会社の日本郵政と同時に東証一部に上場しました。日本郵政の保有株は保有割合が50%程度となるまで，段階的に売却していくこととされ，2018年3月31日時点で日本郵政の保有割合は74.15%となっています。民営化したゆうちょ銀行は高収益を目指した柔軟な資金運用が求められていますが，2012年より金融庁に申請していた住宅ローンの申請が認められず2017年3月に申請を取り下げるなど，順調ではありません。2018年2月にはかんぽ生命保険と協力してJPインベストメント株式会社を設立，プライベート（私募）エクイティー投資を拡大しています。

政府系金融機関の動向

政府系金融機関も，2006年に原則として民営化，一つの政策金融機関への統合，地方公共団体への業務移管という形態での改革が実施される方針が決定しました（図5.21）。ただし，中小企業の中には前章で説明したように情報の非対称性の程度が大きく，間接金融でも民間からの資金調達が困難な企業が多くあります。とくに，創業間もない企業は民間借入がきわめて困難だといわれます。このため，2008年10月に中小企業向け融資を中心に扱う政府100%出資の金融機関，株式会社日本政策金融公庫が設立されました（図5.22）。

その後，世界金融危機，東日本大震災により，当初計画されていた日本政策投資銀行，商工中金の民営化が延期され現在に至っています。

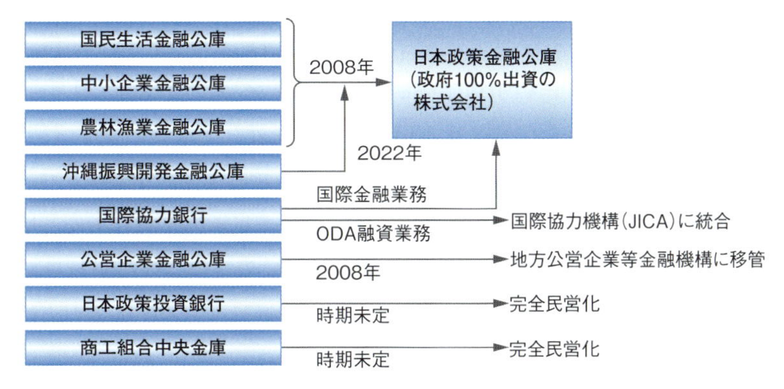

図 5.21　政府系金融機関の改革

（出所）日本政策金融公庫，日本政策投資銀行，商工組合中央公庫等のウェブページ等より作成

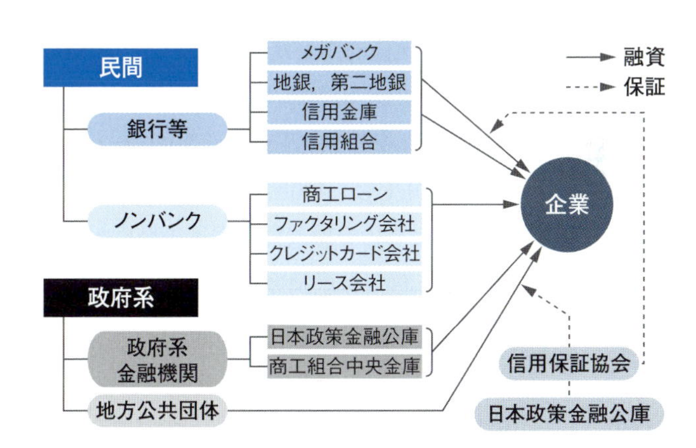

図 5.22　中小企業金融への政府の関与

（出所）中小企業庁，日本政策金融公庫，全国信用保証協会等のウェブページ等より作成

信用保証

政府は，直接融資の形態以外に民間融資に**信用保証**を付与することでも中小企業金融に関与しています。民間銀行による中小企業への融資を各都道府県等にある公的な機関である**信用保証協会**が保証します。中小企業は信用保証協会に**保証料**を支払います。信用保証協会は日本政策金融公庫（図 5.21 参照）に保険料を支払い，債権を公庫による信用保険で保護してもらいます（図 5.23）。

従来は信用保証協会による保証は対象の個別の融資債権を 100%カバーしていました。保証協会と貸し手銀行の間には情報の非対称性があります。債権の 100%カバーには，貸し手銀行が十分，審査せずに保証協会保証を付けてハイリスクの企業に貸すという逆選択の問題，貸し手銀行による保証協会の保証付きの融資債権のモニタリングが不十分になるというモラル・ハザードの危険性がありました。保護対象が預金であれ融資債権であれ，全額保護が潜在的な問題となるのは同様です。そこで，2007 年 10 月 1 日より，保証協会による保証は原則として融資金額の 80%保証に変更されました。残りの 20%は貸し手銀行がリスクを分担することになったので**責任共有制度**と呼ばれます。

その後，世界金融危機の発生による業況の悪化した中小企業を支援するため 2008 年 10 月に 100%保証の緊急保証制度が創設されました。2008 年度の信用保証残高 33.9 兆円に対して，2008 年 10 月から 2011 年 3 月までの保証実績は 25.8 兆円となりました。景気対応の緊急保証制度は 2011 年 3 月に終了しましたが，同月には東日本大震災が発生し，100%保証の東日本大震災復興緊急保証制度が創設されました。このように金融危機，震災の発生が理由とはいえ大規模な 100%保証が残っており，信用保証制度によるモラル・ハザードの問題は完全には解消されていません。

個人向け融資

最後に政府の個人向け融資へのかかわりについて説明します。従来，住宅金融に占める政府のかかわりは非常に強く，政府 100%出資の特殊法人である住宅金融公庫による**住宅ローン**は住宅ローン全体の 40%前後を占めていましたが，同公庫は 2007 年 4 月 1 日に**住宅金融支援機構**に衣替えしました。同機構

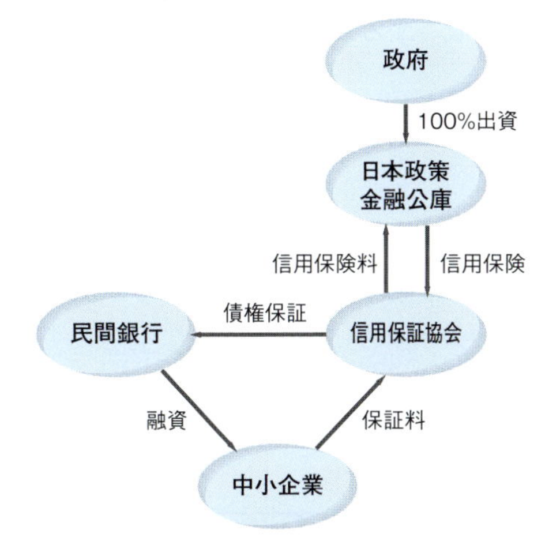

図 5.23　信用保証制度
（出所）中小企業省庁資料より作成

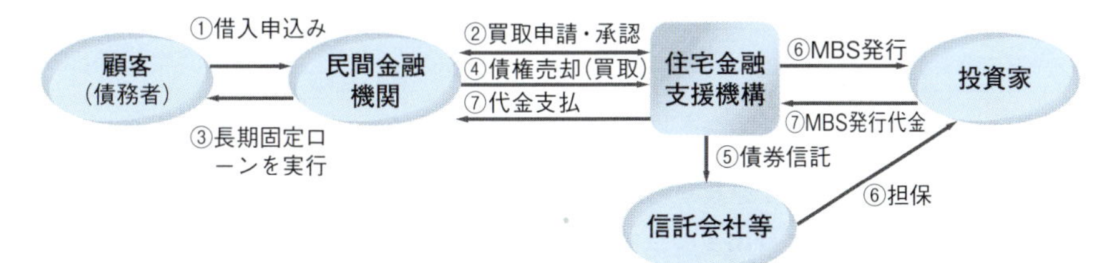

図 5.24　民間住宅ローンの証券化
（出所）国土交通省資料より作成
（注）金利水準（2018 年 9 月適用分）は 1.310 ～ 2.020%。

■BOX5.5　MBS■

不動産担保証券（Mortgage-Backed Securities；MBS）は多数の不動産融資（mortgage；モーゲージ）がプールされ投資家に販売される証券です。投資家には，プールされた不動産融資の収益が利息として還元されます。担保とされる不動産は商業用不動産の場合も居住用の住宅の場合もあります。MBS は銀行などの不動産融資実施機関にとっては，満期が長く流動性の低い多種多様な不動産融資をまとめて投資家に売却して換金し金融機関の資産の流動性を高める効果があります。

は従来の直接融資事業からは撤退，民間銀行の住宅ローンを買い取り，MBSに証券化して投資家に販売するというスキームに制度を変更しています（図5.24）。

第5章　演習問題

1．大手銀行同士の合併が問題となるのはなぜでしょうか。銀行の行動をもとに説明しなさい。

2．以下はある銀行のバランスシートを表したものです。以下の各問に答えなさい。

資　産		負　債		
必要準備預金	10	預金	52	
証券（国債）	10			
企業向け貸出金	40	自己資本	8	純資産
合計	60	合計	60	

（単位：兆円）

(1)　バーゼルⅠのもとでのリスク調整済み自己資本比率を計算し，8％の最低基準を満たしているか答えなさい。

(2)　今，企業向け貸出金のうち，15％が不良債権化したので償却処理を行ったとします。不良債権償却後のバランスシートを書きなさい。また，リスク調整済み自己資本比率を計算しなさい。

(3)　新たに増資することなく，ちょうど8％の自己資本比率を回復するためにはどうすればよいか説明しなさい。また，自己資本比率を回復した後のバランスシートを書きなさい。

3．アメリカのサブプライム・ローン危機と日本の金融危機の原因の共通性について説明しなさい。

4．信用保証制度が100％保証から部分保証（責任共有制度）に変更になったのはなぜか説明しなさい。

6 利　子　率

第 6 章から第 8 章までは，債券，株式，為替などの各金融市場において，それぞれの価格（利子率，株価，為替レート）がどのように決まるかについて解説します。

おカネを借りると，通常，借りた額よりも多少，多く返します。この差は利子（金利）の支払いです。逆に，おカネを貸したり銀行に預けたりすると，利子を受け取ることができます。利子は，高いときもあれば低いときもあり，また，借りる条件や人によって，高くなったり低くなったりします。利子率はどのように決まるのでしょうか？

レッスン

レッスン6.1 債券のリスクと利子率

利子率とは

おカネを借りたときは，借りた額よりも多く返すのが普通です。逆に，おカネを貸すと，貸した額よりも多く返してもらいます。この差額が利子（金利）で，通常は，1年間で何％多く返済するかという割合で表示します。たとえば，100万円借りて，1年後に5万円多い105万円を返済する場合，**利子率**は年率5%となります。

債券とは

企業が設備投資や研究開発などのために資金が必要な場合，銀行から**借入**を行う場合と，**債券**と呼ばれる借用証書を発行して，大勢からおカネを集める場合があります（**表6.1**）。債券には，おカネを返す時期（**満期**）と，満期までに定期的に支払われる**利子**が明記されています。債券の発行者は，借りたお金（**元本**）の返済と利子の支払いを約束して，おカネを集めるのです。企業が発行する債券は，**社債**と呼ばれます。国や地方自治体も，支出が収入を上回る場合，それぞれ**国債**や**地方債**と呼ばれる債券を発行して不足分を補います。

債券の信用リスクと利子率

企業が債券を発行するときは，将来，元本と利子を返済することを約束しておカネを借りるわけですが，その後の経営環境の悪化などによって，約束通り返済できない場合があります。債券の購入者にとってみれば，約束通り返済してもらえないリスクがあるわけです。こうしたリスクを，**信用リスク**（**デフォルト・リスク**）と呼びます。格付会社は，債券の信用リスクを「AAA（トリプルA)」「BB（ダブルB)」などのわかりやすい記号（**格付け**）をつけ，債券を購入しようとする投資家の判断に役立つ情報を提供しています。

表6.2は，債券を格付けと満期までの期間で分類して，それぞれの利子率を

表 6.1 債券の種類

債券は，発行する主体，金利支払いの仕方，買い手の募集方法，機能などによって，さまざまな種類に分類できます。

1. 発行主体

●**社　債**：民間企業が発行する債券。
●**国債・地方債**：国（中央政府），地方自治体が発行する債券。

2. 金利支払い

●**利付債**：満期までの間，定期的に金利が支払われ，満期時点で元本が償還される債券。満期までの間，金利が変わらない固定利付債と，金利が変動する変動利付債がある。
●**割引債**：満期までの間，金利は支払われず，満期時点である決まった金額（額面額）が償還される債券。発行時点では，額面額よりも低い価格で発行されるので，額面額と発行金額との差額が買い手にとっての収益になる。

3. 買い手の募集方法

●**公募債**：不特定多数の一般投資家に対して，購入を募集する債券。
●**私募債**：特定の少数の投資家に対して，購入を依頼する債券。

4. 債券の機能

●**普通社債**：満期と金利払いがある社債。ストレート債とも呼ぶ。
●**エクイティー債**：一定の条件で株式に転換できる社債（転換社債）や，一定の価格で新規発行株式を買える権利の付いた社債（ワラント債）の総称。

示したものですが，これをみると，同じ期間だと，格付けが低くて信用リスクが高いほど，利子率も高くなる傾向にあることがわかります。このように，リスクが高い債券の利子率は，国債などの安全な債券の利子率よりも高くなります。この両者の利子率の差を**リスク・プレミアム**と呼びます。

レッスン 6.2 利子率の期間構造

表 6.2 をみると，同じ格付けでも，満期までの期間によって利子率が異なることがわかります。また，図 6.1 は，期間が 1 年，5 年，10 年の国債の利子率の推移を示しています。これによると，概して短い期間ほど利子率は低い傾向がありますが，時によっては，長期の利子率よりも短期の利子率のほうが高いこともあります。満期までの期間と利子率との関係は，**利子率の期間構造**と呼ばれています。

利子率の期間構造を決める要因としては，いくつかの理由が考えられていますが，ここでは，代表的な仮説である「流動性仮説」と「純粋期待仮説」について取り上げましょう。

流動性仮説

債券の保有者は，途中で資金が必要になった場合には，他の投資家に債券を転売することができます。しかし，すぐにそうした投資家を見つけることができないかもしれませんし，急いで売ろうとすると安い価格で売らざるを得ず，その分損失を被ることもあります。こうしたリスクは，満期までの期間が長いほど大きくなります。したがって，債券の購入者は，満期までの期間が長い債券ほど，高い利子率を要求するでしょう。実際，表 6.2 をみると，同じ格付けでも，期間が長い債券ほど利子率が高い傾向にあることがわかります。これは，債券の売りやすさに着目したものであり，**流動性仮説**と呼ばれています。

表 6.2　債券の利子率（格付けと満期までの期間別）

		格付け					
		AAA	AA	A	BBB	BB	B
残存年数	1年	0.052 16 (0.038)	0.082 208 (0.089)	0.173 171 (0.163)	0.370 11 (0.195)		
	2年	0.062 12 (0.032)	0.133 101 (0.055)	0.228 88 (0.188)	0.369 17 (0.152)		
	3年	0.083 19 (0.031)	0.185 71 (0.060)	0.286 88 (0.161)	0.677 16 (0.431)		
	4年	0.105 17 (0.034)	0.206 80 (0.060)	0.309 78 (0.191)	0.482 11 (0.242)		
	5年	0.165 3 (0.039)	0.296 52 (0.097)	0.448 64 (0.318)	0.631 9 (0.251)		
	10年		0.493 4 (0.038)	0.779 4 (0.090)			
	20年	1.054 7 (0.092)	1.304 5 (0.131)	1.472 1 (0.040)			

（出所）　日本証券業協会ウェブサイト（2018 年 9 月 18 日発表分）
（注）　格付情報提供：日本格付研究所
残存期間 6 ～ 9 年，11 ～ 19 年は省略。表中の数値の上段は複利利回り（平均値），下段は銘柄数（標準偏差）を示す。発表日前日の午後 3 時現在における報告気配および格付けにもとづく。

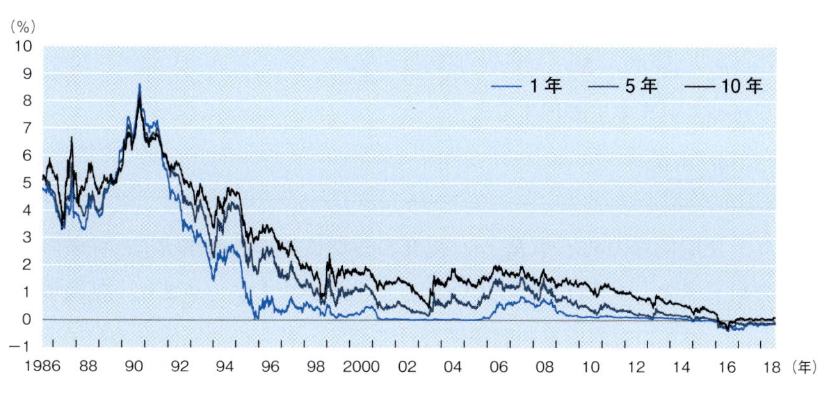

図 6.1　日本国債の年限別金利

（出所）　財務省ウェブサイト
（注）　流通市場における固定利付国債の実勢価格にもとづいて算出した主要年限毎の半年複利金利（半年複利ベースの最終利回り）。

純粋期待仮説

利子率の期間構造を決める別の要因として，長期の債券の利子率は，将来の利子率の予想を反映することがあげられます。このことを具体的に理解するために，次の2つの債券投資戦略を比較してみましょう（図6.2）。

一つは，今，満期までの期間が2年間の長期債券Lに投資する戦略です。もう一つは，今，満期までの期間が1年間の短期債券S_1に投資し，1年後に，また満期までの期間が1年間の短期債券S_2に投資する戦略です。いずれの戦略も，1万円で債券購入を始めたとしましょう。長期債券Lに投資した場合，その利子率が年率R_Lだとすると，1年後には元本と利息を合わせて$(1+R_L)$万円，2年後には，これにさらに金利がつくので，元本と利息を合わせて$(1+R_L)^2$万円になります。これを近似すると，$(1+2R_L)$万円となります。他方，短期債券S_1に投資した場合，その利子率が年率R_{S1}だとすると，1年後には元本と利息を合わせて$(1+R_{S1})$万円になります。1年後に，この金額をすべて短期債券S_2に投資すると，その利子率が年率R_{S2}だとすると，$(1+R_{S1})(1+R_{S2})$万円になり，これを近似すると，$(1+R_{S1}+R_{S2})$万円となります。

人々は，2つの債券投資戦略を比較して，いずれか一方が有利だと判断すれば，そちらを選択するでしょう。人々が長期債券も短期債券も持つのは，どちらの投資戦略も同じ収益をもたらす場合です。こうした状況では，

$$1+2R_L=1+R_{S1}+R_{S2}$$

が成り立っています。整理すると，

$$R_L=\frac{R_{S1}+R_{S2}}{2}$$

となり，長期債券の利子率R_Lが，現在の短期債券の利子率R_{S1}と将来の短期債券の利子率R_{S2}の平均になっていることがわかります。つまり，長期債券の利子率は，現在の短期債券の利子率だけでなく，将来の短期債券の利子率も反映しています。

実際には，将来の短期債券の利子率があらかじめわかっているわけではなく，人々は予想値にもとづいて債券投資をしています。したがって，正確にいうと，長期債券の利子率は，将来の短期債券の予想利子率を反映していることになり

現在 → 1年後 → 2年後

①1 万円で長期債券（満期までの期間が 2 年間，利子率：R_L）を購入し，満期まで保有。

$$1 \xrightarrow{\quad R_L \qquad\qquad R_L \quad} (1+R_L)^2$$

②1 万円で短期債券（満期までの期間が 1 年間の債券，利子率：R_{S1}）を購入し，さらに 1 年後に得た元利金で，新たに短期債券（利子率：R_{S2}）を購入。

$$1 \xrightarrow{\quad R_{S1} \quad} (1+R_{S1}) \xrightarrow{\quad R_{S2} \quad} (1+R_{S1})(1+R_{S2})$$

①と②の投資戦略が同じ収益をもたらすのは，

$$(1+R_L)^2=(1+R_{S1})(1+R_{S2}) \qquad (1)$$

であり，両辺をそれぞれ展開すると，

$$1+2R_L+R_L^2=1+R_{S1}+R_{S2}+R_{S1}R_{S2} \qquad (2)$$

となる。ここで，$R^2{}_L$, $R_{S1}R_{S2}$ はともに非常に小さい数なので（たとえば, $R_L=R_{S1}=R_{S2}=0.05(5\%)$ の場合，$R^2{}_L=R_{S1}R_{S2}=0.0025(0.25\%)$），左辺は $1+2R_L$，右辺は $1+R_{S1}+R_{S2}$ に近似できる。したがって，

$$1+2R_L=1+R_{S1}+R_{S2} \qquad (3)$$

これを整理すると，

$$R_L=\frac{R_{S1}+R_{S2}}{2} \qquad (4)$$

となり，長期金利が現在と将来の短期金利の平均値であることがわかる。

図 6.2　純粋期待仮説

ます。たとえば，人々が，将来短期債券の利子率は上がるだろうと予想すれば，長期債券の利子率は高くなります。逆に，将来短期債券の利子率は下がるだろうと予想すれば，長期債券の利子率は低くなります。このように，長期債券の利子率が将来の短期債券の利子率の予想値（経済学では**期待値**と呼びます）を反映しているはずだという仮説を，**純粋期待仮説**と呼びます。

イールド・カーブ（利回り曲線）

図6.3は，横軸に満期までの期間をとり，縦軸に利子率をとったもので，**イールド・カーブ（利回り曲線）**と呼ばれています。イールド・カーブが右上がりの場合順イールド，右下がりの場合逆イールドと呼ばれます。

図6.4は，アメリカにおける2019年2月8日時点と，その1年前の国債のイールド・カーブを描いています。1年前の時点では，イールド・カーブは比較的急な傾きの右上がりで，満期までの期間が長いほど，利子率は高くなっています。これは，その時点での短期金利は低いものの，将来，短期金利がどんどん上がるだろうと人々が予想していたことを示しています。ところが，2019年2月8日時点では，イールド・カーブの傾きはきわめて緩やかになっています。これは，将来短期金利の上昇はほとんどないであろうと人々の予想が変化したことを示しています。

このように，イールド・カーブから，人々が将来の短期利子率をどう予想しているか，推測できることができます。

レッスン6.3 割引現在価値

今すぐ1万円もらうのと，1年後に1万円もらうのとでは，どちらが得でしょうか？　今1万円もらって預金をすれば，もし金利が5%であれば，1年後には，元本と金利をあわせて1万500円返ってきます。したがって，1年後に1万円もらうより，今すぐ1万円もらったほうが得です。つまり，同じ金額で

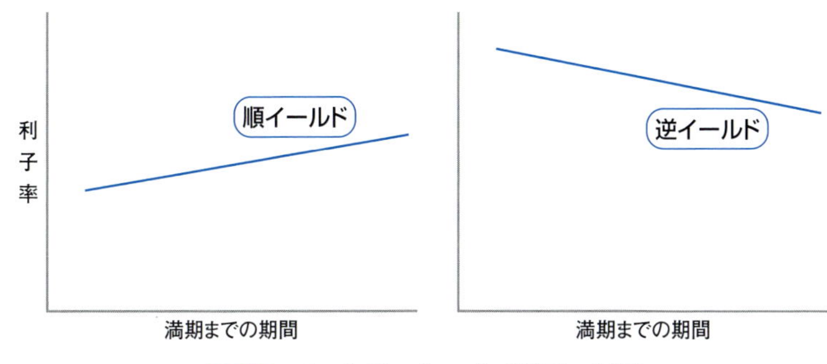

図 6.3　イールド・カーブ（利回り曲線）

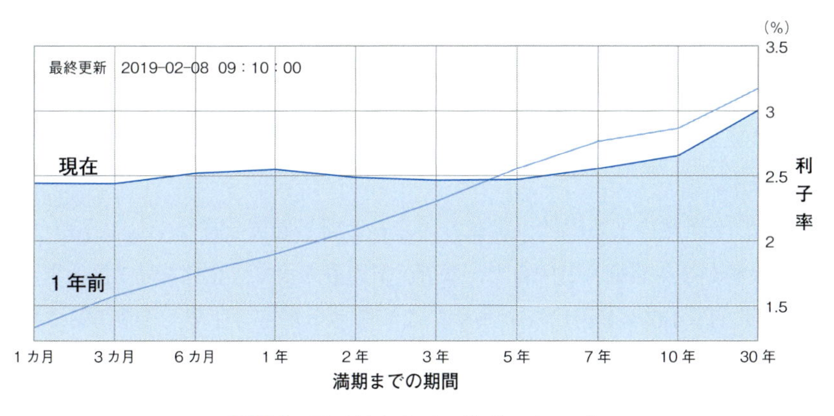

図 6.4　アメリカのイールド・カーブ

（出所） Investing. com ウェブサイト
https://jp.investing.com/rates-bonds/usa-government-bonds

■BOX6.1　日本銀行によるイールド・カーブ・コントロール■

日本銀行は，2016 年 9 月より，「長短金利操作（イールド・カーブ・コントロール）」と呼ばれる金融政策を行っています。これは，伝統的な政策手段である短期金利のコントロールに加えて，長期金利，具体的には 10 年物国債金利を，おおむねゼロ%程度で推移するようコントロールするという政策です。実際には，長期金利のコントロールを可能にするため，日本銀行は，以下の措置を講じました。

①日本銀行が指定する利回りによる国債買入れ（指値オペ）

（p.157 へつづく）

あっても，受け取る時点が異なれば，違う価値を持っています。そこで，比較のためには，時点をそろえる必要が出てきます。この例では，1年後に時点をそろえて比較しました。その結果，今1万円もらうのと，1年後に1万500円もらうことが，もらう側にとって無差別，つまり同じ価値を持つことがわかりました。つまり，1年後の1万500円は，今の1万円の価値を持つのです。

では，1年後の1万円は，現在のいくらと同じ価値を持つでしょうか（図6.6）？　現在，X円もらって，金利5%で預金すれば，1年後には，$1.05 \times X$円になります。これが，1万円と等しいためには，

$$1.05 \times X = 10000$$

より，

$$X = \frac{10000}{1.05} \approx 9524$$

となります。つまり，1年後の1万円は，現在の9524円とほぼ等しい価値を持ちます。

では，2年後の1万円は，現在のいくらと同じ価値を持つでしょうか？　5%の金利が2年間続くとすると，現在，Y円もらって，金利5%で預金すれば，1年後には，$1.05 \times Y$円になります。これをさらにもう1年，金利5%で預金すれば，2年後には，$1.05 \times (1.05 \times Y) = 1.05^2 \times Y$円となります。これが1万円と等しいためには，

$$(1.05)^2 \times Y = 10000$$

より，

$$Y = \frac{10000}{(1.05)^2} \approx 9070$$

となります。つまり，2年後の1万円は，現在の9070円とほぼ等しい価値を持ちます。

このように，将来の金額を現在の価値に変換したものを，**割引現在価値**といいます。一般的に金利がrで一定だとすると，1年後のZ円の割引現在価値は$\frac{Z}{1+r}$，2年後のZ円の割引現在価値は$\frac{Z}{(1+r)^2}$，n年後のZ円の割引現在価値

②固定金利の資金供給オペレーションを行うことができる期間を従来の1年から10年に延長

こうした措置によって，実際に，10年物国債金利はほぼゼロ%程度で推移することとなりました（図6.1）。その後，2018年7月には，10年物国債金利のある程度の変動を許容することを決定しましたが（±0.2%程度），2018年8月末時点で，10年物国債金利は0.1%程度となっています（図6.5）。

こうした長期金利のコントロールは，設備投資や住宅投資の下支えとなる，為替レートの円安を維持できる，といった効果が期待できる反面，人々のインフレ期待や将来の短期金利の期待値が長期金利に反映されにくくなる，将来長期金利のコントロールをやめようとすると，投機的な売買を誘発して長期金利がかえって変動しやすくなる，といった弊害も指摘されています。

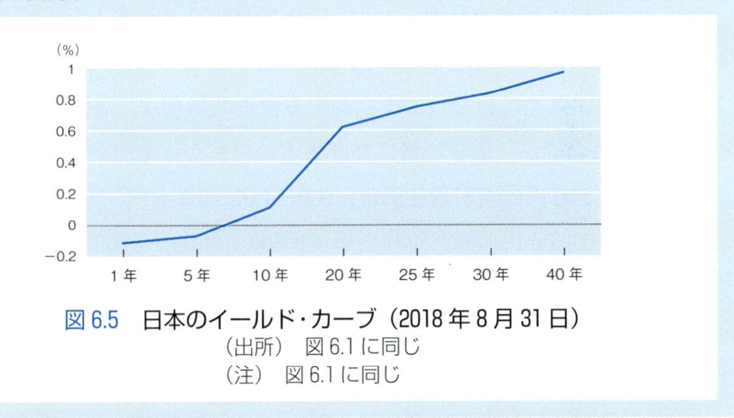

図6.5　日本のイールド・カーブ（2018年8月31日）
（出所）図6.1に同じ
（注）図6.1に同じ

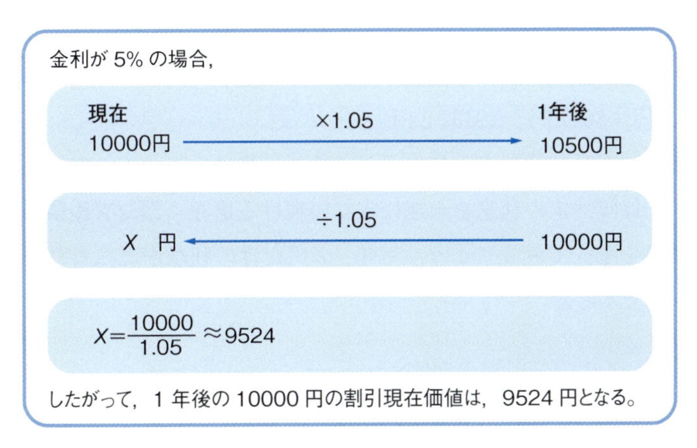

図6.6　割引現在価値①

は$\frac{Z}{(1+r)^n}$となります。

利子率と債券価格

たとえば，1年後に1万円を支払うと約束した債券の現在の価格は，1万円の割引現在価値で求めることができます。これを計算すると，金利が5%であれば9524円，金利が10%であれば9091円となります。このように，将来一定の額を支払うことを約束した債券（国債や社債など）の場合，金利が上昇すれば債券価格は低下し，金利が低下すれば債券価格は上昇することがわかります。

次に，1年後に利息500円，2年後に利息500円と元本1万円を合わせて1万500円支払う約束をした債券の価格は，どうなるでしょうか（図6.7）。このように，2期間以上にわたって支払われる債券の場合は，各期の支払い額の割引現在価値の合計が，債券価格になります。たとえば金利が5%の場合，

1年後の500円の割引現在価値$=500\div 1.05=476.2$円
2年後の10500円の割引現在価値$=10500\div(1.05)^2=9523.8$円

ですから，この債券の価格は，

476.2円$+$9523.8円$=$10000円

となります。しかし，同じ債券でも，金利が10%の場合は，

1年後の500円の割引現在価値$=500\div 1.1=454.5$円
2年後の10500円の割引現在価値$=10500\div(1.1)^2=8677.7$円

ですから，この債券の価格は，

454.5円$+$8677.7円$=$9132.2円

となります。やはり金利が上昇すると，債券価格は低下することがわかります。

最後に，毎年一定の利息を永遠に支払い続ける債券（**コンソル債**と呼ばれます）の価格を考えてみましょう。毎年，Z円だけの利息が支払われるとすると，金利がrだとすると，

1年後のZ円の割引現在価値$=\frac{Z}{1+r}$

2年後のZ円の割引現在価値$=\frac{Z}{(1+r)^2}$

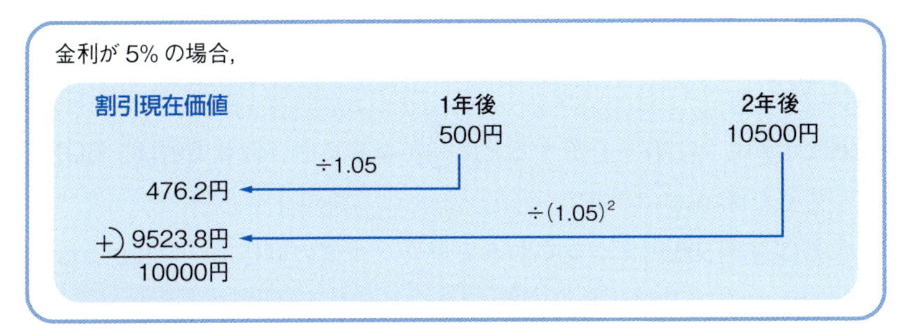

図 6.7　割引現在価値②

■BOX6.2　コンソル債の価格の求め方■

まず，毎年 Z 円を n 期間にわたり支払う債券の価格 P_n は，その割引現在価値に等しくなりますから，利子率が r の場合，

$$P_n = \frac{Z}{1+r} + \frac{Z}{(1+r)^2} + \frac{Z}{(1+r)^3} + \cdots\cdots + \frac{Z}{(1+r)^n} \tag{1}$$

と表すことができます。(1) 式の両辺に $\frac{1}{1+r}$ をかけて，

$$\frac{1}{1+r} P_n = \frac{Z}{(1+r)^2} + \frac{Z}{(1+r)^3} + \frac{Z}{(1+r)^4} + \cdots\cdots + \frac{Z}{(1+r)^{n+1}} \tag{2}$$

(1) 式から (2) 式を引くと，

$$\frac{r}{1+r} P_n = \frac{Z}{1+r} - \frac{Z}{(1+r)^{n+1}} \tag{3}$$

(3) 式の両辺に $\frac{1+r}{r}$ をかけて，

$$P_n = \frac{Z}{r} - \frac{Z}{r(1+r)^n} \tag{4}$$

となります。次に，毎年 Z 円を永遠に払い続ける債券の価格 P を求めます。これは，(4) 式で，n を無限大にしたときの P_n の値になります。n が大きくなるにつれて (4) 式の右辺第 2 項はゼロに近づくので，n が無限大になると，

$$P = \frac{Z}{r} \tag{5}$$

となります。

$$3年後のZ円の割引現在価値 = \frac{Z}{(1+r)^3}$$

$$\vdots$$

となりますから，これを合計すると，$\frac{Z}{r}$となります（計算方法は，BOX6.2 を参照してください）。

たとえば毎年 500 円ずつ支払われるコンソル債の価格は，金利が 5%の場合，

500 円 ÷ 0.05 = 10000 円

です。同じコンソル債でも，金利が 10%の場合は，

500 円 ÷ 0.1 = 5000 円

と値下がりします。

投資の意思決定

企業が**投資の意思決定**を行うときにも，割引現在価値の考えが応用できます。たとえば，企業が新しく工場を建設すると，1 年後から 10 年後までの 10 年間にわたって，年間 1000 万円の収入を生み出すものとしましょう。金利が 5%だとすると，1 年後の 1000 万円の割引現在価値は$\frac{1000}{1.05} \approx 952$万円，2 年後の 1000 万円の割引現在価値は$\frac{1000}{(1.05)^2} \approx 907$万円，というように計算できますから，10 年間にわたる収入の割引現在価値の合計額は，

$$\frac{1000}{1.05} + \frac{1000}{(1.05)^2} + \frac{1000}{(1.05)^3} + \cdots\cdots + \frac{1000}{(1.05)^{10}} \approx 7722$$

となります。つまり，新しく工場を建設することで，現在時点で 7722 万円の収入を得ることと同等の利益を得ることになります。したがって，工場の建設資金が 7722 万円よりも少なければ，企業は投資をすることで利益を得ることができるので，実際に工場を建設するでしょう。逆に，工場の建設資金が 7722 万円よりも多ければ，企業は投資することで損失を被りますので，工場は建設しないと決定するでしょう。

その他にも，たとえば，個人が年金保険に加入するかどうかの決定にも，割引現在価値の考え方は有益です。若いときに年金保険料を払って，老後に年金給付を受け取るとすると，若いときに支払う年金保険料の割引現在価値の合計

■BOX6.3　国民年金の割引現在価値は？■

割引現在価値は，異なる時点の収入を統一的に評価するのに合理的な方法です。そこで，国民年金（老齢基礎年金）の支給額について，いくつかの仮定を置いたうえで，割引現在価値の合計額を試算してみましょう。

日本年金機構のウェブサイト（2018年9月時点）によれば，昭和16年4月2日以後に生まれた人が受け取る年金額は，平成30年4月分からの年金額は，65歳から支給を受ける場合，以下の式で計算されます。

$$779{,}300\text{円} \times \frac{\begin{pmatrix}\text{保険料}\\\text{納付済}\\\text{月数}\end{pmatrix} + \begin{pmatrix}\text{全額免除}\\\text{月数}\\\times 4/8\end{pmatrix} + \begin{pmatrix}\text{4分の1}\\\text{納付月数}\\\times 5/8\end{pmatrix} + \begin{pmatrix}\text{半額}\\\text{納付月数}\\\times 6/8\end{pmatrix} + \begin{pmatrix}\text{4分の3}\\\text{納付月数}\\\times 7/8\end{pmatrix}}{40\text{年（可能加入年数）}\times 12\text{月}}$$

他方，年金支給開始を70歳に繰り下げた場合は，65歳からの支給と比べて，142%の増額となります。

そこで，過去40年間にわたり全額を納付していると仮定して，65歳から年金を受け取る場合（年金額は779,300円）と，年金支給開始を70歳からに繰り下げた場合（年金額は779,300円×1.42＝1,106,606円）について，金利と寿命についていくつかのパターンを想定して，割引現在価値の合計額を比較してみましょう。具体的には，金利は0%，2%，5%の3通り，寿命は80歳から95歳まで5歳刻みの4通りで，その組み合わせの12パターンです。結果は，以下の表のとおりです。

支給開始年齢	65歳			70歳		
寿命＼金利	0%	2%	5%	0%	2%	5%
80歳	**12,468,800**	**10,792,731**	**8,868,168**	12,172,666	10,005,417	7,562,222
85歳	16,365,300	13,521,972	**10,491,101**	**17,705,696**	**13,880,939**	9,866,787
90歳	20,261,800	15,993,930	**11,762,711**	**23,238,726**	**17,391,119**	11,672,474
95歳	24,158,300	18,232,858	12,759,051	**28,771,756**	**20,570,397**	**13,087,276**

まず，金利水準にかかわらず，寿命が80歳の場合は，65歳支給開始のほうが割引現在価値の合計額が高くなりますが，寿命が95歳の場合は，70歳支給開始のほうが割引現在価値の合計額は高くなります。寿命が長いほど，支給開始年齢を遅らせたほうが得だというのは，直感的ですね。次に，寿命が85歳や90歳の場合は，金利水準によって，割引現在価値の高低が異なります。すなわち，金利が0%や2%の場合は，70歳支給開始のほうが得ですが，金利が5%の場合は，65歳支給開始のほうが得になります。金利が比較的高い場合は，支給開始を遅らすことで，割引現在価値が低くなるのです。

ここでの試算はあくまで大胆な仮定のもとでの試算値ですので，実際には，個人の年齢，納付状況，将来の制度変更などによって大きく結果が異なりうることに注意してください。

と老後に受け取る年金給付の割引現在価値の合計を比較することで，年金加入の損得を決定することができます。

レッスン6.4 名目利子率と実質利子率

名目利子率・実質利子率とは

名目利子率は，契約で定められている金利のことで，おカネを貸し借りしたときに追加的に支払わなければならない利子を，はじめに貸し借りした金額（元本）で割ったものです。つまり，1円借りたときに何円金利として支払わないといけないかを示しています。

これに対して，**実質利子率**は，1個のモノを借りたときに，追加的に支払わなければならないモノの数量を表します。たとえば，今100個のリンゴを借りて，1年後にリンゴを105個返さないといけない場合，実質利子率は5%になります。

モノの値段が変わらなければ，名目利子率も実質利子率も同じです。たとえば，名目利子率が5%の場合，1万円借りると1年後に1万500円返さなくてはいけません。リンゴが1個100円で不変だとすると，この場合，リンゴ100個分（つまり1万円）借りて，リンゴ105個分（つまり1万500円分）返すことと同じですから，実質利子率も5%になります。しかし，モノの値段が変化する場合には，実質利子率と名目利子率は異なります（図6.8）。たとえば，名目金利が5%で物価上昇率（インフレ率）が2%だとしましょう。このとき，リンゴの価格も100円から102円に上昇するとします。名目利子率が5%なので，100万円借りると105万円返す必要がありますが，これをリンゴに換算すると，100個分借りて，約103個分（1万500円÷102円）返済することになります。したがって，実質利子率は3%，つまり，名目利子率と物価上昇率の差に等しくなります。実際には，今後1年間の物価上昇率は不確かなので，実質利子率は，予想される物価上昇率（**期待物価上昇率**あるいは**期待インフレ率**）

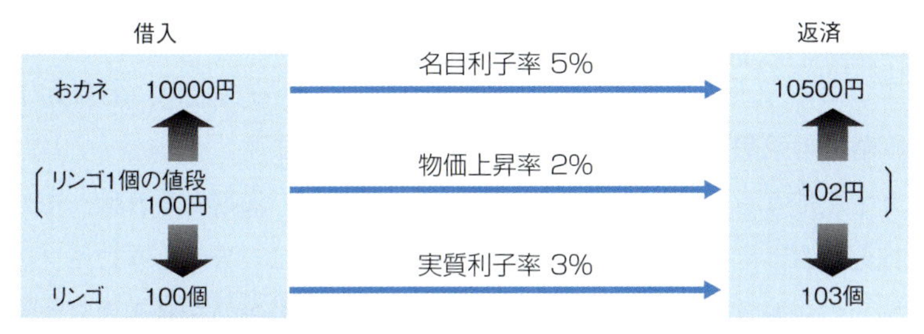

図 6.8　実質利子率

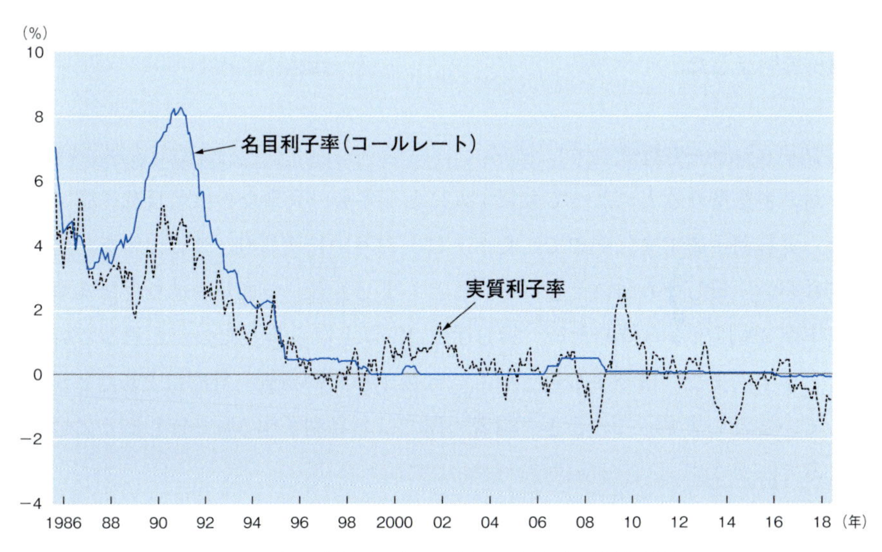

図 6.9　名目利子率（コールレート）と実質利子率

（出所）名目利子率：日本銀行ウェブサイト，実質利子率：筆者推計

（注）名目利子率は，コールレート（無担保オーバーナイト）月中平均。実質利子率は，コールレート－消費者物価指数（総合）対前年同月比上昇率。ただし，1996 年 1 月から 2015 年 12 月までの消費者物価指数（総合）には，消費税調整済指数（総務省統計局）を用いた。1989 年 4 月の消費税導入の消費者物価への影響は考慮せず。

を用いて

実質利子率＝名目利子率－期待物価上昇率（期待インフレ率）　(6–1)

と表すことができます。デフレで物価が下落している場合は，名目利子率に，物価下落率の予想を足したものが実質利子率になります。

おカネを借りる人は，借りたおカネでモノを買い，満期になれば，モノの購入を控えておカネを返します。逆におカネを貸す人は，貸すときにモノの購入を我慢して，おカネが返ってきたときに，たくさんのモノを購入することができるようになります。したがって，借りるほうも貸すほうも，名目利子率ではなく，実質利子率が大事です。

図 6.9 は，日本の名目利子率と実質利子率の推移を表しています。ただし，期待物価上昇率を観測することはできないので，その代用として，実際の消費者物価上昇率を用いています。これによると，2000 年代前半および世界金融危機後の 2009 年～ 10 年にかけては，デフレによって名目金利を実質金利が上回っていました。

フィッシャー方程式

おカネを借りる人にとっても貸す人にとっても，大事なのは名目利子率ではなく実質利子率です。そこで，たとえば，お互いに実質利子率が 3%なら借りてもいい，貸してもいいと思っているとしましょう。つまり，借り手は実質利子率が 3%以下なら借りたい，貸し手は 3%以上なら貸したい，と思っているとします。また，借り手も貸し手も，今後 1 年間の物価上昇率は 2%だと予想しているとします。このとき，両者の間では名目利子率 5%で貸し借りに合意するでしょう。

このように考えると，(6-1) 式は，実質利子率と期待物価上昇率（期待インフレ率）から，名目利子率が決まることを示していると考えられます。そこで，(6-1) 式は，次のように書き換えることができます。

名目利子率＝実質利子率＋期待物価上昇率（期待インフレ率）　(6–2)

(6–2) 式は，初めて提唱した経済学者フィッシャー（第 2 章でも登場しました）の名前をとって，フィッシャー方程式と呼ばれています。

■BOX6.4　物価連動国債■

通常の固定利付債では，元本と金利があらかじめ決まっていますから，物価が上昇すれば実質的な価値は低下します。他方，**物価連動国債**は，物価の変動に応じて，元本や金利が変動するので，その実質的な価値は一定となります。

額面金額 100 億円，金利 2%の物価連動国債を例にとって説明します。説明をできるだけ単純にするために，満期は 1 年で，1 年後に元本と金利が支払われるものとしましょう。

もし，物価が上昇しなければ（ケース 1），1 年後には，元本 100 億円と金利 2 億円で，合計 102 億円が償還されます。このとき，名目利子率も実質利子率も 2 %です。

物価が 5%上昇した場合はどうでしょう（ケース 2）。元本は，物価上昇率の 5 %分増えて，105 億円となります。金利は，この 105 億円の 2%分，つまり，2.1 億円です。したがって，合計 107.1 億円が償還されることになります。もともと 100 億円の元本のものが 107.1 億円償還されるので，名目利子率は 7.1%です。しかし，物価上昇率が 5%なので，実質利子率は 2%となり，物価上昇がない場合と変わりません。

このように，通常の固定利付債と異なり，物価連動国債には，インフレによって実質的な価値が目減りするリスクがありません。

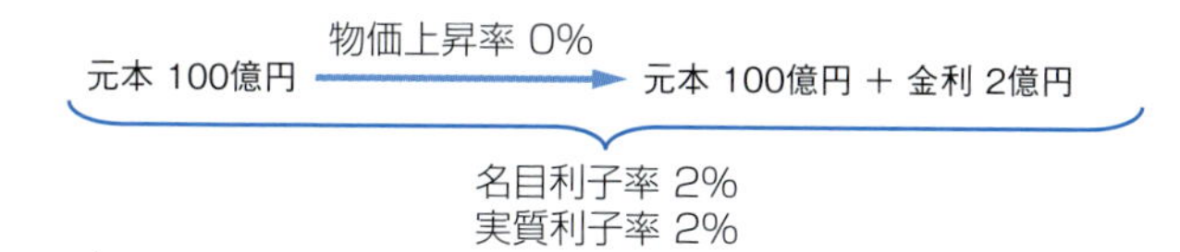

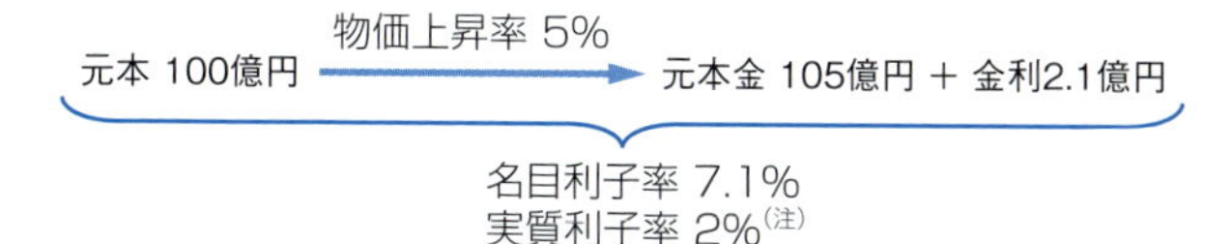

図 6.10　物価連動国債

（注）単純に名目利子率から物価上昇率を引くと，2.1%となります。しかし，正確には，元本と金利合計 107.1 億円を物価指数 1.05 で割って，次の式により算出します。
{元本利息合計 107.1÷(物価指数 1.05×当初の元本 100)－1}×100(%)＝2(%)

図 6.11 は，図 6.9 と同じデータを使って，名目利子率（コールレート）と，期待物価上昇率の代用として実際の消費者物価上昇率を描いています。これによると，おおむね両者が似た動きをしていることがわかります。この結果，図 6.9 でみたように，名目利子率ほどには実質利子率は変動していません。ただし，1999 年の日本銀行によるゼロ金利政策以降，名目利子率（コールレート）がほぼゼロ％近傍で推移しているため，両者の連動性はほとんどみられなくなっています。

レッスン 6.5　実質利子率の決まり方

現実に企業や個人が借入をしたり債券を発行する場合の利子率は，レッスン 6.1 でみたように，信用リスクや期間に応じて変わりますが，ここでは簡単化のために，ある一定のリスクと期間の債券の利子率が，どのように決まるかを考えましょう。たとえば，満期までの期間が 1 年で，信用リスクがほぼゼロの国債の利子率を考えます。また，期待物価上昇率（期待インフレ率）を調整した実質利子率がどう決まるかを考えることとします。

実質利子率は，貸し借りを行う場合の価格の役割を果たします。リンゴの値段が高ければリンゴの供給が増え，リンゴの需要が減るのと同じように，実質利子率が高ければ資金の供給（貯蓄家が貸したい資金量）が増え，資金の需要（借り手が借りたい資金量）が減ります。そして，リンゴの値段がリンゴの需要と供給が一致するように決まるように，実質利子率も，資金の需要と供給が一致するように決まります。

図 6.12 は縦軸に実質利子率，横軸に資金量をとって，資金の供給と資金の需要を図示しています。資金供給曲線は右上がり，資金需要曲線は右下がりです。そして，両曲線が交わったところで，資金の需要と供給が一致（均衡）しますから，交点における実質利子率が実現することになります。

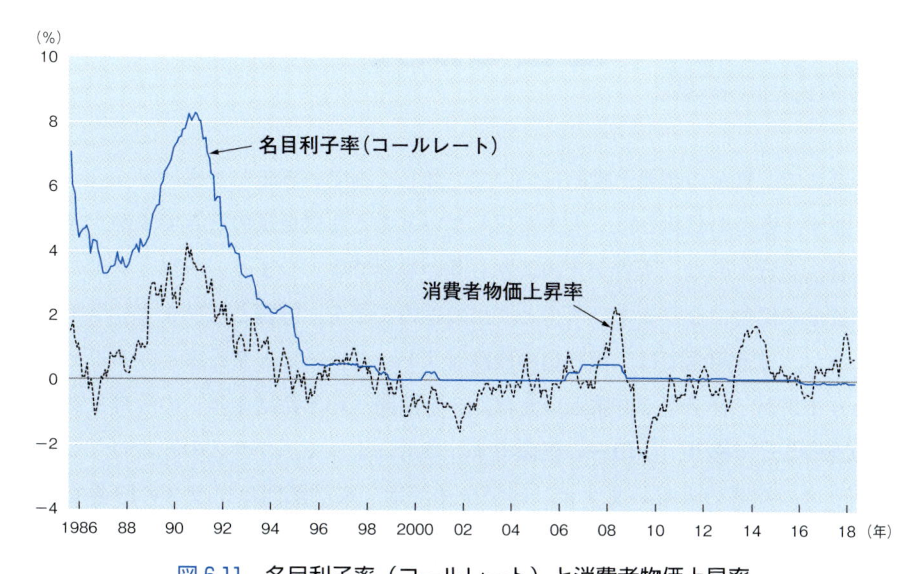

図 6.11　名目利子率（コールレート）と消費者物価上昇率

（出所）　名目利子率：日本銀行ウェブサイト，消費者物価上昇率：総務省統計局ウェブサイト

（注）　図 6.9 に同じ

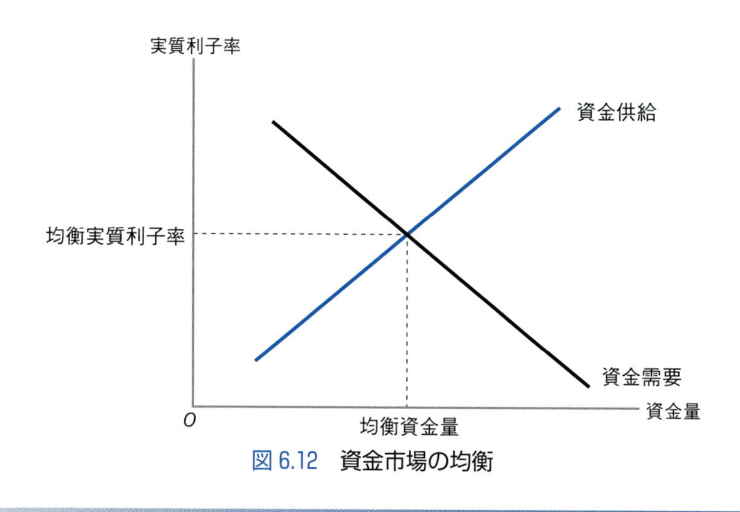

図 6.12　資金市場の均衡

レッスン6.6 貯蓄と投資

ここで，資金の需要と供給について，詳しくみていきましょう。

まず，資金の供給とは，人々が貸したいと考える資金量のことですが，人々が資金を貸すのは，所得が支出よりも多い場合です。つまり，所得と支出の差が資金の供給になります。所得と支出の差のことを，**貯蓄**と呼びます。

なお，日常用語では，預貯金の残高（**ストック**）のことを貯蓄と呼ぶこともありますが，経済学で貯蓄といえば，一定期間（たとえば1年）の所得と支出の差のことであり，**フロー**の概念です。家計によって，プラスの貯蓄の人もマイナスの貯蓄の人もいますが，経済全体では，家計部門はプラスの貯蓄です。政府部門は，財政赤字の場合はマイナスの貯蓄，財政黒字の場合はプラスの貯蓄です。

次に，資金の需要とは，人々が借りたいと考える資金量のことですが，人々が資金を借りるのは，企業の設備投資や家計の住宅投資などの**投資**に資金が必要な場合です。ここで投資とは，機械設備や住宅などの実物資産の購入のことを指します。さらに，外国との取引を考えると，外国の債券や株式などの金融資産を購入する**対外純投資**も，資金の需要に該当します。

第1章の**レッスン1.10**でみたように，GNI（国民総所得）の定義から，

民間貯蓄＋政府貯蓄＝投資＋純輸出等　(6–3)

となります。なお，純輸出等は，輸出および海外からの所得の受取りによって得る海外資産から，輸入および海外への所得の支払いによって失う海外資産を引いたものですから，結局，海外資産の純増，すなわち，対外純投資に等しくなります。つまり，(6–3) 式は，資金の供給である民間貯蓄と政府貯蓄の合計が，資金の需要である投資と対外純投資に等しいことを示しています。日本の民間貯蓄，政府貯蓄，民間投資，および純輸出等（対外純投資）の推移は，**図1.24**を参照してください。

■BOX6.5　流動性の罠のもとでの実質金利■

レッスン 9.5 で詳しく説明しますが，名目利子率には，下限があります。なぜなら，仮に債券（たとえば国債）の利子率がマイナスだとすると，貨幣の収益率（ゼロ%）のほうが債券の利子率よりも高くなるので，誰も債券を保有したがらないでしょう。実際には，貨幣には持ち運びのコストや盗難のリスクがあるので，債券の利子率が若干のマイナス（－0.5%から－1%程度）でも債券保有を好む人もいるかもしれませんが，それよりも大幅なマイナスの利子率になることは，ありえません。このように，名目利子率が下限に達した状況は，流動性の罠と呼ばれます。

では，どのような経済状況で，流動性の罠に陥るのでしょうか？　**レッスン 6.4** で説明したように，名目利子率は実質利子率と期待物価上昇率の和によって決まりますから（6-2 式），名目利子率が下限にまで低下したということは，実質利子率か期待物価上昇率のいずれか，あるいは両方が大幅に低下したことを示しています。とくに，実際の物価上昇率がマイナス，すなわち，デフレの時期には，期待物価上昇率もマイナスとなる傾向にあり，流動性の罠に陥りやすいのです。

そこで，デフレ下において，経済が流動性の罠に陥ったときに，実質金利がどうなるかを考えてみましょう。今，名目利子率の下限がゼロ%だとすると，（6-1）式より，

実質利子率＝－期待物価上昇率

となります。デフレ下において，期待物価上昇率がマイナスだと，実質利子率はプラスです。しかし，この実質利子率が，図 6.12 で描いたような，資金供給と資金需要が一致する均衡実質利子率になるとは限りません。実際，デフレ下では，資金需要が少ないため，しばしば，均衡実質利子率（自然利子率とも呼ばれる）はマイナスです。このため，実際の実質利子率が均衡実質利子率を上回ることが多いのです（図 6.13）。こうした状況では，資金の超過供給が生じており，投資（と対外純投資）に比べて貯蓄が過多になっています。

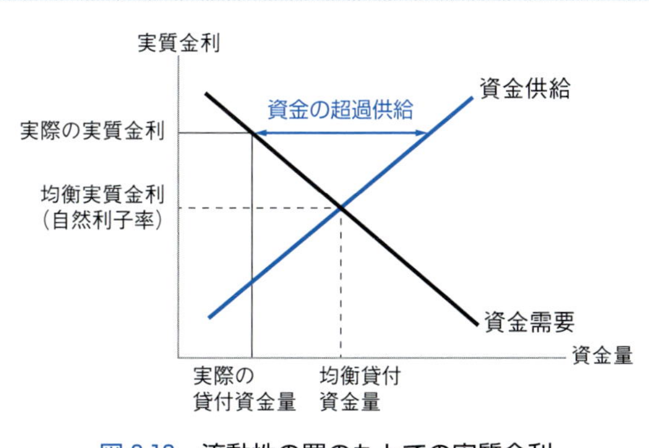

図 6.13　流動性の罠のもとでの実質金利

財政赤字と技術革新の効果

これまでみてきた通り，資金の供給は貯蓄，資金の需要は投資と対外純投資です。したがって，貯蓄や投資が変化すれば，資金の需要と供給を一致させる実質利子率は変化します。

たとえば，政府が財政赤字を増やした，つまり，貯蓄のマイナス幅を拡大した場合，実質金利はどう変化するでしょうか？　家計や企業の貯蓄が変化しないとすると，資金の供給が減ります。図 6.14 をみると，資金供給の減少により，均衡点は E から E' に移動し，実質利子率は上昇し，投資（と対外純投資の合計。以下同じ）が減ることがわかります。

また，少子高齢化によって退職後に貯蓄を取り崩す人が増えると，民間貯蓄が減るので，図 6.14 と同じように，資金供給の減少によって実質金利が上昇し，投資が減ります。

逆に，新製品の開発など技術革新が生じると，企業は生産設備への投資を増やそうとします。このとき，図 6.15 より，資金需要の増大により，均衡点は E から E' に移動し，実質利子率は上昇し，投資が増えることがわかります。

第 6 章　演習問題

1．今年の満期 1 年の金利が 5%，来年の満期 1 年の金利が 9% と予想されています。純粋期待仮説に従えば，今年の満期 2 年の金利（年率）は何％になるか，計算しなさい。

2．元本 100 万円，満期 2 年，毎年の金利払いが 5 万円の債券があるとします。

(1) 今後 2 年間にわたり，金利が 5% だと予想されるとき，この債券の価格を求めなさい。

(2) 今後 2 年間にわたり，金利が 10% だと予想されるとき，この債券の価格を求めなさい。

3．名目利子率が 2%，期待物価上昇率（期待インフレ率）が－2% のとき，実質利子率は何％になりますか。

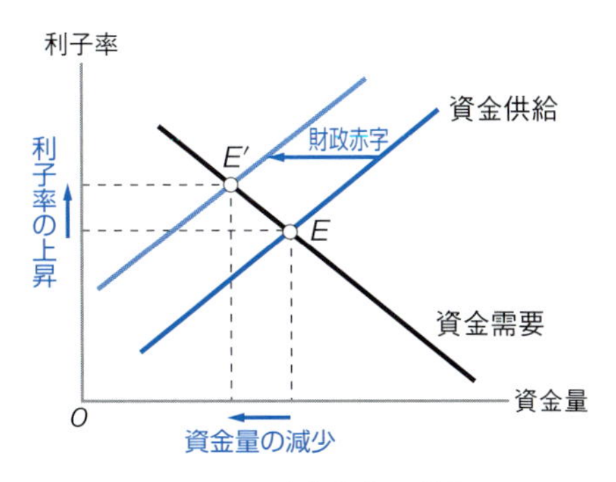

図 6.14　財政赤字の効果

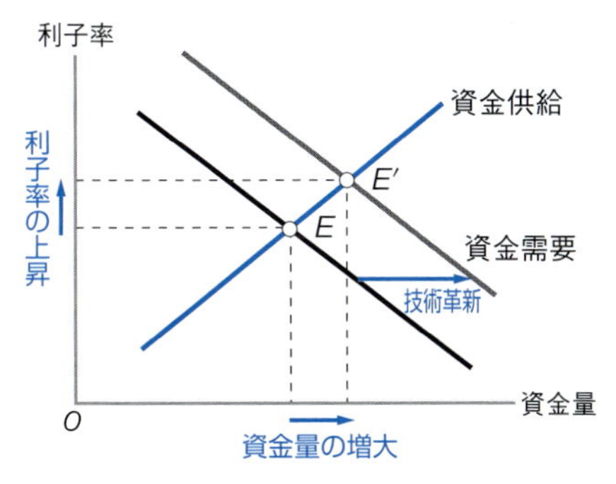

図 6.15　技術革新の効果

4．家計貯蓄率が低下したとき，実質利子率と投資はどのような影響を受けますか。資金市場の需要と供給の図を用いて答えなさい。

7 株　価

株式投資は，預金や国債と並んで身近な資産運用手段の一つとなりつつあります。しかし，預金はどこの銀行に預けても利率はほとんど変わらないのに対し，株式はどの企業の株を買うかで収益が大きく異なります。株式の収益やリスクはどのようなもので，それはどのように決まるのでしょうか？

また，最近，企業買収をめぐるニュースをよく見聞きするようになりましたが，こうしたニュースをどのように理解すればいいのでしょうか？

本章では，株式市場について，株式投資による収益を求める観点と企業経営への影響という 2 つの観点から学んでいきます。

レッスン

レッスン7.1 株式市場とは

株式とは

新しく会社を興したり，会社が事業を拡大するときには，資金が必要になります。このとき企業は，銀行からの借入や，債券の発行ほかに，**株式**を発行して資金を調達することがあります。株式を購入した人は，債券と異なり，あらかじめ決まった額を企業から受け取るわけではありません。企業に利益が出れば，その利益の一部を受け取ることができます。これを，**配当**と呼びます（図 7.1）。

株式を購入すると，その会社のオーナー（所有者）の一人になり，会社の利益を受け取る権利を持ちます。それだけでなく，オーナーとして，会社の重要な経営事項に関する意思決定に参加する権利も得ることができます。具体的には，株主総会に出席して，保有する株式数に応じて投票する権利（**議決権**）を持ちます。

株式市場とは

普段，私たちが株式を買おうとすると，証券会社に連絡して買い注文を出します。持っている株式を売る場合は，同様にして売り注文を出します。証券会社は，さまざまな会社の株の売り注文と買い注文を，東京証券取引所などの**証券取引所**に取り次ぎ，証券取引所で売りと買いが一致すれば，売買が成立します。したがって，普段の株式の売買は，すでに株を持っている人から新しく株を買う人に株が移るだけで，株の代金がその会社に入るわけではありません。

このように，すでに発行されている株式の売買が行われる市場を，株式の**流通市場**と呼びます。流通市場では，時々刻々出される売買注文に応じて，株価が変化しています。図 7.2 は，トヨタ自動車の 14 カ月間の株価の推移を示していますが，大きく変動していることがわかります。

すべての企業の株式が証券市場で売買されているわけではありません。実際に日本の証券市場に上場している企業は，約 3,700 社にすぎません。創業まも

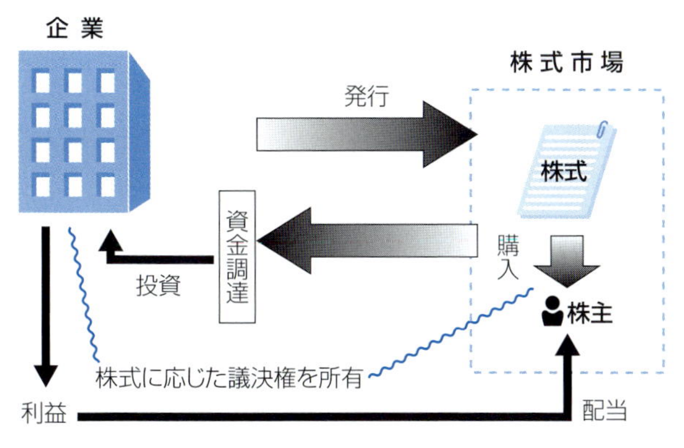

図 7.1　株式の仕組み

図 7.2　トヨタ自動車の株価の変動

（出所） NIKKEI NET「マネー&マーケット」 https://www.nikkei.com/markets/

上図は，トヨタ自動車の約 14 カ月（2017 年 7 月 31 日から 2018 年 10 月 1 日まで）の推移を示しています。この図は，ローソク足と呼ばれるもので，株価の推移を示すのによく使われるものです。白のハコ（陽線といいます）は，その期の最初の株価（始値といいます）と最後の株価（終値）を比べて，終値のほうが高いことを示しています。黒のハコ（陰線）は，始値より終値のほうが低いことを示しています。ハコの上下に線が伸びていますが，これはヒゲと呼ばれるもので，上についているヒゲは，その期についた値で一番高いもの（高値）を示し，下についているヒゲは一番低いもの（安値）を示しています。ローソク足のグラフには，日々の推移を示す日足，毎週の推移を示す週足，毎月の推移を示す月足などがありますが，ここでは週足を用いています。また，下にある棒グラフは，売買された株式数を示しています。

ない企業や，比較的小さな企業の株式は，創業者やその親族，知人などが保有していて，他人が自由に売買できる市場はありません。しかし，そうした企業が事業の拡大のために大量の資金調達を行おうとする場合，銀行借入などだけでは限界があります。そこで，資金調達のために，新たに証券市場に**上場**することがあります。これを，**株式公開**と呼びます。株式公開によって，一般の人々がその会社の株式を自由に売買できるようになるのです。株式公開と同時に新しく株式を発行して資金を調達したり，創業者が保有している株を売り出す場合，これを，**IPO**（Initial Public Offering）と呼びます。表 7.1 は，2017 年の IPO の件数を産業別に示したものですが，情報通信業（IT）やサービス業など，近年発展している産業が多いことがわかります。

すでに上場している企業も，時折，資金調達のために株式を発行することがあります。このように，企業が資金調達のために新しく株式を発行する市場を，株式の**発行市場**と呼びます。発行市場で発行される株式は，流通市場でついている株価をもとに価格が決定されて，一般に売られます。

投 資 家

株式の売買を行っている投資家には，さまざまな主体がいます。個人，金融機関（銀行，証券会社，投資信託など），事業法人，海外投資家などです。とくに最近では，**ファンド**と呼ばれる金融機関が注目を集めています。これは，人々から資金を集めて株式や債券などの金融商品に投資する金融機関です。公的年金の積立金を運用する公的なファンドも存在感を増しています。また，外国の金融機関やファンドが日本国内の株式などに投資する例も増えています。

図 7.3 は，最近の投資主体別の売買高シェアを示したものですが，金融機関や事業法人などの法人が減り，かわって海外投資家の割合が高まりつつあるのがわかります。最近では，産油国や中国などの政府が，原油輸出や外国為替市場への介入で得た外貨（主にドル資金）をもとに，積極的に外国の株式や債券などに投資しています。これらは，**政府系ファンド**（**SWF**；Sovereign Wealth Fund）と呼ばれますが，日本の株式市場においても，政府系ファンドや外国のファンドを含む海外投資家の存在感が高まっています。

表 7.1　業種別新規上場会社数（2017 年）

産業名	件数	割合（%）
建設業	1	1.4
化学	1	1.4
医薬品	1	1.4
電気機器	4	5.7
その他製品	4	5.7
電気・ガス業	1	1.4
倉庫・運輸関連業	1	1.4
情報・通信業	21	30.0
卸売業	5	7.1
小売業	7	10.0
不動産業	4	5.7
サービス業	20	28.6
合計	70	100.0

（出所）ディスクロージャー実務研究会編『株式公開白書平成 30 年版（平成 29 年 1 月〜12 月）』株式会社プロネクサス

（注）JASDAQ，マザーズ，その他新興市場の合計。新規上場会社数がゼロの業種は表から除いている。

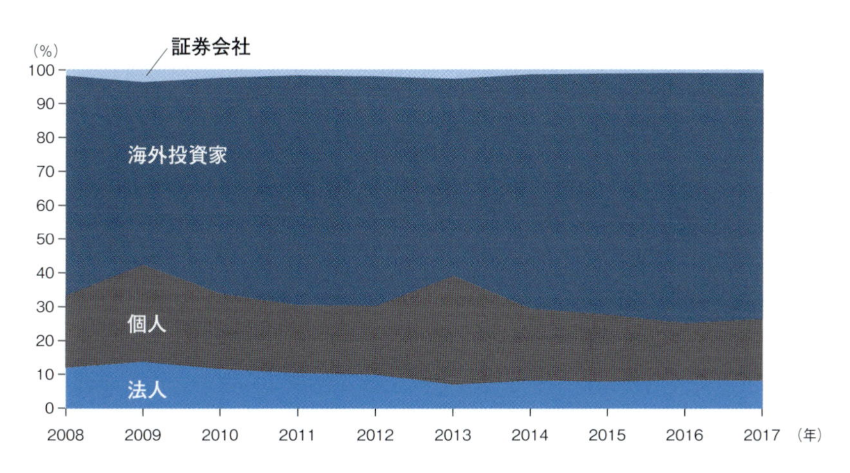

図 7.3　投資部門別にみた株式売買状況

（出典）日本取引所グループウェブサイト　https://www.jpx.co.jp/markets/statistics-equities/investor-type/00-02.html

（注）東京証券取引所第一部における株式売買金額の比率。ただし，証券会社の自己売買を除いた委託分のシェア。法人は，投資信託，事業法人，金融機関，その他法人等の合計。

レッスン7.2 株式の収益率とリスク

配当とキャピタル・ゲイン

株式投資の収益を考えるために，ある会社の株を，1株1,000円で100株購入した場合を考えましょう（図7.4）。この株を1年間保有したとします。この1年の間に，1株あたり50円の配当を受け取り，1年後には，1株1,030円で売却できたとします。このとき，値上がり益は1株あたり30円です。したがって，この株式投資から得られた収益は，配当と値上がり益（**キャピタル・ゲイン**）を合わせて，

(50円＋30円)×100＝8,000円

となります。最初に，株式購入のために要した金額は10万円ですから，収益率を求めると，

8,000円÷10万円×100％＝8％

となります。これが，この株式投資の収益率となります。一般的に書くと

$$収益率＝\frac{(1株あたり配当＋1株あたりキャピタル・ゲイン)}{購入時の株価}$$

となります。

株式のリスク

実際には，企業の利益が少なくて配当が減ったり，あるいは，景気が予想以上に悪い，新製品の売れ行きが予想されたほど伸びていない，などの理由によって株価が下がることもあります。たとえば，1株あたりの配当が10円で，1年後の株価が800円になった場合，1株あたりの値下がり損（**キャピタル・ロス**）が200円ですから，収益率は

(10円－200円)×100÷10万円×100％＝－19％

となります。このように，配当や株価の変化によって，株式の収益率は大きく異なります。これが，株式のリスクです。

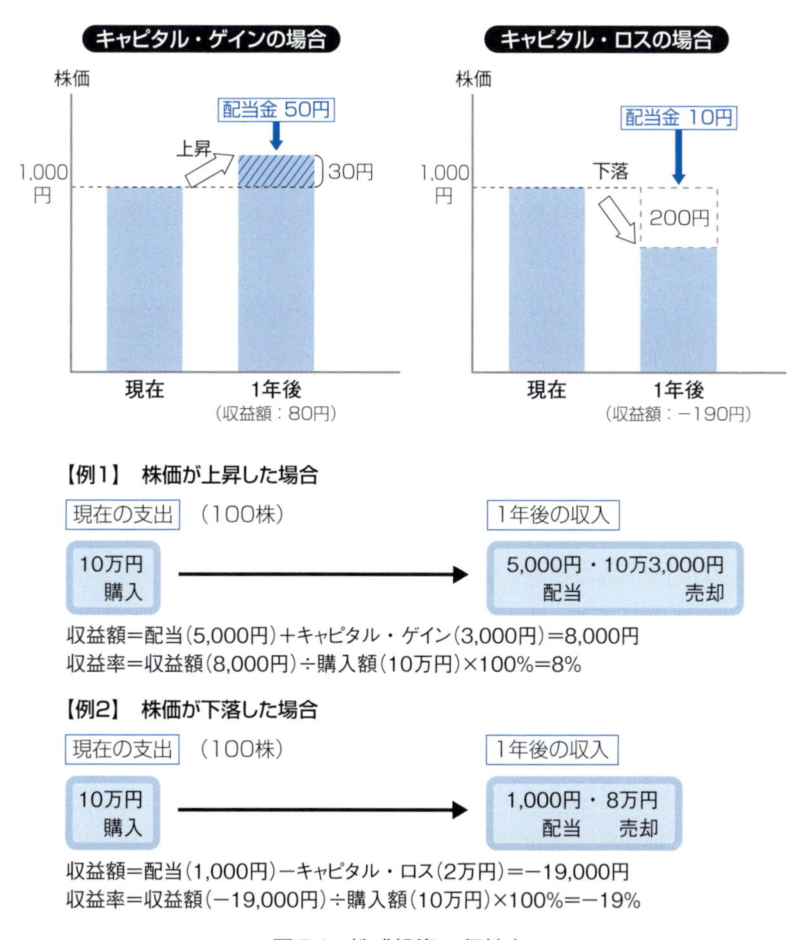

図 7.4 株式投資の収益率

レッスン7.3 株価の決まり方

配当の割引現在価値

株式を購入した時点では，将来得られる配当やキャピタル・ゲインがいくらになるかわかりません。今，株式を購入して，永遠に保有し続ける場合を考えてみます。このとき，株式から得られる収益は，配当のみとなります。たとえば今後の配当がずっと1株あたり50円だと予想される場合，株価はいくらになるでしょうか。金利が5%で一定だとすると，配当の**割引現在価値**（第6章参照）の合計は，BOX 6.2で紹介したコンソル債の価格を求める方法を用いて，

$$50\text{円} \div 5\% = 1{,}000\text{円}$$

です（図7.5）。もし，株価が1,000円を超えていれば，この株式を購入しても，得られる配当の価値は1,000円しかないので，株価が1,000円を超える分だけ損を被るため，誰もこの株式を購入しないでしょう。その結果，株価は低下していきます。逆に，株価が1,000円よりも低ければ，株価が1,000円を下回る分だけ得をするので，みなこぞってこの株式を購入しようとするでしょう。その結果，株価は上昇します。結局，株価はちょうど1,000円となります（図7.6）。

一般的に書くと，予想される1株あたり配当が一定の場合，

$$\text{株価} = \frac{1\text{株あたり配当}}{\text{利子率}}$$

となります。では，予想される配当が変化していく場合はどうなるでしょうか。一般的には，株価は，予想される配当の割引現在価値の合計に等しくなります。たとえば，1年後の配当は50円で，2年後は2%増えて51円，3年後はさらに2%増えて52.02円，というように，毎年2%ずつ配当が増えていく場合は，金利が5%だと，

$$\begin{aligned}\text{株価} &= \frac{50}{1.05} + \frac{50 \times 1.02}{(1.05)^2} + \frac{50 \times (1.02)^2}{(1.05)^3} + \cdots\cdots \\ &= 50 \div (0.05 - 0.02) = 1{,}667\text{円}\end{aligned}$$

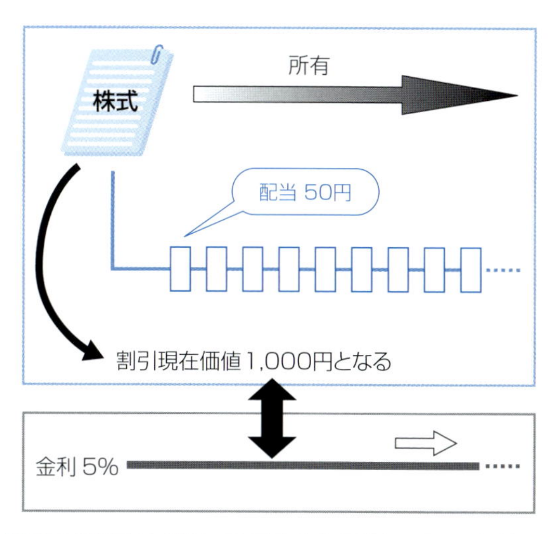

図 7.5　配当の割引現在価値（1 株あたり配当 50 円，金利 5%の場合）

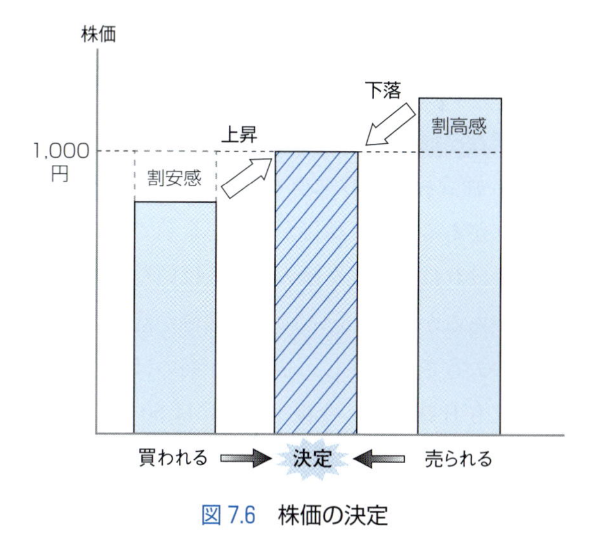

図 7.6　株価の決定

となり，配当が50円の場合よりも高くなります（計算方法はBOX 7.1参照）。一般的には，

$$株価=\frac{今期の1株あたり配当}{(利子率-今後の1株あたり配当の伸び率)}$$

となります。ここでは，株式を永久に保有し続けるとして株価を計算しましたが，途中で売却することを考えても，同じになります。

収益予想と株価

大事な点は，株価は配当の将来予想によって決まるということです。企業は収益の一部を配当にまわしますから，結局，株価は企業収益の将来予想によって決まります。したがって，現在の収益が赤字でも，将来大きな黒字が予想されていれば，高い株価がつくこともあります。また，為替レートの変動や世界経済の動向など，企業経営を取り巻く環境が変化して，将来の企業収益の予想が変化すれば，その都度，株価は変化します。さらに，企業が新製品の開発に成功した情報を公開したり，新工場の開発計画を公表したりしても，やはり将来収益の予想が変化して株価は変化します。このように，株価はさまざまなニュースを織り込みながら時々刻々変化しているのです。

リスク・プレミアムと株価

上記の計算では，株式投資のリスクを考慮していませんでした。実際には，株式投資にはリスクがあるので，株価が配当を金利で割り引いた割引現在価値の合計よりも低くなければ，株式を購入する人はいないでしょう。人々はリスクを回避する傾向があるからです。どの程度株価が低くなければ買わないかは，その株式のリスクの大きさに依存し，リスクが高いほど，株価は低くなります。

たとえば，A株式もB株式も，今後平均的には50円の配当が予想されているとします。しかし，A株式はリスクが高いので，人々は金利よりも5%高い収益率を要求し，B株式はリスクが低いので，金利よりも2%だけ高い収益率を要求するとします。つまり，A株式に対する**リスク・プレミアム**は5%，B株式のリスク・プレミアムは2%であり，金利が5%だとすると，平均的にみて，

■BOX7.1　株価の決まり方（計算方法）■

今期（t 期）の配当を D 円，利子率を r，株価を P 円とします。

【ケース 1】配当が一定の場合

毎年 D 円を配当として払い続ける企業の株式は，BOX6.2 で紹介したコンソル債と同じですから，株価は，配当の割引現在価値の合計，つまり，

$$P = \frac{D}{r} \tag{1}$$

となります。

【ケース 2】配当が一定の伸び率で増えていく場合

配当が，毎年 g の割合で伸びていくとします。$t+1$ 年後の配当は $D(1+g)$，$t+2$ 年後の配当は $D(1+g)^2$，$t+3$ 年後の配当は $D(1+g)^3$ といった具合です。ここで，$r > g$ を仮定します。株価は，この配当の無限先までの割引現在価値になりますが，それを求める準備段階として，n 年後までの配当の割引現在価値を求めてみましょう。これを P_n と表すと，

$$P_n = \frac{D}{1+r} + \frac{D(1+g)}{(1+r)^2} + \frac{D(1+g)^2}{(1+r)^3} + \cdots\cdots + \frac{D(1+g)^n}{(1+r)^{n+1}} \tag{2}$$

となります。(2) 式の両辺に $\frac{1+g}{1+r}$ をかけると，

$$\frac{1+g}{1+r} P_n = \frac{D(1+g)}{(1+r)^2} + \frac{D(1+g)^2}{(1+r)^3} + \frac{D(1+g)^3}{(1+r)^4} + \cdots\cdots + \frac{D(1+g)^{n+1}}{(1+r)^{n+2}} \tag{3}$$

となり，ここで，(2) 式から (3) 式を引くと，

$$\frac{r-g}{1+r} P_n = \frac{D}{1+r} - \frac{D(1+g)^{n+1}}{(1+r)^{n+2}} \tag{4}$$

となります。(4) 式の右辺の第 2 項は，$r > g$ の仮定のもとでは，n が大きくなるほどゼロに近づいていくので，n を無限大にした場合，

$$\frac{r-g}{1+r} P = \frac{D}{1+r} \tag{5}$$

です。したがって，株価は結局，

$$P = \frac{D}{r-g} \tag{6}$$

で表されます。(6) 式は，配当の伸び率 g が高いほど株価が高くなることを示しています。

A株式には10%，B株式には7%の収益率が要求されます。このとき，それぞれの株価は，配当を，人々が要求する収益率で割り引いた値になります。つまり，Aの株価＝50円÷0.1＝500円，Bの株価＝50円÷0.07＝714円となり，リスクの高いA株式のほうが株価は低くなります。配当が変化することも考慮して，一般的な株価を求めると，

$$株価 = \frac{今期の1株あたり配当}{(利子率+リスク・プレミアム-今後の1株あたり配当の予想伸び率)}$$

となります。

レッスン7.4 分散投資

「一つのバスケット（かご）に全部の卵を入れてはいけない」という格言があります。もしそのバスケットを落としてしまうと，卵が全部割れてしまうので，卵はいくつかのバスケットに分けて持ちましょう，という意味で，資産も，さまざまな株式，債券，預金などに分散して投資するのがよい，という教えです。さまざまな金融商品の組合せのことを**ポートフォリオ**と呼びます。ここでは具体的に，**レッスン1.4**でみた**分散投資**のメリットをより詳しく考えてみましょう。

そのために，金融資産のリターンをその資産の収益率の平均値（**期待収益率**）で，リスクを収益率の**分散**（散らばりの程度を示す統計量）で測ることにします。期待収益率が同じでも，分散が大きい金融資産では，大きな収益を得る可能性が高い一方，大きな損失を被る可能性も高くなるので，リスクが高いとみなすことができます。

今，X株とY株があり，それぞれの期待収益率はμ_X，μ_Y，分散はσ_X^2，σ_Y^2だとします（μ，σはギリシア文字で，それぞれミュー，シグマと読みます）。また，X株とY株の収益率の**共分散**（2変数がどの程度同じ方向に動くかを示す統計量。プラスだと同じ方向に，マイナスだと逆方向に動くことが多い）を$\sigma_{X,Y}$で

■BOX7.2　分散と共分散■

分散と**共分散**について，説明します。X はランダムな値をとる変数（確率変数）だとします。まず，X の平均値（期待値）を μ_X で表します。つまり，

$$E(X)=\mu_X$$

です。ここで，E は，期待値をとるという操作を示します。次に，X の μ_X からの乖離を x で表します。つまり，$x=X-\mu_X$ です。このとき，X の分散は，平均値からの乖離 x の二乗の期待値です。つまり，分散を σ_X^2 で表すと，

$$\sigma_X^2=E(x^2)$$

です。同様に，確率変数 Y の平均値 μ_Y からの乖離を y で表すと，Y の分散は，

$$\sigma_Y^2=E(y^2)$$

です。確率変数のばらつきが大きいほど，頻繁に平均値から大きく乖離するので，分散は大きくなります。図 7.7 は，X と Y の分布（密度関数）の例を示していますが，分散が大きい Y のほうが散らばり具合が大きいことがわかります。

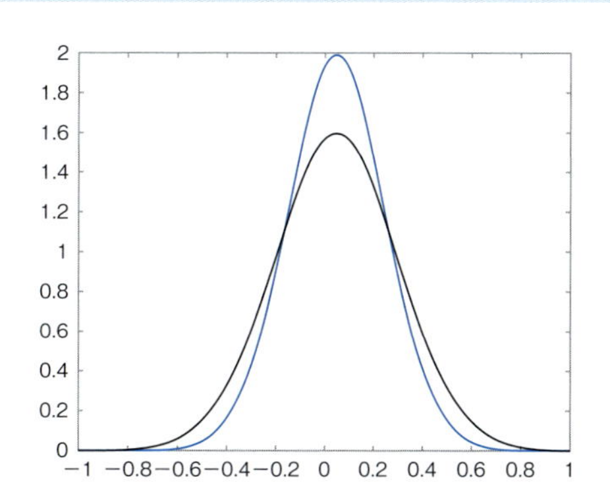

図 7.7　確率変数 X と Y の分布

青線は X，黒線は Y の分布。$\mu_X=\mu_Y=0.05$，$\sigma_X^2=0.04$，$\sigma_Y^2=0.0625$ の正規分布の密度関数。

次に，X と Y の共分散は，それぞれの平均値からの乖離 x と y をかけた値の期待値です。つまり，共分散を $\sigma_{X,Y}$ で表すと，

$$\sigma_{X,Y}=E(xy)$$

です。X と Y が同じ方向に動くことが多い場合，つまり，X が平均値よりも大きいときに，Y も平均値より大きい傾向にある場合，共分散はプラスになります。逆に，X と Y が逆方向に動くことが多い場合，共分散はマイナスになります。図 7.8 は，$\sigma_{X,Y}$ がプラスの場合（左側）と $\sigma_{X,Y}$ がマイナスの場合（右側）のそれぞれで，X と Y がとる値の例を示していますが，左側は右上がり，右側は右下がりの傾向が見て取れます。　(p.187 へつづく)

表すことにします。今，1万円を，X株にz，Y株に（$1-z$）の割合で投資するポートフォリオを考えると，このポートフォリオの期待収益率は

$$z\mu_X + (1-z)\ \mu_Y$$

収益率の分散は，

$$z^2\sigma_X^2 + (1-z)^2\sigma_Y^2 + 2z(1-z)\sigma_{X,Y}$$

で表すことができます。ここで，最後の項は，共分散が大きいほど，つまり，二つの収益率が同じ方向に動くことが多いほど，ポートフォリオの分散は大きくなることを示しています。図7.9は，このポートフォリオの分散が，X株の割合zに応じてどのように変化するかを例示しています。この例では，$\sigma_X^2 < \sigma_Y^2$，$\sigma_{X,Y} > 0$ですが，$z = 0.7143$のときに，もっともポートフォリオの分散が小さくなります。つまり，比較的分散が大きなY株も，ある程度の割合（$1-z=0.2857$）で保有したほうが，比較的分散が小さなX株だけを保有するよりも，ポートフォリオの分散は小さくなるのです[1]。このように，分散投資は，共分散がマイナスの場合（レッスン1.4の例）だけでなく，プラスの場合でもリスクの軽減に役立ちます。

一般的には，投資家は，できるだけ期待収益率が高く，かつ，分散が小さくなるよう，両者のバランスを考慮しながら，さまざまな金融資産を組み合わせて，分散投資を行っています。その際，ポートフォリオに組み入れる金融資産の数が多いほど，期待収益率の向上とリスクの軽減に役立ちます。

レッスン7.5 効率市場仮説

効率的な市場とは

「おカネは道には落ちていない」という格言にあるように，もしおカネが道に落ちていたら，すぐに誰かに拾われてしまい，放置されることはありません。

---

[1] 一般的には，$z = \dfrac{\sigma_Y^2 - \sigma_{X,Y}}{\sigma_X^2 + \sigma_Y^2 - 2\sigma_{X,Y}}$ のときに，ポートフォリオの分散は最小となります。

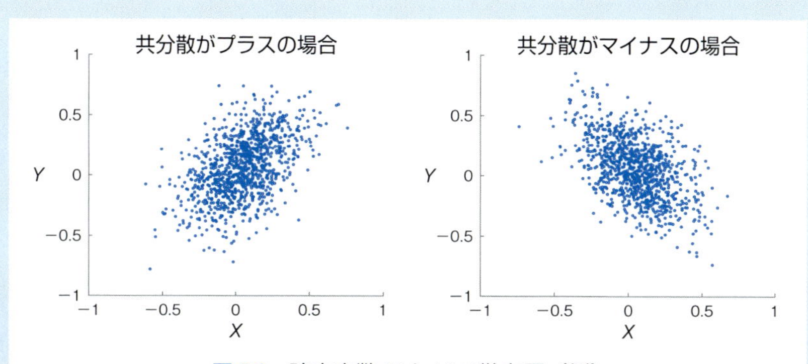

図 7.8　確率変数 X と Y の散布図（例）
$\mu_X=\mu_Y=0.05$，$\sigma_X^2=0.04$，$\sigma_Y^2=0.0625$，左側は $\sigma_{X,Y}=0.5$，右側は $\sigma_{X,Y}=-0.5$ の同時正規分布。

最後に，X と Y を組み合わせて，$W=aX+bY$ という新しい確率変数を作成すると，W の平均は

$$E(W)=a\mu_x+b\mu_Y$$

分散は，

$$\sigma_W^2=E((aX+bY-(a\mu_x+b\mu_Y))^2)=E((ax+by)^2)$$
$$=a^2E(x^2)+b^2E(y^2)+2abE(xy)=a^2\sigma_X^2+b^2\sigma_Y^2+2ab\sigma_{X,Y}$$

です。

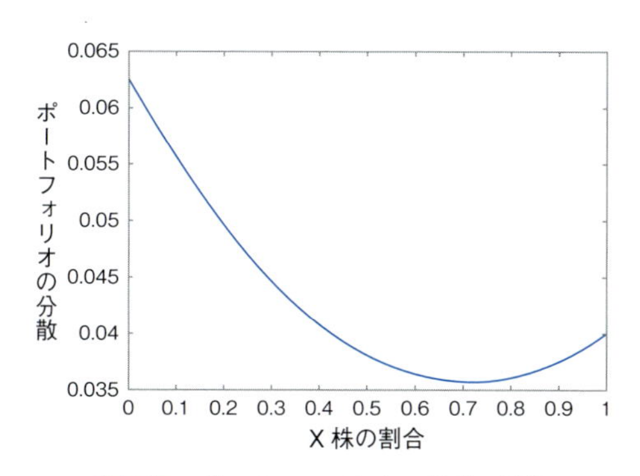

図 7.9　ポートフォリオの分散（例）
X 株と Y 株の収益率が，$\mu_X=\mu_Y=0.05$，$\sigma_X^2=0.04$，$\sigma_Y^2=0.0625$，$\sigma_{X,Y}=0.5$ の同時正規分布に従うと仮定し，X 株と Y 株に分散投資をした場合のポートフォリオの分散を示す。X 株を 0.7143 の割合，Y 株を 0.2857 の割合で保有する場合に，ポートフォリオの分散は 0.0357 ともっとも小さくなる。

株式市場ではどうでしょう？　最近では，1日のうちに何度も売買を繰り返すことで何億円も儲けた，というような自慢（？）話を書いた書物も見かけます。はたして，値上がりする株式を見分ける方法はあるのでしょうか？　残念ながら，そうした確実に儲かる方法はありません。

もし，そうした方法があれば，みなその方法にしたがって，値上がりする株式を購入しようとするでしょう。その結果，その株式はすぐに値上がりしてしまいます。それゆえ，その株式を買っても儲けることはできないのです。

つまり，もし値上がりが予想される株式が市場にあれば，すぐに誰かに買われてしまうので，株価が安いまま放置されることはありません。これを**効率市場仮説**と呼びます（図 7.10）。もし，株価が安いまま放置されているとすれば，何らかの理由で，その株式を購入したくても誰もできないからです。こうした制約がある市場は，効率的な市場とはいえません。

インサイダー取引の禁止

効率市場仮説が成り立つためには，いくつかの前提が必要です。まず人々が将来の企業収益に影響を及ぼす情報を同じように共有していることが必要です。もし一部の人だけが情報を持っていて，他の人が持っていなければ，情報を持っている人は，その情報を使って収益を上げることができます。

たとえば，製薬会社が新薬の開発に成功した場合を考えてみましょう。製薬会社の研究員や経営者は，公開前にその情報を知ることができます。この内部情報を知った人が，会社がこの情報を公表する前に株式を買うこと（**インサイダー取引**）が許されていればどうなるでしょう？　この情報が公開されると，人々は，将来利益が増え，配当も増えるだろうと予想して，株式を購入するでしょうから，株価が上昇します。その時点で株式を売却すれば，インサイダー取引をした人は儲けを得ることができるのです。事前のこの情報を知らされていない他の人々は，この新薬開発の恩恵にあずかることはできません。

このように，インサイダー取引が許されていれば，インサイダー（内部情報を知っている人）だけが儲けることができるようになるので，誰も株式に投資しようとは思わなくなるでしょう。結果として，株式市場は成立しなくなってしま

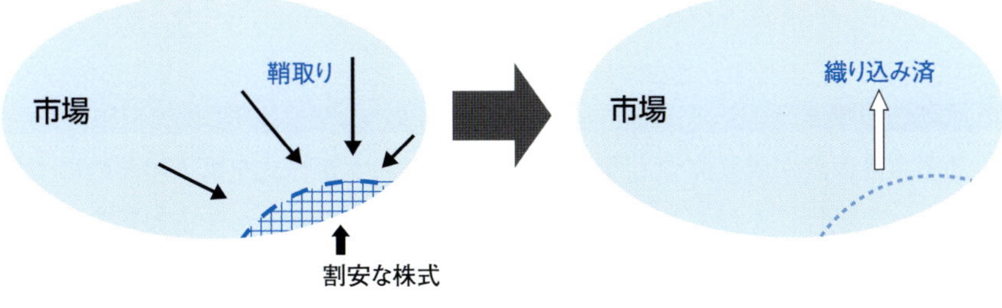

図 7.10　効率的な市場

■BOX7.3　インサイダー取引の事例■

インサイダー取引は証券取引等監視委員会によって厳しく監視され，発覚した場合には，課徴金の勧告や刑事告発が行われています。インサイダー取引に関する課徴金納付命令勧告は，2017 年度には，21 件ありました。これらを重要事実等別に分類すると，業務提携 7 件（33.3%），公開買付け等事実 5 件（23.8%），業績修正 3 件（14.3%）となっています。

たとえば，東証マザーズ市場上場会社の役員 A から重要事実の伝達を受けた取引先の役員（a）が公表前に買い付け，別の役員 B（b）から重要事実の伝達を受けた親族（c）が公表前に買い付けた事例では，それぞれ（a）554 万円，(b) 503 万円，（c）1,007 万円の課徴金が課せられました。

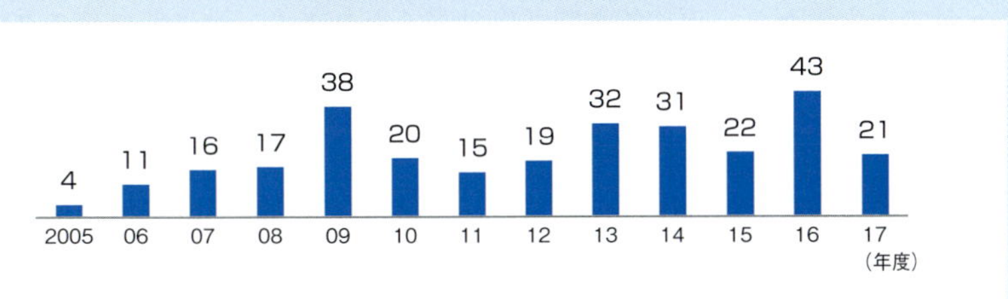

図 7.11　インサイダー取引に関する課徴金納付命令勧告件数の推移
（出典）証券取引等監視委員会『証券取引等監視委員会の活動状況　平成 30 年 7 月』
（注）クロスボーダー事案を含む

います。これでは，企業が株式を発行して資金を調達することもできなくなります。こうした事態を防ぐために，インサイダー取引は禁止されているのです。

流動性の確保

効率市場仮説が成り立つもう一つの条件は，人々が株式を購入するのに十分な現金（流動性）を保有しているということです。金融システムが正常に機能しているときには問題がありませんが，金融危機が発生すると，投資家の流動性が不足しがちです。これは，銀行から資金を借りて株式を購入しようとしても，銀行が十分な資金を貸してくれないことがあるからです。この結果，割安な株式が放置されてしまいます。そうなると，株式を担保に資金を借りることがますます難しくなり，さらに株価が下落するという悪循環に陥ることがあります。金融危機時に中央銀行が資金供給を増やしたり，一部の金融機関を救済することもあるのは，こうした悪循環を防ぐためです。

リスクとリターン

効率市場仮説が成り立っていれば，収益を上げることは不可能かというと，そうではありません。あくまで，リスクを取ることなしに収益を得ることはできない，ということです。つまり，高いリスクを取れば，それだけ平均的な収益（リターン）も高くすることができます。**レッスン 7.3** で説明しましたが，予想される配当の平均値が同じでも，高いリスクの株式は安い価格で購入することができますから，平均的な収益率は高くなります。逆に低いリスクの株式は高い価格がついていますから，平均的な収益率は低くなります。ハイリスク・ハイリターンのポートフォリオを選ぶか，ローリスク・ローリターンのポートフォリオを選ぶかは自由です。たとえば老後のための資金を運用する場合，若者と退職間際の人とでは，ポートフォリオが異なるのが自然です。若者は，退職までの期間が長いので，多少収益が変動しても，長い目でみて収益が高いほう（ハイリスク・ハイリターン）を選ぶ傾向にあるでしょう。これに対し，退職間際の人々は，収益が変動して老後の資金が減ってしまうと困りますから，ローリスク・ローリターンを選ぶ傾向が強いでしょう。

■BOX7.4　株式はハイリスク・ハイリターン■

図 7.12 は，長期間にわたり株式に投資した場合に，安全資産（長期国債）に比べて，資産が何倍に増えるかを示しています。具体的には，1969 年末に株式に投資した場合の資産価値が，長期国債に投資した場合に比べて何倍になるかを，2018 年 9 月まで描いています。

これをみると，株式の相対的な資産価値は大きく変動していますが，この約 49 年間の間に，長期国債に投資した場合の資産価値に比べて，13 倍に増加しています。このように，株式投資は，短期的な変動が大きくリスクも大きいのですが，長期でみれば，平均的な収益率（リターン）も高いということがわかります。

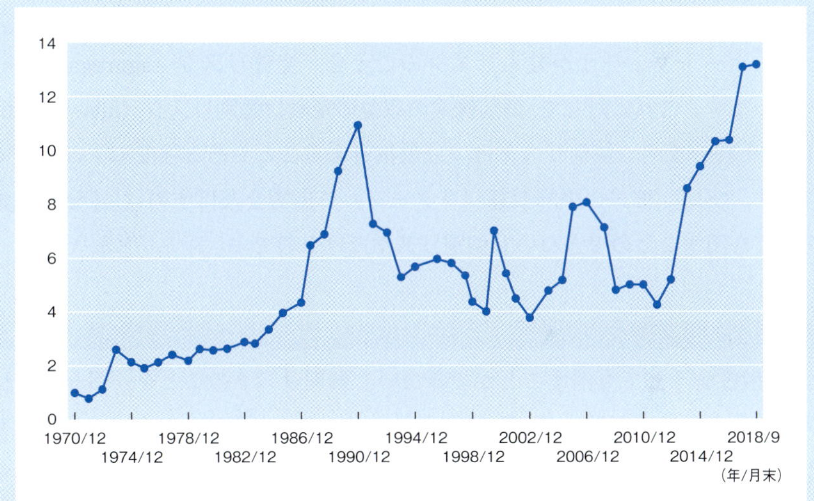

図 7.12　国内株式の資産価値（長期国債に対する比率）

（出所）　イボットソン・アソシエイツ・ジャパン株式会社『日本のヒストリカル・エクイティ・リスク・プレミアム 2018 年 9 月末版』より著者算出。

（注）　Japan Long-Horizon Equity Risk Premia, Local Currency より，1970 年 1 月を start date とし，t 年末（2018 年は 9 月末）を end date とする場合のエクイティ・リスク・プレミアムを ERP_t とすると，長期国債に投資した場合の資産価値に比べた t 年末（同）の株式の資産価値は，$(1+ERP_t)^{t-1969}$ として算出。

レッスン7.6 株式収益率の決まり方

個別リスクと全体リスク

レッスン7.4 で述べたように，さまざまな株式を組み合わせることで，ポートフォリオのリスク（分散）を軽減することができます。

しかし，分散投資によってリスクを完全に消してしまうことはできません。日本の上場企業の株式を全部購入したとしても，日本経済全体が不況に陥ると，やはりそのポートフォリオは損失を被ってしまいます。すべての株式を購入した場合のポートフォリオを**マーケット・ポートフォリオ**と呼びますが，マーケット・ポートフォリオが被るリスクのことを，**全体リスク**（aggregate risk）といいます。これに対して，個別株式の収益の変動は**個別リスク**（idiosyncratic risk）と呼びます。個別リスクは，分散投資することである程度消すことができます。実は，株式の平均収益（リターン）に影響を及ぼすのは，「分散投資をしても消すことのできない」個別リスクだけなのです。

ベータ・リスク

「分散投資をしても消すことができない」個別リスクのことを，**ベータ・リスク**，あるいは単に**ベータ**と呼びますが（ベータは，ギリシア文字のβで，アルファベットではbに相当します），これは，マーケット・ポートフォリオの収益率との連動性を示す指標です。

たとえば，A株はベータが2.0と高い株式で，B株はベータが0.5と低い株式だとします。図7.13では，数値例として，それぞれの株式の収益率を縦軸に，マーケット・ポートフォリオの収益率（具体的には，東京証券取引所に上場している全株式の平均値であるTOPIXや，主要企業の平均値である日経平均などの上昇率と配当によって測定します）を横軸にとり，日々の収益率を各点で示していますが，これをみると，A株のほうが，マーケット・ポートフォリオとの連動性が高いことが見て取れます。

■BOX7.5　代表的な株価指標①：PER と PBR■

実際に株式投資を始めようとすると，どの会社の株を買っていいか迷ってしまいますね。株式投資はリスクが高いので，短期間に必ず儲かる方法というのはありません。事業の内容を調べてみたり，過去の株価の推移をグラフでみたりと，いろいろな方法で下調べをしたうえで，タイミングを見計らって買うのがいいようです。また，いくつかの株を買ってリスク分散を図ることも大事です。

投資家は，できるだけ割安な株を買って，割高な株を売ることで，利益を得ようとしています。そうした中で，多くの人々が株式投資の参考にしている指標について，紹介しておきましょう。一つは，**PER**（**株価収益率**；Price Earnings Ratio）で，次の式で計算されます。

$$\text{PER} = \frac{\text{株価}}{\text{1 株あたり税引き後利益}}$$

株を保有していれば，配当が得られますが，配当の原資となる税引き後の利益が高いほど，配当も多く受け取ることができます。そこで，今後得られる配当の目安として，分母に 1 株あたり税引き後利益を用いるのです。PER が低い企業は，利益が高い割には株価が低く，その時点で株価は割安だと考えられます。逆に PER が高い企業は，利益が低い割には株価が割高だと考えられます。このように，PER は，同じ業種の中での比較やその企業の過去の数値と比較することで，その企業の今の株価水準が割安か割高かを判断する材料に使われています。

ただ，PER が低い割安株を買って，PER が高い割高株を売れば儲かるかというと，必ずしもそういうわけではありません。PER が低いということは，多くの投資家が，今後この企業の利益は伸びそうにない，あるいはリスクが高いと予想していることを示しています。逆に PER が高い企業は，投資家が，今は利益が低いけれども，これから増えていくだろう，あるいはリスクが低いだろうと予想しているので，株価が高くなっているのです。

もう一つ，投資家が注目する指標として，**PBR**（**株価純資産倍率**；Price Book-value Ratio）があります。

$$\text{PBR} = \frac{\text{株価}}{\text{1 株あたり純資産}}$$

（p.195 へつづく）

マーケット・ポートフォリオとの連動性が高い株式の株価は，マーケット・ポートフォリオの価格と同じように動くので，マーケット・ポートフォリオと組み合わせて保有しても，リスクを消すことができません。これに対して，マーケット・ポートフォリオとの連動性が低い株式は，マーケット・ポートフォリオと組み合わせて保有することで，収益率の変動をかなりの程度打ち消すことができるのです。

ベータ・リスクと株式収益率

ベータ・リスクが低い株式の価格は，マーケット・ポートフォリオが下がるような不況期もそれほど下がらないので，多少株価が高くても人々は買おうとするでしょう。すなわち，リスク・プレミアムが小さく，平均的な収益率は低くなります。逆にベータ・リスクが高い株式の価格は，マーケット・ポートフォリオが下がるような不況期に大幅に下落するので，価格が低くなければ人々は買おうとしないでしょう。つまり，リスク・プレミアムが大きく，平均的な収益率は高くなります。

ベータ・リスクと収益率との関係は，次の式で表すことができます。

個別株式の平均収益率－利子率
＝β×(マーケット・ポートフォリオの収益率－利子率)

ここで，利子率は，国債などの安全な資産の利子率です。上式は，ベータが大きいほど，個別株式の平均収益率が安全資産の利子率を回る程度が大きいことを示しています。図 7.13 の数値例では，ベータが高い A 株のほうが，ベータが低い B 株に比べ，平均的な収益率が高くなっていることがわかります。

レッスン 7.7 コントロール権市場としての株式市場

残余請求権とコントロール権

株主は配当を得る権利を有します。配当は，企業が得た利潤から支払われま

会社が解散して事業を清算すると，資産を売却し，その売却代金の中から負債を返済しますが，それでもまだ残額があれば，株主に，保有している株式数に応じて分配されます。分母にある純資産は，資産から負債を引いたもので，会社が解散したときに株主に分配される総額を示しています。したがって，PBR が低い企業は，会社が解散したときに株主が受け取る金額と比べて，株価が低いことを示しており，その意味で割安です。他方，PBR が高い企業は，会社が解散したときに株主が受け取る金額と比べて株価が高いことを示しており，割高です。

このように，PBR も PER と同様に，割安，割高の判断の材料に使われています。とくに，PBR が 1 を下回ると，実際には事業を継続しているにもかかわらず，清算してしまったときの価値を下回っているということですから，割安だと判断されることが多いようです。ただし，PBR が低い会社は，今後の収益予想が低い，あるいはリスクが高いことが多いので，その点は十分注意する必要があるでしょう。

(a)　A株式（ベータ=2.0）

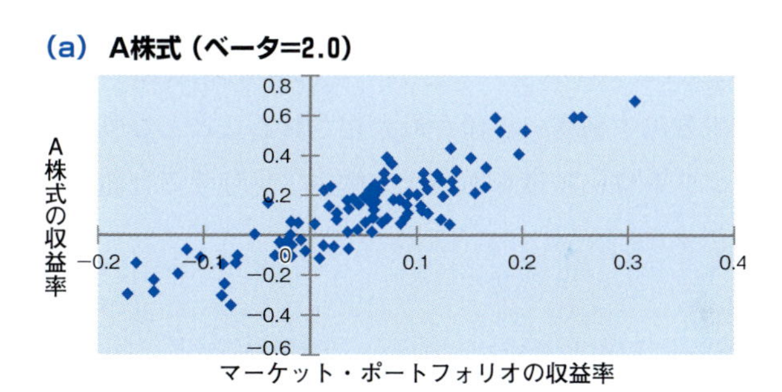

(b)　B株式（ベータ=0.5）

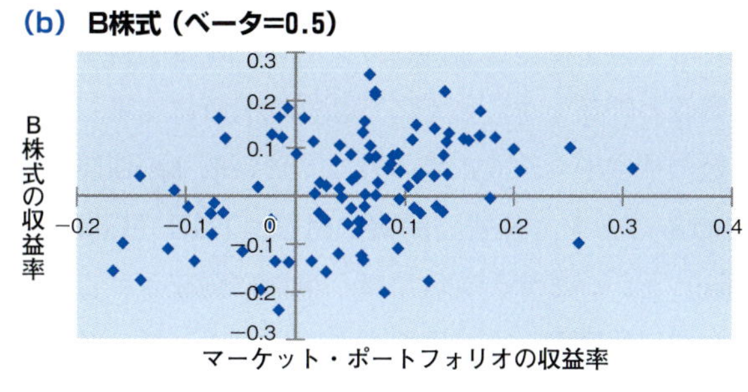

図 7.13　ベータ・リスクの仮想例

すが，利潤は，売上からさまざまな費用（労働者に支払う賃金，銀行などの債権者に支払う金利，政府に支払う税金など）を支払った後に残るもの（残余）です。このため，株主が配当を得る権利のことを，**残余請求権**と呼びます。

また，株主は，配当を得るだけでなく，株主総会に出席し，保有する株式数に応じて議決権を行使することができます。つまり，役員の任命や利益処分の方法（どれだけを配当に回し，どれだけを内部留保などとするか）などに関して投票する権利があるのです（BOX7.7 参照）。このように，企業が保有する資産の所有や処分の意思決定をする権利を，**コントロール権**と呼びます。

つまり，株主は，企業の所有者として，残余請求権とコントロール権をあわせ持っています。このため，この二つの権利をあわせて**所有権**と呼びます。株主は所有権を与えられることによって，自らの利益，すなわち利潤を最大にするようにコントロール権を行使するよう動機づけられています。たとえば，経営者の能力が劣っていると判断すれば，経営者を入れ替えるよう，議決権を行使します。株主以外の利害関係者，とくに労働者や債権者は，あらかじめ決められた賃金や金利を受け取るので，株主が利潤を最大化するよう行動すれば，結局，企業が生み出す利得の総額が最大化されることとなります。この意味で，残余請求権とコントロール権をあわせて株主に付与する仕組みは，効率的な仕組みだといえます。

M & A

こうした観点からみると，株式市場は，コントロール権を売買する市場であるとみなすこともできます。実質的にコントロール権を得るために株式を購入する行為は，**買収**と呼びます。とくに，証券取引所に上場している会社の株式を，不特定多数の株主から株式市場の外で，買い取りの期間，株数，株価を公表して買い集めることを，**株式公開買い付け**（**TOB**（Takeover Bid）あるいは Tender Offer）といいます。買収には，事前に買収される側の経営者の同意を得て行われる**友好的買収**，会社の経営者がオーナー経営者として独立するために自社の株式を買い集める **MBO**（Management Buyout），買収者が事前に経営者の同意を得ずに行う**敵対的買収**などがあります。

■BOX7.6　代表的な株価指標②：配当利回り■

最後に，個人投資家がしばしば着目する指標として，配当利回りというものもあります。

$$配当利回り=\frac{1株あたり年間配当金}{株価}\times 100$$

株式投資の収益は，配当とキャピタル・ゲイン（値上がり益）の合計なのですが，長期保有を前提に株式投資をしている個人にとってみれば，毎年毎年の配当額がどれだけか，ということも気になるところです。配当利回りは，100円分の株を購入すると，どれだけ配当が得られるかを示しており，これが高い株式に注目する人もいます。ただし，配当利回りだけに注意を奪われて，株価の値下がりで損をしないように注意する必要があります。

■BOX7.7　株主の権利■

株式を買うとその会社の株主になるわけですが，株主には，①配当を受け取る権利，②残余財産の分配を受け取る権利，③株主総会における議決権，の3つの権利があります。これらの権利は原則，保有している株式数に応じて与えられています。

①配当は，会社の利益の一部を受け取るものです。

②残余財産は，会社が倒産などの理由で事業をやめたときに，借金を返済したあとに残っている財産のことです。会社の財産を全部売却しても借金の返済をしきれない場合には，残余財産はないので何も受け取れません。

③議決権は，会社の重要な事項を決定するときに，株主総会で賛成・反対の意見を述べる権利です。重要な事項としては，会社にもよりますが，たとえば，役員の選任，利益の処分方法（配当，内部留保，役員報酬など），定款（会社の目的，組織，活動などに関する基本規則）の変更，合併や清算などに関する事項があります。議案によって，出席株主の過半数で決議するものと，3分の2以上で決議するものがあります。

最近では，株主総会の様子をネットで公開するところもありますので，ぜひ一度のぞいてみてください。

買収は，合併とならんで企業のコントロール権を取得する手段であり，両者を総称してＭ＆Ａ（Mergers（合併）and Acquisitions（買収））と呼ぶこともあります。

Ｍ＆Ａは，合併であれ，買収であれ，企業のコントロール権が新たな株主に移転する仕組みです。したがって，企業が事業を拡張したり，あるいは事業の選択と集中を進めるうえで，重要な経営手法と位置付けられています。たとえば，海外進出を図るために，海外の企業を買収することなどが頻繁に行われています。また，中小企業では，後継者難からＭ＆Ａによる企業の譲渡を行うケースも増えています。図7.14(A) は，日本におけるＭ＆Ａの件数の推移を示していますが，世界金融危機の際に一時的に落ち込んだ後，再び堅調に増加しています。同図（B）は，Ｍ＆Ａの金額の推移を示していますが，近年では，特に日本企業による外国企業へのＭ＆Ａのシェアが大きくなっています。

コーポレート・ガバナンス

株主は，議決権の行使によって企業の重要な意思決定に参画できますが，日常の経営判断は，経営者に委ねられています。経営者は，本来，株主の利益に沿って行動することが求められていますが，必ずしも株主の利益と経営者の利益が一致するとは限りません。たとえば，経営者は自らの保身や私的な利益のために，企業の利益を犠牲にするかもしれません。そこで，所有（株主）と経営（経営者）の分離が進行している現代の大企業では，株主の利益に沿って行動するよう，経営者を規律付けする仕組みが重要となってきます。この仕組みを，コーポレート・ガバナンス（あるいは，単にガバナンス，企業統治）と呼びます。近年では，経営者は，株主のみならず，地域住民など株主以外の利害関係者（ステークホルダー）の利害や環境にも配慮した行動が求められており，こうした行動を経営者に求める仕組みを，コーポレート・ガバナンスと呼ぶこともあります。

株主によるガバナンスは必ずしも有効に機能するとは限りません。たとえば，僅かな割合の株式しか保有しない株主（少数株主）は，誰が役員として適任かなど，議決権行使に必要な情報を収集する手間やコストをかけたくないので，

(A) 件数

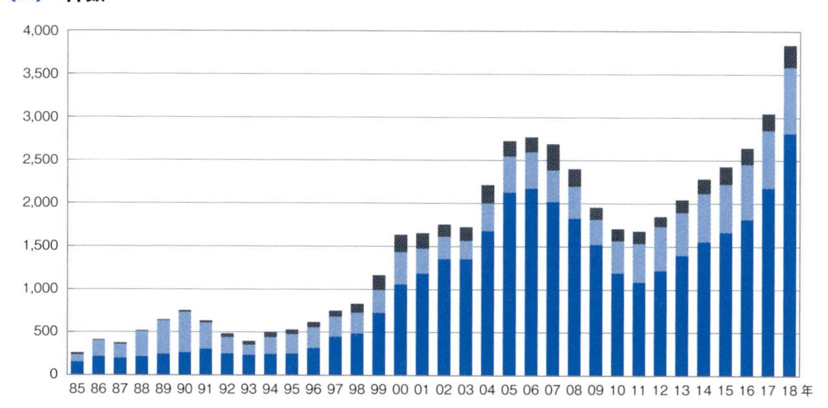

(B) 金額

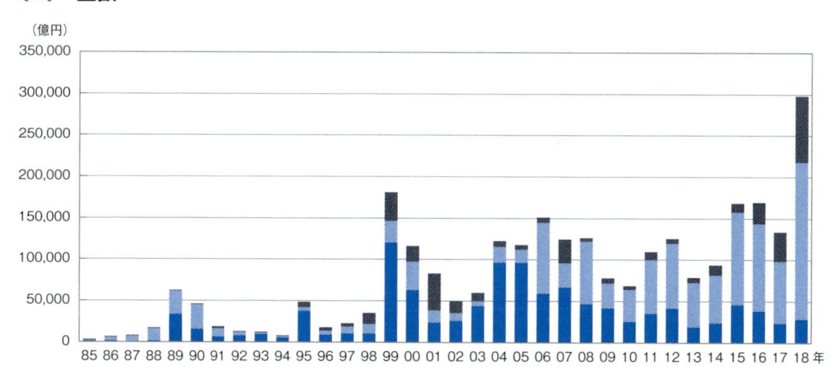

■IN-IN：日本企業同士の M&A　■IN-OUT：日本企業による外国企業への M&A
■OUT-IN：外国企業による日本企業への M&A

図 7.14　日本のＭ＆Ａ（件数および金額）

（出所）　株式会社レコフデータ　MARR Online「グラフで見る M&A 動向」
（https://www.marr.jp/genre/graphdemiru）

他の株主が情報収集してくれれば，それを利用したいと考えるでしょう。皆がフリー・ライダーとしてこうしたただ乗りをしようとすると，結局誰も情報取集をしなくなります。また，株主は経営に関する専門的な知識がないまま議決権を行使してしまう恐れもあります。このため，ある程度まとまった割合の株式を保有する株主が，専門的な知識をもって議決権を行使することが重要となります。こうした点で，年金基金や保険会社などの機関投資家は，ガバナンスの役割を担う主体として期待されています。

また，事業会社やファンドによる買収が，ガバナンスの機能を果たすこともあります。とくに敵対的買収では，収益および株価が低迷している企業ほどターゲットになりやすいため，現経営者には，ターゲットにならないよう十分な経営努力をするインセンティブが生まれます。ただし，敵対的買収には，経営者が長期的な収益を犠牲にしてまで短期的な収益の向上を図ろうとするなどのデメリットが生じる可能性も指摘されています。

レッスン7.8 デリバティブ

デリバティブとは

デリバティブ（金融派生商品）とは，株式，債券，通貨，商品（原油，大豆など）などの元となる資産（原資産）の価格に応じて価格が決まる金融商品のことで，先渡し・先物，オプション，スワップなどがあります。

先渡し・先物

先渡し取引や先物取引とは，将来のある期日（満期）に，あらかじめ定めた価格で，原資産を売買する契約を現時点で行う取引のことです。当事者が相対で契約し，実際に原資産を売買する場合を先渡し（フォワード），契約内容が標準化されていて，取引所で取引を行う場合を先物（フューチャーズ）と呼びます。先物取引の場合は，当初の取引と逆の取引（たとえば，当初，株価指数

■BOX7.8　日本のガバナンス改革■

日本では1990年代まで，機関投資家が積極的に議決権を行使することはあまりありませんでした。また，企業と銀行による株式の持ち合いによって，敵対的買収もほとんどありませんでした。2000年代には，株式持ち合いの多くが解消され，一時的に敵対的買収が増えましたが，これに対抗するために，買収防衛策を導入する企業も増加しました。

こうした状況を変え，ガバナンスが有効に機能するよう，金融庁は2014年に，機関投資家に対して，投資先企業の中長期的な成長を促すために求められる行動規範である，日本版**スチュワードシップ・コード**（「責任ある機関投資家」の諸原則）を制定・公表しました（2017年改訂）。また，金融庁と日本証券取引所は2015年に，企業が守るべきガバナンス上の指針である**コーポレートガバナンス・コード**を作成・適用しました（2018年改訂）。

日本版スチュワードシップ・コードでは，機関投資家が投資先企業との建設的な対話（エンゲージメント）を通じて，企業価値の向上や持続的成長を促すことにより中長期的な投資リターン拡大を図るための諸原則が定められています。また，コーポレートガバナンス・コードは，株主の権利・平等性の確保，株主以外のステークホルダーとの適切な協同，適切な情報開示と透明性の確保，取締役会等の責務，および株主との対話に関する諸原則が定められています。

こうしたガバナンス改革によって，日本企業のガバナンスが有効に機能し，持続的に企業価値が向上することが期待されています。

■BOX7.9　企業の社会的責任（CSR）とESG投資■

近年では，**企業の社会的責任**（**CSR**：Corporate Social Responsibility）が広く認識されています。CSRとは，企業が，持続可能な経済・社会の発展のために，株主のみならず，労働者や地域住民など幅広いステークホルダー（利害関係者）や環境に配慮した行動をとるべきであるという考え方を指します。

また，2006年に国連が，機関投資家が投資を行う際のガイドラインとして**責任投資原則**（**PRI**：Principles for Responsible Investment）を提唱して以来，**環境・社会・ガバナンス**（**ESG**：Environmental, Social and Governance）に配慮した経営が行われている企業に投資する**ESG投資**も盛んに行われています。遠藤（2018）によれば，2018年3月16日現在，PRIの署名機関は1,948件にまで達しており，それと呼応する形で全世界のサステナブル投資残高（2016年時点）は22.9兆ドルと運用資産残高の26.3%を占めるまでになっています。また，ESGの観点からの企業の格付けや指数も作成・公表されるようになっています。

こうした企業経営および株式投資の新しい潮流は，必ずしも企業価値の最大化と矛盾するものではなく，むしろ，長期的な観点から企業価値を高めるためのものとも位置付けられます。

（参考）　遠藤業鏡（2018）「CSR活動の類型整理と実証分析のサーベイ」RIETI Policy Discussion Paper Series 18-P-003。

先物を売る取引をした場合は，その後，同じ株価指数先物を買う取引）をすることによって，当初の取引の満期より前に取引を終わらせることができます。その場合は，当初の取引と後の取引との差額を支払い，あるいは，受け取ります（**差金決済**）。

先渡し取引あるいは先物取引は，リスクを軽減する（**リスク・ヘッジ**と呼びます）のに有効な手段です。たとえば，1カ月後に輸出代金をドルで受け取る輸出業者は，受け取る額と同額のドルを先物市場で売れば，現時点で，円の受取額を確定することができます。逆に，先物市場では，差金決済が可能なので，少ない手元資金で大きな利益を得ることが可能ですし，逆に大きな損失を被るリスクもあります。このため，積極的にリスクを取って収益を得ようとする場合にも，有効な手段の一つです。たとえば，将来株や通貨（為替レート）が値下がりすると予想している投資家は，先物市場でこれらの資産を大量に売却（先物売り）するでしょう。将来実際にこれらの原資産が値下がりすれば，差金決済によって大きな利益が得られますし，逆に値上がりすれば，大きな損失が出ます。先物市場では，こうしたリスクに対応できるよう，事前に取引所（あるいは，清算機関）に資金（**証拠金**）を収めることが求められます。また，その後の資産価格の変動に応じて，証拠金の追加を求められることもあります。

オプション

オプション取引とは，将来のある期日（満期）に，あらかじめ定めた価格（**行使価格**）で，原資産を売るまたは買う権利（**オプション**）を売買する取引のことです。先渡しや先物は，契約通り売買を履行する（あるいは，差金決済をする）義務がありますが，オプションの購入者は必ずしも権利を行使する義務はなく，権利を行使したいときにのみ行使できます。他方，オプションの売却者は，購入者が権利を行使すれば，それに応じる義務があります。このため，オプションの購入者は，オプションの売却者に，オプション価格（**オプション・プレミアム**）を支払います。

オプションには，原資産を買う権利（**コール・オプション**）と売る権利（**プット・オプション**）があります[2]。

■BOX7.10　日経平均株価の仕組み■

ニュースでもなじみの深い日経平均株価は，日本の主要な企業225社の株価について，その平均をとったものです（BOX1.1参照）。具体的には，どのような企業（銘柄）の株式を選び，どのように算出しているのでしょうか。

東京証券取引所第一部に上場している銘柄（親株式，内国株）のうち，市場流動性とセクター間のバランスにより選定されます。「市場流動性」が高いというのは，投資家が売りたい，買いたいというときに，取引の相手方がいて，すぐに売り買いができる状況を指します。逆に，市場流動性が低い状況というのは，たとえば，自分が持っている株式の売り注文を出しても，買い手がいなくてなかなか取引が実行できない状況です。こうした銘柄は，少しの売り注文や買い注文で価格が大きく変動することがあるので，指標に組み入れるには，適切ではないと考えられています。セクターというのは、日経業種分類の36業種を「技術」「金融」「消費」「素材」「資本財・その他」「運輸・公共」の6つに集約したものです。こうした基準にもとづいて，毎年1回，「定期見直し」で10月初めに構成銘柄を入れ替えます（見直しの結果，入れ替え銘柄がない年もあります）。経営再編や経営破たんなどで欠員が出る場合には「臨時入れ替え」で銘柄補充され，225銘柄が維持されます。

平均の仕方は，基本的には，単純平均です。ただし，株価は，そのまま用いるのではなく，「みなし50円額面換算」されたものが使われています。多くの株価は，「50円額面」とみなされていますが，たとえばNTTドコモのように，みなし額面が5万円の株式は，実際の株価の1000分の1の株価が用いられています。また，大幅な株式併合や株式分割がある場合にも，その前後で指数が不連続とならないよう，みなし額面の変更が行われています。さらに，銘柄の入れ替えによって指数が不連続にならないような調整（「除数」による調整）も行われています。

日経平均株価の詳細については，https://indexes.nikkei.co.jp/nkave/archives/file/nikkei_stock_average_guidebook_jp.pdfを参照してください。

オプションの購入者は，どのような場合に権利を行使するでしょうか？　コール・オプションの場合，満期日における原資産の価格（S）が行使価格（K）を上回っている場合に，権利行使します。なぜなら，行使価格で購入してすぐに原資産を売却すれば，その差額（S−K）が利得となるからです。逆に，満期日における原資産の価格が行使価格を下回っている場合には，権利は行使しません。この場合，コール・オプションから得られる利得はゼロとなります。このように，コール・オプションから得られる利益は，満期日の原資産における価格によって異なります（図 7.15(A)）。実際には，図 7.15 で描かれている利益から，コール・オプションの購入費用（オプション・プレミアム）を引いた額が，コール・オプションの購入者が得る純利得です。

プット･オプションの場合，その購入者は，満期日における原資産の価格（S）が行使価格（K）を下回っている場合に，権利行使します。なぜなら，原資産を購入してすぐに行使価格で売却すれば，その差額（K−S）が利得となるからです。逆に，満期日における原資産の価格が行使価格を上回っている場合には，権利は行使しません。この場合，プット・オプションから得られる利得はゼロとなります。プット・オプションの購入者が得られる利得は，図 7.15(B) に描かれています（実際には，ここからオプション・プレミアムを引いた額が，購入者の純利得になります）。このように，プット・オプションの購入者は，原資産の価格が低いほど利得が大きくなります。

オプションもリスク・ヘッジの有効な手段の一つです。たとえば，原資産を保有している投資家や事業会社は，その値下がりリスクを避けるために，プット・オプションを購入することができます。仮に，保有する原資産と同額のプット・オプションを購入した場合，原資産の価格が行使価格（K）を下回っても損失を被らなくなります（図 7.16）。

逆に，積極的にリスクを取って収益を得ようとする場合にも，オプション取引は有効な手段です。たとえば，将来，原資産の価格が下がるだろうと予想し

[2] また，期日のみにオプションを行使できるタイプ（ヨーロピアン・タイプ）と満期日までであればいつでも権利行使できるタイプ（アメリカン・タイプ）がありますが，本文では主にヨーロピアン・タイプの説明をします。

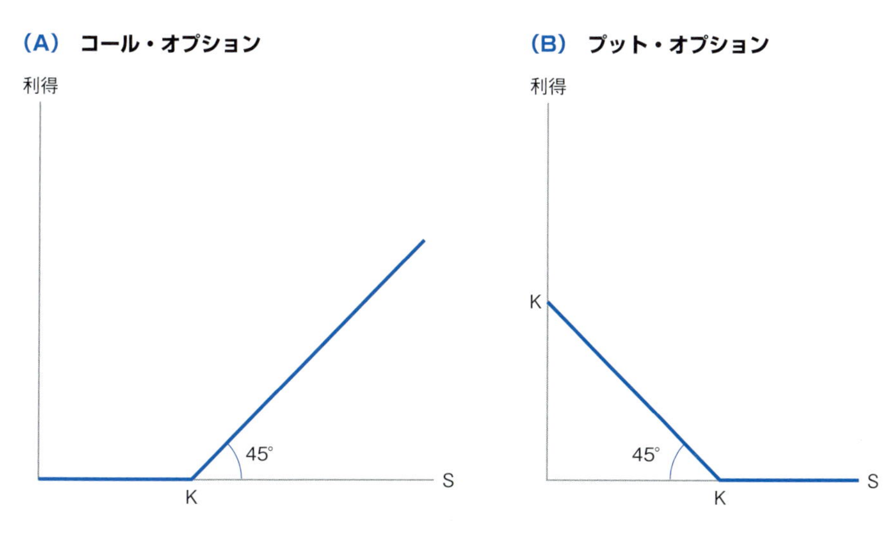

図 7.15　オプションの買い手の利得
K は行使価格，S は満期日における原資産の価格

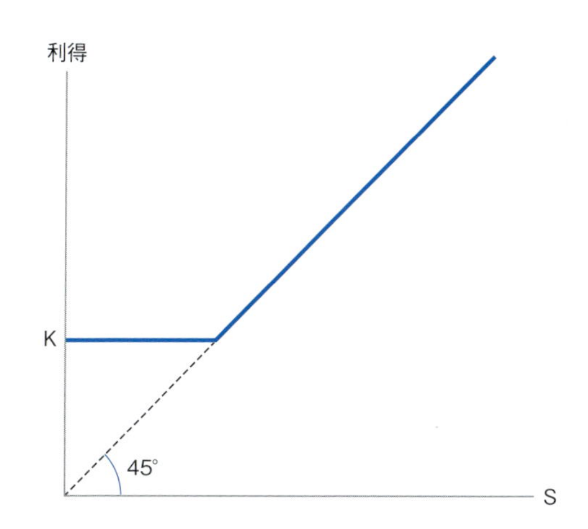

図 7.16　原資産とプット・オプションの購入を組み合わせた場合の利得
K は行使価格，S は満期日における原資産の価格

ている投資家は，プット・オプションを購入するでしょう。実際に将来，原資産の価格が下がれば利益が出ますが，下がらなければ，プレミアム分だけ，損失が出ます。

オプション取引で，利得がマイナスとなるのは，オプションの売り手のみです。したがって，証券取引所におけるオプション取引では，オプションの売り手のみ，証拠金が求められます。

スワップ

スワップ取引とは，将来のある期日（満期）に，あらかじめ定めた条件で，異なる債権・債務，あるいはそれらから得られるキャッシュフロー交換する取引のことです。たとえば，ドル建ての債務（何ドル借りて何ドル返すという借入契約）と円建ての債務を交換するといった**通貨スワップ**，あるいは，固定金利の借入・債券（あらかじめ決まった金利での借入・債券）と変動金利の借入・債券（一定期間ごとに金利が変動する借入・債券）を交換する**金利スワップ**などがあります。

スワップ取引も，通貨（為替レート）や金利の変動リスクをヘッジしたり，逆に積極的にそうしたリスクを取って収益を得るために使われています。

デリバティブの役割

デリバティブは，リスクを軽減（ヘッジ）するため，あるいは，積極的にリスクを取って収益を得るために使われています。これを，経済全体からみると，リスクがある経済主体から別の経済主体に移ることを意味しています。たとえば，プット・オプションの買い手は，原資産の値下がりリスクを軽減することができますが，他方，このプット・オプションの売却者は，オプション・プレミアムと引き換えに，値下がりリスクを被ったことになります。このように，デリバティブ取引は，社会全体でリスクを配分（シェア）する仕組みだといえます。

■BOX7.11　デリバティブ取引の功罪■

デリバティブ取引は，リスクの配分を事前に取り決める取引です。リターンよりもリスクを重視する人は，リスクヘッジの手段としてデリバティブを用います。逆に，リターンを重視する人は，投機の手段としてデリバティブを用います。原理的には，株式，債券，為替などの原資産を組み合わせることによっても，デリバティブと同様のリスクとリターンを生み出すことは可能ですが，実際には，こうした原資産の組合せは取引費用が高くなってしまいます。

このように，デリバティブ取引は社会全体でリスクを配分するための効率的な取引であり，実際，比較的古い歴史があります。日本では，18 世紀（江戸時代）に，大阪の堂島米会所において，差金決済による米の先物取引が行われていましたが，これは，世界で初めて整備された先物取引市場だと考えられています。

ところが 1990 年代以降，金融工学にもとづく複雑なデリバティブ取引や，これらを駆使して高いリターンを得ようとするファンド（ヘッジ・ファンド）が現れると，しばしば，デリバティブ取引自体が原資産の市場をかく乱し，ひいては金融危機の原因になっているのではないかという疑問が呈されるようになりました。

実際には，デリバティブの価格は原資産の価格，あるいはその予想にもとづいて決まるので，デリバティブ価格の変動は，原資産の市場リスクを反映しているに過ぎない場合がほとんどです。ただし，稀に，デリバティブ市場の存在によって，原資産の価格変動が増幅される場合もあります。たとえば，原資産の価格が急激に下落する局面では，デリバティブ取引の一部の投資家（たとえば，先物契約を売っていた投資家）は，多額の証拠金や差金決済を求められます。こうした投資家は，預金などの自己資金だけでは不足する場合，金融機関から資金を借り入れる必要が生じますが，こうした局面では，原資産を担保に資金を借り入れることは困難です（流動性の枯渇）。そうなると，投資家は保有する原資産を売却して資金を確保せざるを得ず，ますます原資産の価格が下落するという悪循環が生じます[3]。

こうした悪循環を断ち切り，市場を安定化させるには，中央銀行による積極的な流動性供給が重要な役割を果たします。

---

[3] こうした局面では，金融機関自身も，株式などリスクの高い資産から安全な資産にポートフォリオをシフトさせる傾向にあります。詳細は，たとえば，齊藤誠『金融技術の考え方・使い方――リスクと流動性の経済分析』有斐閣，2000 年を参考にしてください。

第7章　演習問題

1．1株2000円で購入した株式を1年間保有した。この間，配当を300円受け取りましたが，1年後の株価は1800円でした。収益率を求めなさい。

2．今年の1株あたりの配当が100円で，今後，配当額が5%ずつ増えていくと予想されている株式があります。利子率が4%で一定，リスク・プレミアムが3%だとすると，株価はいくらになりますか。

3．ある株式のベータは1.5でした。利子率は4%だとして，マーケット・ポートフォリオの収益率が6%のとき，この株式の平均収益率を求めなさい。また，マーケット・ポートフォリオが−2%のときはどうでしょうか。

4．「敵対的買収」とは，誰に対して「敵対的」な買収のことを指しますか。また，敵対的買収の経済的役割について述べなさい。

為替レート

現代のグローバル化した経済では，モノだけでなく，カネも国境を越えて世界中を駆け巡っています。こうした国際的な金融取引では，自国と外国との間の通貨を交換する必要があります。

本章では，通貨の交換比率，すなわち，為替レートの決定要因を学びます。

レッスン

レッスン8.1 為替レートとは

通貨の交換比率

通貨は，国や地域によって異なっています。日本では，円が通貨の単位ですが，アメリカではドル，フランスやドイツではユーロ，イギリスではポンド，韓国ではウォン，中国では人民元，といった具合です。そこで，外国の財や金融資産を買ったり，外国に自国の財や金融資産を売ったりする場合には，自国の通貨と外国の通貨を交換しなければなりません。

たとえば，日本の消費者がインターネットを使って，アメリカから50ドルの本を購入する場合を考えてみましょう。この消費者は，ドルで本の代金を支払わなければならないので，手持ちの円をドルに交換する必要があります。この，異なる通貨間の交換比率が，為替レートです。たとえば，その時点の為替レートが1ドル100円であれば，5000円を手放すことで，本を手に入れることができます（図8.1(a)）。逆に，アメリカに自動車を1台2万ドルで売った国内のメーカーは，売上代金の2万ドルを円に交換することで，200万円を手にすることができます（図8.1(b)）。

為替レートは，異なる通貨間の交換比率ですから，ドル・円レート以外に，ユーロ・円，ポンド・円，ユーロ・ドルなど，さまざまな為替レートがあります（表8.1）。

為替レートの推移

図8.2は，1973年1月から2018年9月までのドル・円為替レートの推移を示したものです。1973年1月に，1ドル301.93円であった為替レートは，2018年9月には，111.91円にまで変化しています。つまり，約45年前の1973年には，1ドルのモノを買うのに，約302円支払わなくてはならなかったのが，2018年9月には，約112円を支払うだけでよくなったということです。これは，円の価値が上がったことを意味します。そこで，この期間において，為替レー

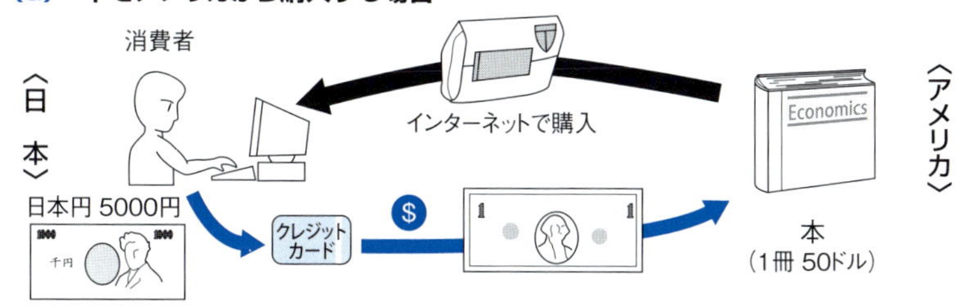

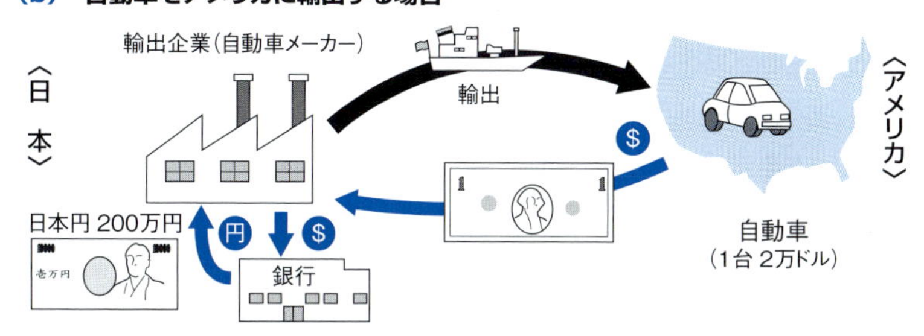

図 8.1　通貨の交換（1 ドル 100 円とする）

表 8.1　為替レート（2018 年 10 月 20 日）

ドル（円）	112.55
ユーロ（円）	129.62
ユーロ（ドル）	1.1518
ポンド（円）	147.07
ドル（人民元）	6.9286
スイスフラン（円）	113.02
豪ドル（円）	80.13
カナダドル（円）	85.88
韓国ウォン（円）	0.0993
香港ドル（円）	14.3553
南アフリカランド（円）	7.8171

（出所）日本経済新聞ウェブサイト「世界の市況・為替相場」
（注）気配値（Bid）。たとえば1行目は，1ドル＝112.55 円を示す。

トは円高，あるいは，増価する傾向にあったといいます。逆に，2012 年 1 月には，1 ドル 76.94 円であったのが，2013 年 5 月には 101.01 円にまで変化しました。これは，円の価値が下がったことを意味するので，この期間は円安，あるいは，減価する傾向にあったといいます。

レッスン 8.2 通貨制度

変動相場制と固定相場制

通貨を交換する仕組みとしては，大きく分けて，変動相場制（変動為替相場制ともいいます）と，固定相場制（固定為替相場制ともいいます）があります。

変動相場制とは，現在，日本を含め主要な先進国が採用しているもので，為替レートが，各通貨の需要と供給に応じて自由に変化する仕組みです（図 8.3）。たとえば，多くの人々がアメリカの金融資産よりも日本の金融資産を持とうとする場合を考えましょう。このとき，ドルを手放して円を手に入れたい動きが強まります。つまり，ドルの供給（売り）が増え，円の需要（買い）が減るので，為替レートは円高・ドル安の方向に動きます（たとえば，1 ドル 105 円であったものが，1 ドル 100 円に変化します）。

一方，固定相場制とは，政府が一定の為替レートに維持する仕組みです（図 8.4）。日本を含め，主要先進国では，第 2 次世界大戦後から 1973 年まで，固定相場制を採用していました。この期間，ドル・円レートは 1971 年 12 月までは 1 ドル 360 円，その後 1973 年 2 月に変動相場制に移行するまでの間は 1 ドル 308 円に固定されていました。

固定相場制は，どのように維持されていたのでしょうか？　たとえば日本の輸出が増えて，手に入れたドルを円に換えたい輸出業者が増えたとしましょう。放っておけば，円の需要（買い）が増えて，ドルの供給（売り）が増えるので，円高･ドル安に（たとえば，1 ドル 360 円が 1 ドル 350 円に）なってしまいます。そこで，通貨当局（政府あるいは中央銀行）が，輸出業者の動きを相殺するよ

図 8.2　ドル・円為替レートの推移

（出所）　日本銀行ウェブサイト「時系列統計データ」
（注）　東京市場，ドル・円　スポット，17 時時点の月中平均

9月1日　1ドル105円（1円0.0095ドル）

アメリカの金融危機によってドルに対する信用が下がり，資産をドルで持たない傾向が高まる（ドルを円に替える（ドルを売って，円を買う））

円の価値が高まる

9月15日　1ドル100円（1円0.01ドル）

図 8.3　変動相場制の例

3月1日　1ドル360円（1円0.0028ドル）

日本からアメリカへの輸出が増えて，輸出業者が受け取ったドルを円に替える（ドルを売って，円を買う）

放っておくと，円の価値が高まる

3月1日　1ドル350円（1円0.0029ドル）

政府が1ドル360円を維持するために，手持ちの資金でドルを買う（円を売る）

ドルの価値が高まる

3月1日　1ドル360円（1円0.0028ドル）

図 8.4　固定相場制の例

うに，ドルを買い，円を売るのです。そうすると，輸出業者と政府をあわせた通貨の需要と供給は変化しないので，為替レートも1ドル360円のまま，変化しません。このように，為替レートに影響を及ぼす目的で，政府が自国の通貨と外国の通貨との売買を行うことを，**為替介入**と呼びます。

また，固定相場制を維持している国では，為替介入だけではなく，しばしば，外国との資産の取引（資本移動）に対する制限を課すことによって，為替レートを一定に維持しようとしています。

さまざまな為替制度

現実には，変動相場制のもとでも，為替レートは常に民間による需要と供給だけで決まっているわけではありません。主要な先進国は，しばしば，単独で，あるいは協調して，為替介入を行ってきました。たとえば，1985年9月の**プラザ合意**（フランス，西ドイツ，アメリカ，イギリス，日本の5カ国による蔵相・中央銀行総裁会議声明）以後，主要国の協調介入によって，ドル・円レートは，1985年9月の1ドル230円台から1987年末には1ドル120円台へと，急激な円高が生じました（図8.2参照）。その後，為替相場の急激な変動を避けるために，しばしば介入が行われました。たとえば，日本では，2003年4～6月期に，ドル買い・円売り介入を中心に約4兆6000億円の介入が行われました。このように，為替介入を伴う変動相場制を，とくに**管理フロート**と呼びます。なお，日本では，2011年12月から2018年6月現在までの期間，介入は行われていません。

また，第2次世界大戦後の先進国も，純粋な固定相場制ではありませんでした。この時期の為替制度は，**ブレトン・ウッズ体制**と呼ばれています。具体的には，アメリカがドルの価値を金に固定する一方，他の国々は各国通貨の価値をドルに固定していましたが，たとえば，景気の加熱によって輸入の増加が続き，通貨当局が保有する外貨準備（対外支払いのために保有している，ドルなどの外国通貨）が減少してしまうと，固定相場の維持が困難になってくるので，このような状況では，為替レートを変更することが認められていました。

ブレトン・ウッズ体制のもとでは，外貨準備が減少している国では，しばし

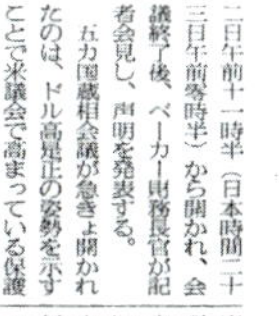

ドル高是正へ日米欧協調

5ヵ国蔵相会議

介入や政策調整で 日本に内需拡大求める

【ニューヨーク二十二日＝岡部、田村特派員】日、米、西独、英、仏の先進五カ国は二十二日午前、ニューヨークで蔵相・中央銀行総裁会議を開き、米国議会で高まっている保護主義の動きを食い止めるためのドル高是正策を協議した。会議後共同声明を発表する。声明の原案には①為替市場への各国の協調介入②内需拡大のための日本や西独などの政策対応（パッケージ）——などが盛り込まれ、日本は「財政・金融両面から内需拡大に努力する」という表現になっている。レーガン米大統領は二十三日、今回の会議の結果をふまえ、新通商政策を発表する。（協調介入は「きょうのことば」参照）

主要国は一月に、有効と認められる場合は必要に応じて協調介入することで合意している。十月のソウルでのＩＭＦ（国際通貨基金）総会では通貨安定に関する報告書が提出される段取りだ。また先のボン・サミット（先進国首脳会議）では持続的成長を目指すことで一致している。五カ国蔵相会議ではこうした合意を踏まえ、通貨および経済政策運営での協調を通じて保護主義防止への強い姿勢を打ち出す見込みだ。

ニューヨーク外国為替市場では先週末、米国の七―九月期の実質成長率（暫定推計値）が二・八％と予想を下回ったのを受けてドル相場が大幅に下落しており、五カ国蔵相会議で協調介入の方針が確認されれば、ドル下方修正が進む可能性もある。

新通商政策 米大統領きょう発表へ

竹下蔵相

ベーカー財務長官

会議ではまた、地震で大きな被害を受けたメキシコへの金融支援の問題や発展途上国の累積債務問題などについても話し合われたもよう。

会議には米国からベーカー財務長官、ボルカーＦＲＢ（米連邦準備理事会）議長、日本から竹下蔵相、澄田日銀総裁らが出席。二十二日午前十一時半（日本時間二十三日午前零時半）から開かれ、会議終了後、ベーカー財務長官が記者会見し、声明を発表する。

五カ国蔵相会議が急きょ開かれたのは、ドル高是正の姿勢を示すことで米議会で高まっている保護主義の動きを弱めるのが狙い。米政府は従来、ドル高が貿易赤字の主因だとの立場をとっていなかった。しかし、最近になって、米議会で有力議員が貿易不均衡解消のため日欧に国際通貨会議の開催を呼びかけたほか、米政府内でも米国の財政赤字を背景としたドル高で貿易赤字が拡大している」との認識が強まるなど、米国内の空気は急速に変わってきた。ドル高が長引いている影響で、米国産業が打撃を受けており、米政府としてもドル高・高金利を放置しておけなくなってきたためだ。

共同声明の原案では五カ国の経済政策を調整して、世界経済を健全に発展させるための国別政策対応を盛り込んでいる。また「円や西独マルクの対ドルレートがもう少し上昇するようにすべきだ」という趣旨の表現が入る見通し。日本に対しては「財政・金融両面で努力」という抽象的表現にとどまっており、資本流出規制や金利調節（金利の引き上げ）、減税などの具体策は明記されていない。

ただ「金融資本市場の自由化、円の国際化の推進によって円の魅力を高める」との注文がつけられている。

21日、国連総会出席のためニューヨークのケネディ空港に到着した安倍外相㊨＝ＡＰ

図 8.5　プラザ合意を報じる当時の新聞

（出所）　日本経済新聞　1985（昭和 60）年 9 月 23 日

ば，通貨の切り下げ予想が広がり，投機的に通貨が売られるという，**通貨アタック**に見舞われました。

現在の為替制度は，さまざまなバリエーションがあります（**表 8.2**）。たとえば，ドイツ，フランスなどのヨーロッパ諸国は，1999 年に**通貨統合**を行い，単一通貨ユーロが流通するようになりました。南米の一部の国では，米ドルを国内の唯一の法定通貨にしています（**ドル化**）。香港では，香港ドルを米ドルに固定するだけでなく，外貨準備に見合っただけの貨幣を国内に供給するという，**カレンシーボード**を採用しています。これによって，景気が過熱して通貨を切り下げざるを得ないという状況を回避し，固定相場への信任を高めようとしています。その他にも，固定相場制と変動相場制の中間的な制度として，名目為替レートの変動幅をあらかじめ定めた範囲内に維持する安定化制度や，実質為替レート（**レッスン 8.3** 参照）等の変動幅を一定の範囲内に維持するクローリング・ペッグ制などがあります。

レッスン 8.3 名目為替レートと実質為替レート

為替レートと物価水準

日本では，ハンバーガーが 1 個 100 円，アメリカでは，1 個 1 ドルで売っていたとしましょう。また，為替レートが，1 ドル 90 円だったとします。このとき，1000 円持っている人は，日本では 10 個しかハンバーガーを買えませんが，1000 円をドルに交換すると，約 11.1 ドル（= 1000 ÷ 90）を手にするので，アメリカでハンバーガーを買おうとすると，11.1 個買えます。これは，アメリカのハンバーガーの価格（1 ドル = 90 円）が日本のハンバーガーの価格（100 円）よりも割安になっていることによります。このように，外国で買うことのできる商品の量は，為替レートだけでなく，両国の物価水準の格差にも依存します。

表 8.2　世界各国の為替制度

	為替制度	国の数	主な例
1	独自の法定通貨を持たない為替制度	13	エクアドル，エルサルバドル，パナマ
2	カレンシーボード	11	香港，ブルガリア，ドミニカ
3	伝統的な固定為替制度	43	イラク，サウジアラビア，デンマーク
4	安定化制度	24	中国，シンガポール，ベトナム
5	クローリング・ペッグ	3	ホンジュラス，ニカラグア
6	クローリングに近いペッグ	10	イラン，ウズベキスタン，ジャマイカ
7	水平バンド内でのペッグ	1	トンガ
8	その他の管理制度	18	カンボジア，ジンバブエ．ベネズエラ
9	変動相場制	38	韓国，ニュージーランド，フィリピン
10	自由な変動相場制	31	日本，アメリカ，ユーロ圏 19 カ国，イギリス

（出所） International Monetary Fund (2018) "Annual Report on Exchange Arrangements and Exchange Restrictions 2017."

（注） 1. 独自の法定通貨を持たない為替制度は，他国の通貨（たとえばドル）が唯一の法定通貨として流通している制度である。
2. カレンシーボードは，特定の外国通貨（たとえばドル）と国内通貨を固定レートで交換することに，明示的・法的にコミットしている貨幣制度である。
3. 伝統的な固定為替制度は，正式に自国の通貨を，他国の通貨あるいは通貨バスケットとの固定レートにペッグ（釘付け）している制度である。
4. 安定化制度は，（特定数の異常値あるいは段階的調整を除き）2%の変動幅の範囲内での現物市場での変動を伴う制度である。
5. クローリング・ペッグは，固定レート付近での僅かな調整，あるいは，主要貿易相手国との過去のインフレ率格差，主要貿易相手国におけるインフレ期待とインフレターゲットとの差など，特定の指標の変化に対応した調整を伴う制度である。
6. クローリングに近いペッグは，6 カ月あるいは（特定の異常値を除き）それ以上の期間のトレンドに対し 2%以内の変動幅に為替レートを維持する制度である。
7. 水平バンド内でのペッグは，固定された中央値の周辺で少なくとも± 1%，あるいは，為替レートの最大値と最小値の差が 2%を超える，変動幅の範囲内で通貨価値が維持される制度である。
8. その他の管理制度は，他のカテゴリーの基準をみたさない制度である。
9. 変動相場制は，概ね，市場によって為替レートが決定される制度である。為替介入は直接的あるいは間接的に行われうる。
10. 自由な変動相場制は，為替介入が例外的かつ無秩序な市場状況に対応するために行われ，かつ，当局が，介入は過去 6 カ月の間に最大でも 3 回に限られており，それぞれが 3 営業日以内であったという情報あるいはデータを公表する場合に限り，分類される制度である。

名目為替レートと実質為替レート

名目為替レートは，異なる通貨間の交換比率を意味し，レッスン 8.1 で述べた為替レートそのもののことです。これに対し，**実質為替レート**は，名目為替レートを，各国の価格水準の比で調整した，通貨の**購買力**を示したものです。購買力とは，その国の通貨で，どれだけの商品が買えるかを示す指標です。以下，本節では，たとえば 1 ドル 90 円のときの名目為替レートを，1 円 0.01111 ドル＝(1÷90) のように表すことにしましょう。このとき，実質為替レートは，

$$実質為替レート＝\frac{名目為替レート \times 自国価格}{外国価格} \quad (8\text{–}1)$$

と定義されます。ハンバーガーの例を続けると，

$$実質為替レート＝\frac{0.01111\ ドル／円 \times 100\ 円／個}{1\ ドル／個}＝1.111$$

と計算できます。これは，アメリカでハンバーガーを購入すると，日本でハンバーガーを購入するのに比べて，1.111 倍（＝1÷0.9）買えることを示しています（図 8.6）。実際には，ハンバーガーだけでなく，さまざまな財・サービスが生産されているので，一つの財で購買力や実質為替レートを測るわけではありません。さまざまな財・サービスの組合せ（買い物カゴに入れるイメージで，バスケットと呼びます）を用いて，そのバスケットを購入するのに必要な金額の比率，すなわち，全般的な物価水準の格差で名目為替レートを調整したものを，実質為替レートと呼んでいます。(8–1) 式からわかるように，実質為替レートは，名目為替レートが減価（円安）した場合，外国の物価水準が上昇した場合，あるいは，国内の物価水準が下落した場合に，低下（減価）します。実質為替レートが低下すると，国内の商品と交換できる外国の商品の量が減ってしまいます。つまり，円の購買力は低下します。

実質為替レートの推移

(8-1) 式を，変化率の形で表すと，

$$\begin{aligned}&実質為替レートの変化率＝\\&名目為替レートの変化率＋自国の物価上昇率－外国の物価上昇率\end{aligned} \quad (8\text{–}2)$$

■BOX8.1　為替制度のメリット・デメリット■

為替制度には，それぞれメリット・デメリットがあります。

たとえば，変動相場制は，市場メカニズムを利用していますから，資源配分を歪めることが少ないというメリットがあります。また，金融政策は，国内の経済状況に応じて柔軟に対応できます。他方，為替レートの変動が大きく，不確実性を高めてしまうというデメリットがあります。

固定相場制度は，一定の為替レートを維持するために，不確実性は少ないというメリットがありますが，内外の物価動向を反映しないレートに固定されてしまうと，通貨アタックに見舞われたり，資本移動の規制を伴う場合には，資源配分を歪めてしまうなどのデメリットがあります。また，金融政策も，為替レートの維持のために割り当てられるので，自由度が制限されてしまいます。

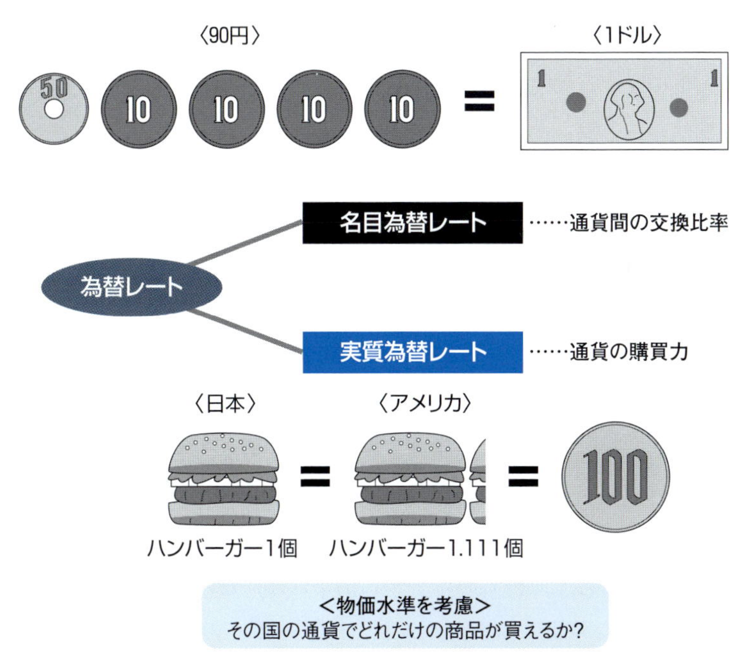

図 8.6　名目為替レートと実質為替レート

と表すことができます。これを，

$$名目為替レートの変化率 = 実質為替レートの変化率 + (外国の物価上昇率 - 自国の物価上昇率) \quad (8\text{-}3)$$

と書き直すと，名目為替レートの変化は，実質為替レートの変化（すなわち，購買力の変化）と，内外の物価上昇率格差とに分解できることがわかります（図8.7）。たとえば，名目為替レートが円高に推移しているときは，実質為替レートが円高に推移している（すなわち，購買力が上昇している）要因と，日本の物価上昇率が外国の物価上昇率よりも低い要因に分けることができます。

図 8.8 は，日本の主要な貿易相手国との間の為替レートを加重平均した**実効為替レート**について，名目値と，物価格差を考慮した実質値を描いたものです（1973 年 1 月を 100 に指数化しています）。これをみると，名目実効為替レートは，この 45 年間で 3.3 倍程度にまで上昇しましたが，実質実効為替レートは，ほとんど変化してしていません（2018 年 8 月時点で，110.6）。これは，長期的には，円高が，主に諸外国との物価上昇率格差の要因によって生じていたことを示唆しています。つまり，諸外国に比べて日本の物価上昇率が低かったことが，長期的な円高傾向の主な要因であったと考えられます。

レッスン 8.4 国際収支

国際経済取引

国境を越える経済取引には，さまざまな種類があります。まず，日本で生産したものを外国に販売する**輸出**，逆に，海外で生産されたものを日本が購入する**輸入**があります。輸出・輸入は，自動車や石油などの財に限られません。日本人が海外旅行をして，海外のホテルに泊まれば，日本は宿泊サービスを輸入していることになります。また，メジャーリーガーの大谷翔平選手のように，日本人が海外で所得を得ることもありますし，逆に，海外から日本に働きにきて，所得を得ている人も大勢います。

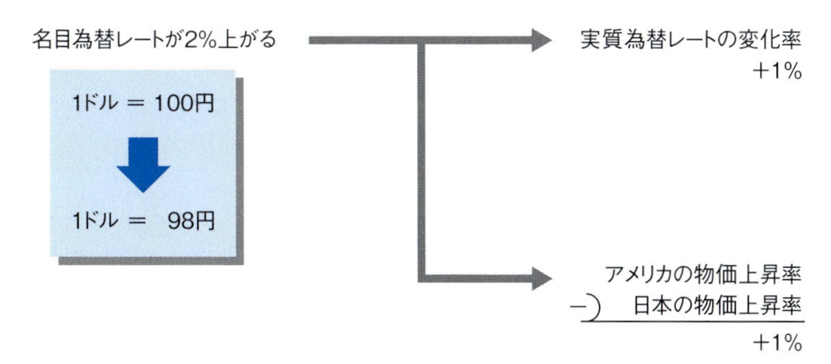

図 8.7　名目為替レートの変化（例）

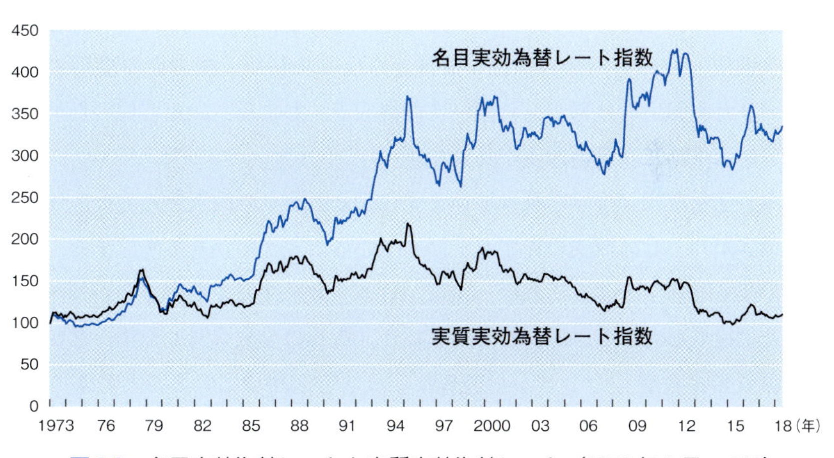

図 8.8　名目実効為替レートと実質実効為替レート（1973 年 1 月＝ 100）
（出所）　日本銀行ウェブサイト「時系列統計データ/為替」

次に，日本の個人や金融機関などが外国の国債や株式などの金融資産を購入したり，逆に外国の個人や金融機関などが日本の国債や株式などの金融資産を購入する，**資本移動**があります。資本移動には，海外に子会社や工場を建てて現地生産を行うなど，経営権を握るための**直接投資**も含まれます。

さらに，通貨当局が為替介入することによって，対外支払いのために保有している**外貨準備**が変動することがあります。

現在では，国境を越えた経済取引がますます盛んになっており，経済はグローバル化しているといわれます。

国際収支表

国際収支表は，一定期間における国際経済取引を体系的に記録したものです（表 8.3）。大きく分けると，(1) 主に財・サービスや所得の移動を記録した**経常収支**，(2) 対価を伴わない資産の提供等を記録した**資本移転等収支**，(3) 資本移動を記録した**金融収支**，および，(4) **誤差脱漏**（(3)－(1)－(2)）があります。

経常収支は，(a) 財・サービスの輸出から輸入を引いた差額である**貿易・サービス収支**，(b) 対外金融債権・債務から生じる利子・配当金や雇用者報酬の受取りと支払いの差額である**第一次所得収支**，および，(c) 官民の無償資金協力等を示す**第二次所得収支**があります。

日本の経常収支は黒字を続けています（図 8.9）。その内訳をみると，貿易収支の黒字がサービス収支の赤字を上回っていることがわかります。また，第一次所得収支も黒字です。これは，主に，日本の金融機関や企業などが外国の金融資産に投資したことから得られる収益が，海外の金融機関や企業などが日本の金融資産に投資したことから得られる収益を上回っていることによります。近年では，第一次所得収支の黒字額は貿易収支の黒字額を大幅に上回っています。

金融収支の主なものは，現地生産や外国企業の買収など，資金移動に伴って経営権も移転する**直接投資**，株式投資や債券投資などの**証券投資**，銀行融資や貿易信用などの**その他投資**です。これに，オプションや先物などの**金融派生商**

表 8.3　国際収支表

（単位：億円）

	2016 年	2017 年
(1) 経常収支（(a)＋(b)＋(c)）	210,615	219,514
(a) 貿易・サービス収支	43,888	42,297
貿易収支	55,176	49,554
輸出	690,927	772,855
輸入	635,751	723,301
サービス収支	-11,288	-7,257
(b) 第一次所得収支	188,183	198,374
(c) 第二次所得収支	-21,456	-21,157
(2) 資本移転等収支	-7,433	-2,872
(3) 金融収支	282,764	176,642
直接投資	145,293	168,271
証券投資	296,496	-59,680
金融派生商品	-16,582	34,561
その他投資	-136,662	6,972
外貨準備	-5,780	26,518
(4) 誤差脱漏（(3)－(1)－(2)）	79,583	-40,000

（出所）　財務省ウェブサイト「国際収支の推移」

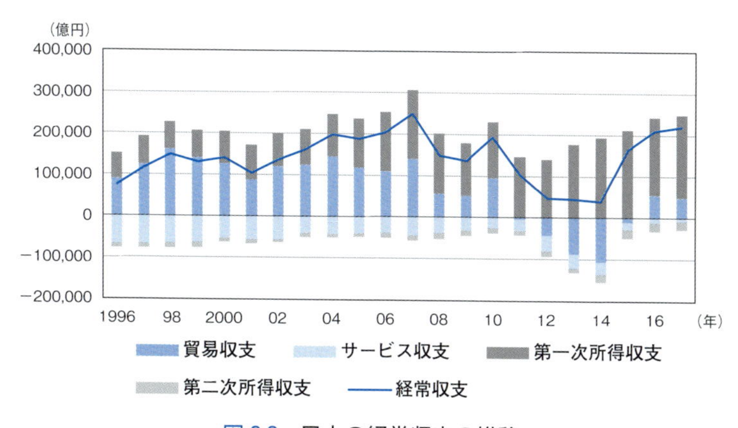

図 8.9　日本の経常収支の推移
（出所）　財務省ウェブサイト「国際収支の推移」

品（デリバティブ），および，通貨当局が保有する対外資産の増減を示す**外貨準備**を合計したものが金融収支になります。

日本の金融収支は，黒字を続けています。これは，日本から海外に流出する資金が，海外から日本に流入する資金を上回っていることを示しています。内訳をみると，2017年では，直接投資，その他投資などが黒字で，証券投資が赤字です。直接投資の黒字は，日本の企業が海外での現地生産などに投資した額（対外直接投資）が，海外の企業が日本での現地生産などに投資した額（対内直接投資）を上回っていることを示しています。その他投資の黒字も同様に，日本から海外への貸付等が，海外から日本への貸付等を上回っていることを示しています。証券投資の赤字は，海外から日本への株式・債券等への投資が，日本から海外への株式・債券等への投資を上回っていたことを示しています。

経常収支と金融収支

経常収支の黒字は，輸出などによる資金の受取りが輸入などによる資金の支払いを上回っていることを意味しますから，その国は，外国に対する債権が増加しているはずです。つまり，自国による外国金融資産の購入（正確には，購入から売却を引いた，純購入額）が，外国による自国金融資産の購入（正確には，純購入額）を上回っていることになります。また，資本移転等を受け取った場合も，外国に対する債権が増加します。最後に，統計上の誤差脱漏を考慮すると，以下の恒等式が成り立ちます。

経常収支＋資本移転等収支＋誤差脱漏＝金融収支　　(8-4)

資本移転等収支は比較的小さいので，誤差脱漏がなければ，経常収支はほぼ金融収支と等しくなります。

対外純資産

(8-4) 式は，一定期間に成立するフローの恒等式ですが，これを累積値（ストック）で考えると，経常収支黒字が続いている国は，海外に対する債権が債務を上回る（純債権国になる）傾向にあり，経常収支赤字が続いている国は，海外に対する債務が債権を上回る（純債務国になる）傾向にあることがわかり

■ BOX8.2　経常収支の変動要因 ■

経常収支の変動要因を考えるために，**レッスン 1.10** を思い出してください。(1-3) 式を変形すると，

純輸出等＝民間貯蓄＋政府貯蓄－投資

となります。この式は，純輸出等が，民間貯蓄と政府貯蓄（財政黒字，マイナスの場合は財政赤字）の合計から民間の投資を引いたものと等しいことを示しています。第二次所得収支を無視すると，純輸出等は，経常収支とほぼ等しくなるので，ここから，経常収支の変動は，常に，民間や政府の貯蓄と投資の変動を伴っていることがわかります。

家計を例にとれば，貯蓄が増えるのは，一時的に所得が増えたときや，金利が高いときです。逆に，支出に比べて所得が少なかったり，金利が低いときは，貯蓄を減らしたり，取り崩したりします。このようにして，支出の平準化を図ったり，より有利な貯蓄のタイミングを見定めているといえます。

実は，一国の場合も，同様に考えることができます。経常収支の黒字が増えているときは，貯蓄を国内で使っても，つまり，国内に投資しても，あまり収益が上がらないので，貯蓄を海外資産で蓄えているのです。逆に，経常収支の黒字が減っているときは，国内での使いみちが豊富である，つまり，国内投資の収益が高いので，海外への投資を減らしているのです。

ます。実際，2017 年末の日本の対外金融資産・負債残高をみると，純資産（資産－負債）が約 328 兆円（2017 年の対名目 GDP 比 60.1％）あります（表 8.4）。この純資産が，海外から金利・配当などの所得を得るベースとなっています。

長期的な経常収支の決定要因

日本の経常収支は黒字が続いていますが，アメリカの経常収支は赤字が続いています（図 8.10）。このような，長期的な経常収支の趨勢は何によって決定されるのでしょうか？ （8–4）式からわかるように，資本移転等収支と誤差脱漏を無視すると，経常収支の黒字は，外国に対する資金の貸付が借入を上回っていることを意味します。逆に，経常収支の赤字は，外国からの資金の借入が貸付を上回っていることを意味します。したがって，経常収支は，長期的には国際的な資金の貸借に依存して決まります。

家計や企業の間では，所得が支出を上回る主体が貸し手，所得が支出を下回る主体が借り手となります（第 1 章参照）。国と国との間も同様で，国内の所得（GNI）が国内の支出（消費，投資，および，政府支出）を上回る国が貸し手，下回る国が借り手となります。したがって，家計の貯蓄率が高い，財政赤字が少ない，あるいは，投資機会が少ない国ほど，資金の貸し手（経常収支黒字）となり，逆に，家計の貯蓄率が低い，財政赤字が大きい，あるいは，投資機会が多い国ほど，資金の借り手（経常収支赤字）となる傾向があります。

なお，短期的には，経常収支は為替レートの動向や景気動向にも依存します。とくに，景気が悪く，国内の投資機会が少ないときほど，経常収支は増える傾向にあります。

レッスン 8.5 為替レートの決まり方（1）：長期

購買力平価

図 8.2 でみたように，ドル・円レートは長期的に円高に推移してきました。

表 8.4　日本の対外資産・負債残高（2017 年末）

（単位：10 億円）

	資産	負債	純資産
直接投資	174,699	28,555	146,144
証券投資	463,417	377,687	85,730
金融派生商品	33,834	33,941	−107
その他投資	198,075	243,801	−45,726
外貨準備	142,406	0	142,406
合計	1,012,431	683,984	328,447

（出所）財務省ウェブサイト「本邦対外資産負債残高」

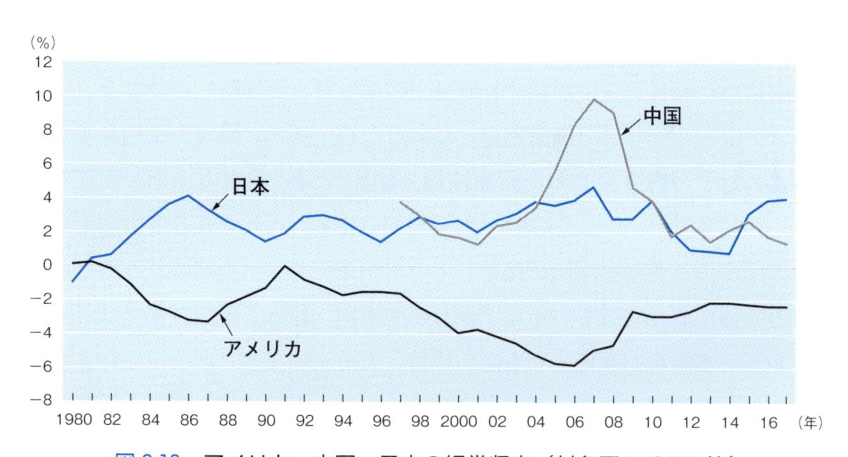

図 8.10　アメリカ，中国，日本の経常収支（対各国の GDP 比）

（出所）International Monetary Fund, *World Economic Outlook*, October 2018.

（注）日本，アメリカは 1980-2017 年，中国は 1997-2017 年。

この背景には，日本の物価上昇率がアメリカなど諸外国に比べて相対的に低かったことがあります。アメリカと日本の2国間の為替レートの決定要因を考えてみましょう。両国で共通の財・サービスの組合せ（バスケット）が，アメリカではP^*ドルかかり，日本では，P円かかるとします。名目為替レートが1円Eドルだとすると，両国の物価水準が同じになるのは，

$$P \times E = P^* \tag{8-5}$$

が成立しているときです。仮に，日本の物価水準のほうが高い場合（$P \times E > P^*$），輸送コストが十分に小さければ，アメリカで商品を購入して，日本で売れば，価格差だけ利益がでますから，多くの人が，そうした行動に出るでしょう。

このように，価格差を利用して収益を得る売買取引のことを**裁定取引**と呼びます。この裁定取引は，アメリカの商品とドルに対する需要を増やし，日本の商品と円に対する供給を増やすことにつながります。この結果，アメリカの物価は上昇し，日本の物価は低下するとともに，為替レートは円安・ドル高になるでしょう。こうした動きは，(8-5) 式が成立するまで続きます。仮に，日本の物価水準のほうが低い場合（$P \times E < P^*$）は，逆の裁定取引が働き，いずれ (8-5) 式が成立します。(8-5) 式を満たす為替レートEを，**購買力平価**と呼びます。

現実には，輸送コストが低くて貿易が容易な財（**貿易財**）だけでなく，貿易できない財・サービス（**非貿易財**）があるため，厳密に購買力平価が成り立っているわけではありません。図 8.11 は，GDP全体の購買力平価と実際の為替レートの推移を，いくつかの国で比較しています。これをみると，日本やドイツなど，自由な変動相場制を採用している先進国では，長期的にみると，概ね購買力平価が成り立っていることがわかります。他方，中国などでは，実際の為替レートが購買力平価よりも低い価値（人民元安など）になっています。この理由は，為替制度の違いだけではありません。比較的賃金が低い新興国では，非貿易財の価格が安くなるため，仮に貿易財で購買力平価が成り立っていても，非貿易財を含むGDP全体でみると，購買力平価よりも低い為替レートになる傾向があります。

(A)　日本

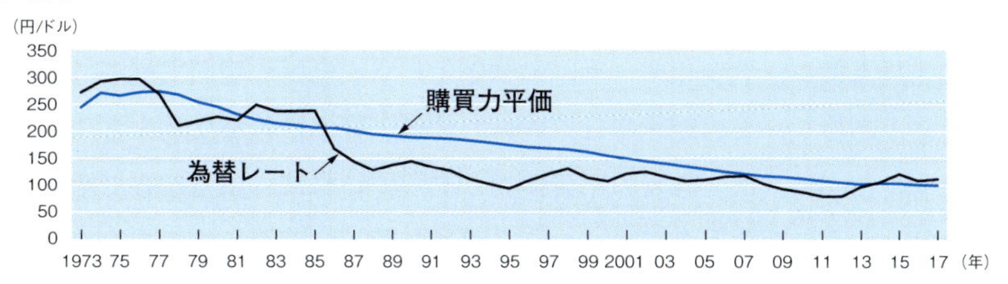

(B)　ドイツ

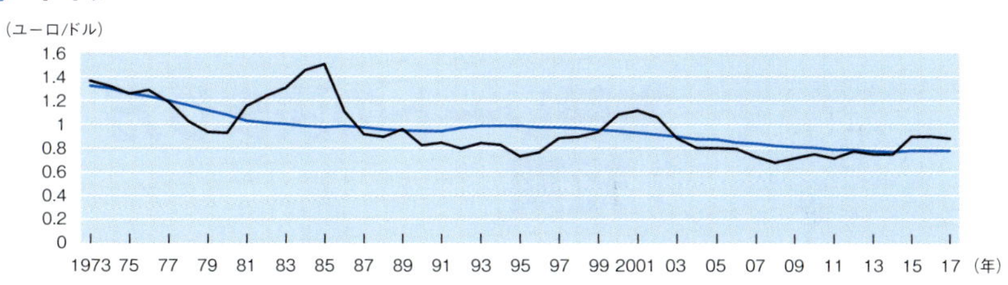

(C)　韓国

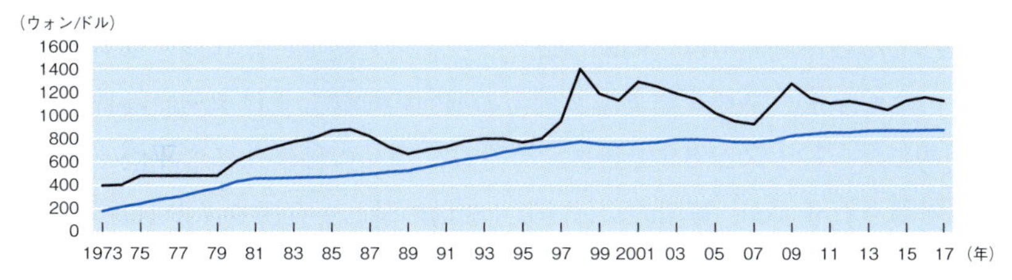

(D)　中国

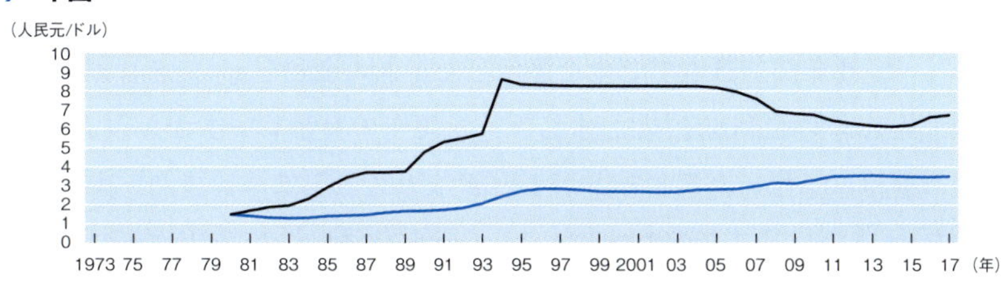

図 8.11　購買力平価と為替レート

（出所）購買力平価：OECD(2018), Purchasing power parities(PPP)(indicator). doi：10.1787/1290ee5a-en（Accessed on 23 October 2018).
為替レート：OECD（2018), Exchange rates（indicator). doi：10.1787/037ed317-en（Accessed on 23 October 2018)

（注）1. 購買力平価，為替レートともに，1 ドルあたりの当該国通貨。
2. 購買力平価は，GDP（支出額）ベース。
3. 日本，ドイツ，韓国は，1973-2017 年，中国は 1980-2017 年。

為替レートと物価変動

購買力評価を示す（8–5）式の両辺を変化率で表して整理すると，

名目為替レート変化率＝外国の物価上昇率－自国の物価上昇率　（8–6）

となり，為替レートの変化率は，内外の物価上昇率格差を反映することがわかります。（8–6）式は，購買力平価が成り立っていれば，（8–2）式で示される実質為替レートの変化率がゼロ，つまり実質為替レートが一定であることを示します。

レッスン8.6 為替レートの決まり方（2）：短期

金利平価

国際的な経済取引には，商品（財・サービス）の取引と資産の取引があります。したがって，為替レートも，両方の取引の影響を受けます。為替レートは，長期的には，**レッスン8.5**で述べたように，商品の価格差にもとづく購買力平価に影響されますが，短期的には，より変動の激しい金融資産の収益率（金利）に影響されて動きます。

日本とアメリカの2国のいずれかで資金を運用することを考えます（図8.12）。今，1年間，日本で資金を運用したときの金利をi，アメリカで資金を運用したときの金利をi^*としましょう。現在の為替レートが1円Eドル，1年後の期待（予想）為替レートが1円E^eドルだとします。また，説明の単純化のため，人々はリスクの大小を気にしない（危険に対して中立的といいます）と仮定して，議論を進めます。

まず，日本で1億円を運用したとき，1年後に，$1+i$億円の粗収益（元本＋金利）が得られます。

次に，日本の1億円をドルに換えて，アメリカで1年間運用したときの収益を考えます。現在の為替レートが1円Eドルですから，1億円をドルに換えると，E億ドルとなります。これを金利i^*で運用するので，1年後には，$(1+i^*)E$

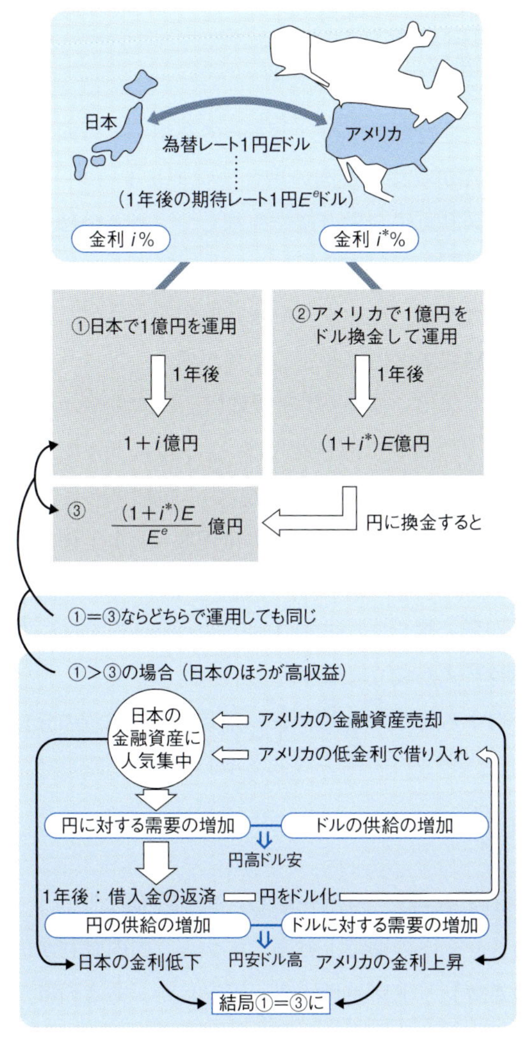

図 8.12　カバーなし金利平価の仕組み

億ドルの粗収益が得られます。これを，1年後の時点で円に換えるとすると，$\frac{(1+i^*)E}{E^e}$億円が得られると期待されます。

したがって，

$$1+i=\frac{(1+i^*)E}{E^e} \tag{8-7}$$

が成立していれば，期待収益率は，どちらで運用しても同じになります。

もし，日本のほうが収益率が高い場合，つまり$1+i>\frac{(1+i^*)E}{E^e}$ではどうなるでしょうか。アメリカの金融資産を売却して（あるいは，アメリカで資金を借り入れて），日本の金融資産を購入すれば，収益率の差額だけ収益が得られますから，多くの人々が，そのような裁定取引を行うでしょう。この結果，ただちに，日本の金融資産と円に対する需要が増え，アメリカの金融資産とドルの供給が増えるでしょう。また，1年後には，円の供給が増え，ドルの需要が増えます（アメリカで資金を借りた人は，1年後にドルで返済しなければならないので，円を売却してドルを購入する）。この結果，日本の金利は低下，アメリカの金利は上昇，現在の為替レートは円高に，1年後の期待為替レートは円安に変化します。こうした動きは，(8–7) 式が成立するまで続きます。日本の収益率のほうが低い場合，つまり$1+i<\frac{(1+i^*)E}{E^e}$では，逆の裁定取引が働き，やはり，(8–7) 式が成立します。

(8–7) 式を変形すると，$\frac{E^e-E}{E}=\frac{i^*-i}{1+i}$ですが，右辺の分母は1とほぼ等しいので，近似的に，

$$\frac{E^e-E}{E}=i^*-i \tag{8-8}$$

と書き直せます。これは，（**カバーなし）金利平価**と呼ばれる式です。(8–8) 式の左辺は，為替レートの期待上昇率ですから，国内金利が海外金利よりも低ければ，現在の為替レートが減価する（円安）か，あるいは，将来の期待為替レートが増価する（円高）ことよって，為替レートの期待変化率が上昇方向に動くことを示しています。

経済主体が危険中立的ではなく，よりリスクが小さいほうを好む（危険回避的といいます）場合には，自国資産と外国資産の期待収益率の格差が，投資家

■BOX8.3　グローバル・インバランスと金融危機・保護主義■

世界には，アメリカのように経常収支の赤字（マイナス）が続いている国もあれば，中国，ドイツ，日本，石油輸出国のように，経常収支の黒字（プラス）が続いている国もあります（図 8.13）。経常収支の黒字や赤字自体は，必ずしも問題ではなく，むしろ，いずれの国にとっても便益があります。たとえば，急速な経済成長をしている国は，投資の資金を国内の貯蓄だけでは賄いきれず，外国から借入等の資金供給を受けることによって，旺盛な投資を実現することができます。逆に，すでに高度成長を実現した豊かな国では，国内の資金需要が比較的少ないのですが，外国に資金を提供することにより，国内だけで投資するよりも高い収益を得ることができます。

しかし，経常収支の大幅な黒字や赤字が継続している状況（グローバル・インバランス）が，時には，当該国やグローバル経済にとって深刻な問題になることがあります。たとえば，赤字国では，国内の不動産価格の急落などをきっかけに，外国からの資金供給が突然止まることがあります。そうなれば，その国の通貨価値は急落し，通貨危機が生じます。逆に，経常収支黒字国では，赤字国における保護貿易主義のターゲットとなって，輸出の減少による景気の悪化が生じることがあります。

実際，世界金融危機が生じた背景に，グローバル・インバランスがありました。中国，日本，石油輸出国などからアメリカに流れた資金は，アメリカにおける住宅バブルの一因となり，これが崩壊すると，サブプライム・ローン危機，ひいては，世界金融危機に発展したのです。また，アメリカは，外国から集めた資金を新興国などの資産に運用してきましたが，金融危機によってアメリカの金融システムが不安定になると，一時的にこうした資金の流れが滞り，ドル安が生じました。

その後，グローバル・インバランスは縮小しましたが，アメリカにおける保護主義の台頭など，グローバル・インバランスがもたらす新たな問題には引き続き注視が必要です。

（p.235 へつづく）

が要求するリスク・プレミアムに等しくなるように，裁定が働きます。外国資産に対するリスク・プレミアムをρ（ギリシア語で，ローと読みます）で表すと，

$$\frac{E^e-E}{E}=(i^*-\rho)-i \tag{8-9}$$

と表すことができます。したがって，外国資産に対するリスク・プレミアムが上昇すると，現在の為替レートが増価するか，将来の期待為替レートが減価することによって，為替レートの期待変化率が下落方向に動きます。

まとめると

名目為替レートの期待上昇率＝
外国の金利－日本の金利－外国資産のリスク・プレミアム

となります。

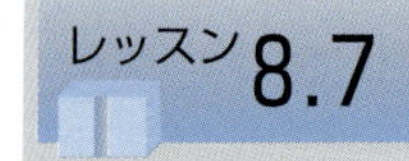

レッスン8.7 通貨危機

ある国の通貨が短期間のうちに大量に売られ，為替レートが暴落することがあります。これは，通貨危機と呼ばれます。これまで，1992-93年のポンド危機（イギリス），1994年のメキシコ危機，1997-98年のアジア危機，1998年のロシア危機，1999年のブラジル危機などがありました。通貨危機は，しばしば，その国の企業や金融機関などに貸出，債券，株式などの形で資本を提供していた外国の投資家が，そうした投資を引き揚げる（資本流出する）ことで生じますが，国内の居住者（金融機関などを含む）による資本流出を伴うこともあります。こうした急激な資本流出と為替レートの暴落が，どのような背景で起こるのか，アジア通貨危機を例にみてみましょう。

アジア通貨危機の例①：通貨危機

アジア諸国の多くは，1990年代中ごろまで，ドルを中心にした通貨バスケッ

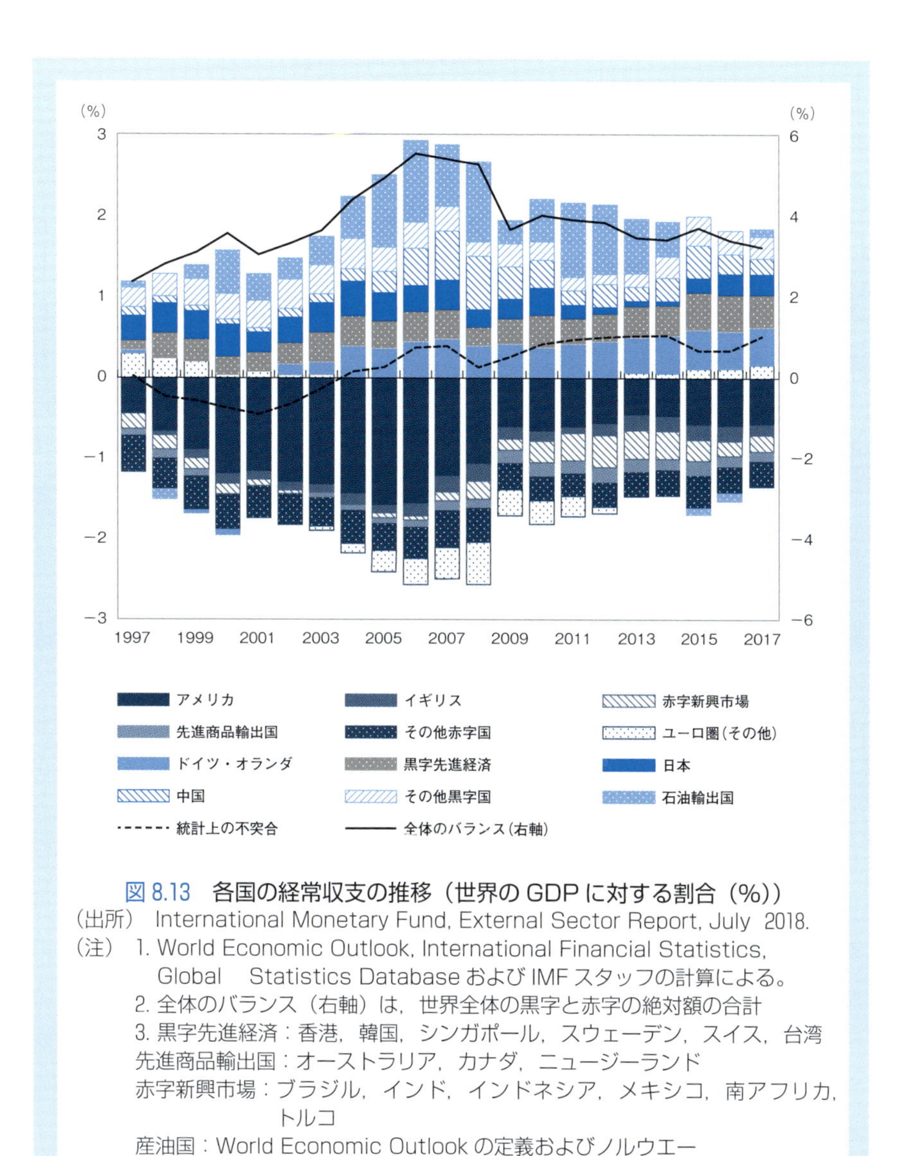

図 8.13　各国の経常収支の推移（世界の GDP に対する割合（%））

（出所） International Monetary Fund, External Sector Report, July 2018.

（注） 1. World Economic Outlook, International Financial Statistics, Global Statistics Database および IMF スタッフの計算による。

2. 全体のバランス（右軸）は，世界全体の黒字と赤字の絶対額の合計

3. 黒字先進経済：香港，韓国，シンガポール，スウェーデン，スイス，台湾

先進商品輸出国：オーストラリア，カナダ，ニュージーランド

赤字新興市場：ブラジル，インド，インドネシア，メキシコ，南アフリカ，トルコ

産油国：World Economic Outlook の定義およびノルウエー

ト（組合せ）に固定した為替制度を採用していました。固定相場制のもとで，海外からの直接投資と輸出を促進し，経済成長を図ってきたのです。しかし，1996年後半になると，経常収支赤字が拡大したタイの通貨バーツに対して，先進国の投機家が切り下げを迫って大量の**先物売り**を仕掛けてきました。これに対して，タイ政府はドル売り・バーツ買いの市場介入で防戦しましたが，ついに政府の外貨準備保有は底をつき，1997年7月，タイ政府はバーツを管理フロート制（実質的な変動相場制）に移行しました。この結果，バーツは暴落し，その後の約半年間で，対ドル対して，半分以下にまで減価しました。バーツの減価は，インドネシア，フィリピン，マレーシアなどのASEAN諸国にも広がり，とくにインドネシアのルピアが大幅に下落しました。1997年11月には，韓国のウォンも暴落しました。通貨危機は，さらに台湾，シンガポール等の東アジア諸国にも波及しましたが，これらの国では，比較的混乱は軽微なものにとどまりました（図8.14）。

アジア通貨危機の例②：銀行危機

通貨危機に見舞われたアジア諸国の中には，同時に，**銀行危機**を経験した国もありました。たとえばタイでは，多くの銀行が海外の金融機関や投資家からドル建ての短期資金を借り入れ，国内の企業にバーツ建ての長期資金を貸し出していました。銀行貸出の一部は，輸出産業の設備投資に使われていましたが，相当量が不動産投資などの資金にあてられていたため，1990年以降の不動産市況の悪化によって，不良債権が増加していました。こうした状況下で，海外からの短期資金が急激に流出し，バーツの暴落が生じたため，タイの銀行はドル建て債務の返済に支障を来し，多くの金融機関が破たんしました。インドネシアや韓国などでも同様に，不動産価格の下落や非効率な事業への融資などから国内の不良債権問題が生じていたところに，通貨の暴落によって対外債務の返済が困難となり，銀行危機が生じました。

通貨・金融危機の原因

通貨危機は，固定相場制を維持している国の通貨に対し，外国の一部の投資

(a) NIEs（対ドルレート）

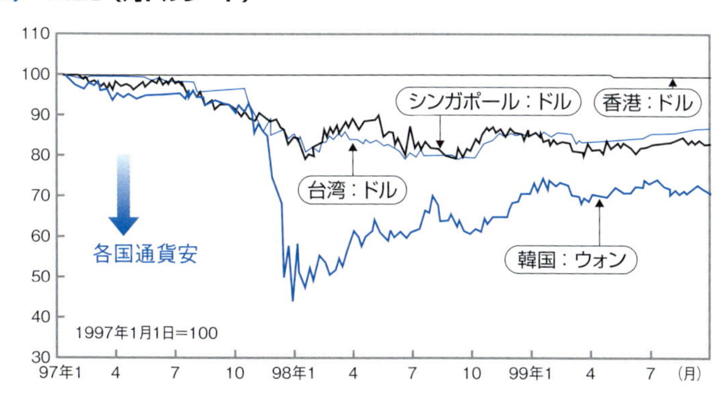

(b) 中国およびASEAN（対ドルレート）

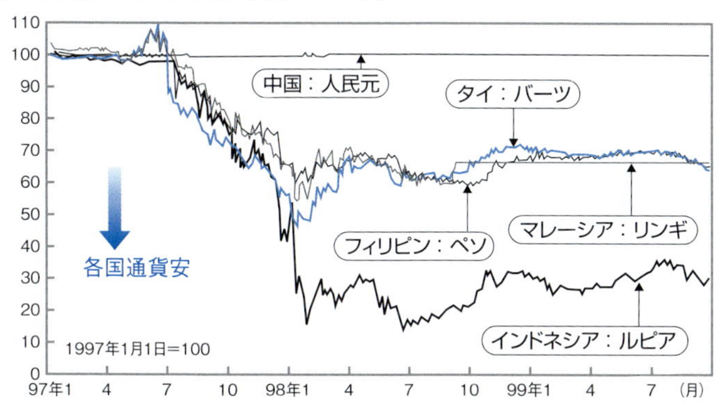

図 8.14　アジア通貨危機時における為替レートの推移

（出所）　経済企画庁「平成 11 年度世界経済白書」

（資料）　Datastream より作成

家が先物売りを浴びせ，これに追随して，これまで当該国に投資していた多くの投資家も資金を引き揚げる動きをきっかけに生じます。しかし，通貨アタックが，常に通貨危機をもたらすわけではありません。仮に，政府による介入が成功し，固定相場制が維持されれば，先物売りを浴びせた投資家が損失を被るだけで終わります。投機が成功し，実際に通貨が下落するかどうかは，多くの人々が追随するかどうか，すなわち，多くの人々が将来当該通貨は切り下がるだろうと予想するかどうかに依存します。

では，どのような状況で，通貨の下落予想が広まるのでしょうか？　固定相場制のもとでの為替レートが，当該国の物価や金融資産の収益率とリスクから判断して，過大評価されている状況で，通貨の下落予想が広がりやすいと考えられます。物価，金融資産の収益率やリスク，さらに，これらに影響を及ぼすGDP成長率，経常収支，財政収支など，経済の基礎的条件をファンダメンタルズといいますが，固定相場制のもとでの為替レートがファンダメンタルズにもとづく為替レートから乖離すると，通貨の下落予想が広がりやすくなります。たとえば，金融緩和のもとで物価が上昇しているときや，経常収支赤字が継続しているときなどが典型的な例です。さらに，タイや韓国などでみられたように，金融機関が不良債権を抱え，外国からの借入資金の返済に支障を来すリスクが高まった場合も，当該国に投資するリスクを高めます。これらの国では，銀行危機が広がれば，これを収拾するために財政資金が必要となり，財政赤字が拡大するだろうと予想されたことも，さらに投資のリスクを高めた一因だと考えられます。

他方，ファンダメンタルズがそれほど悪化しなくても，近隣諸国の通貨下落が他国通貨の下落を引き起こすこともあります（伝染効果）。たとえば，外国の投資家が一国の通貨危機によって損失を被り，他国への投資を回収しようとする場合や，ファンダメンタルズに関する情報が十分に開示されていないために，「近い国」「似ている国」という理由で，通貨の下落予想が広がってしまう場合などです。ただし，伝染効果によって一時的に通貨下落が生じても，やがてファンダメンタルズに沿った水準に回復するものと考えられます。

■BOX8.4　基軸通貨■

第2章で述べたように，貨幣は交換の手段として，支払い（決済）に使われます。モノを買ったときの代金や，借金をしたときの返済金の支払いに使われるのが貨幣です。では，国際的な貿易取引や資本取引で使われるものは何でしょう？

たとえば，日本がブラジルから鉄鉱石を買ったとき，円やレアル（ブラジルの通貨）よりもよく使われるのは，実は，アメリカのドルです。日本やブラジルだけでなく，アメリカのドルは，世界中の貿易や資本取引でもっとも広く使われている貨幣です。このように，世界的な決済に使われる貨幣を，**基軸通貨**と呼びます。

貨幣には，交換手段だけでなく，価値保蔵手段としての役割もあります。同様に，基軸通貨のドルには，貿易や資本取引での決済に使われるだけでなく，各国の通貨当局が保有する外貨準備にも多く使われています。

貨幣が広く流通するためには，価値が安定していることが重要です。図8.15は，公的外貨準備に占める各通貨の割合を示しています。ドルのシェアは，2000年代初め（約7割）に比べると，世界金融危機等を経て若干低下しましたが，2018年時点でも約6割を占めており，基軸通貨としての役割を担っていることがわかります。

（p.241へつづく）

第8章　演習問題

1．1年間に，円の対ドル名目為替レートが1ドル100円から105円に減価しました。この間，日本の物価が2%下落，アメリカの物価が3%上昇しました。円の対ドル実質為替レートは何%増価（あるいは減価）しましたか。

2．ある年の日本の経常収支が20兆円であり，通貨当局は為替介入によって外貨準備を1兆円増やしました。
　(1)　通貨当局は，ドル売り・円買い介入を行ったのか，それとも，ドル買い・円売り介入を行ったのか，答えなさい。
　(2)　この年の日本の金融収支はいくらでしたか。また，この年に，日本の対外純資産は増えたのか，減ったのか，答えなさい（資本移転等収支および統計上の誤差脱漏はゼロだとし，為替レートの変動もないものとします）。

3．1年前の円の対ドル名目為替レートが1ドル100円でした。この1年間に，日本の物価が2%上昇，アメリカの物価が5%上昇しました。購買力平価が成り立っている場合，現在，名目為替レートは1ドル何円になっていますか。

4．日本の名目金利が2%，アメリカの名目金利が5%，アメリカの金融資産に対するリスク・プレミアムが2%のとき，円の対ドル為替レートの期待変化率は何%ですか（カバーなし金利平価が成り立っているものとします）。

5．以下の文章で，「伝染効果」とはどのような意味ですか。
「1998年に韓国の通貨ウォンが急落したのは，タイなど他のアジア諸国の通貨危機に伴う伝染効果によるものである」

(A)　通貨別シェア(2018 年第 2 四半期)

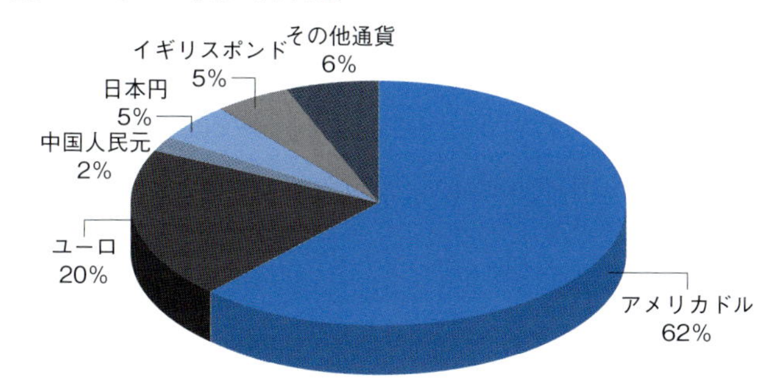

(B)　ドルとユーロのシェアの推移(1999 年第 1 四半期～ 2018 年第2四半期)

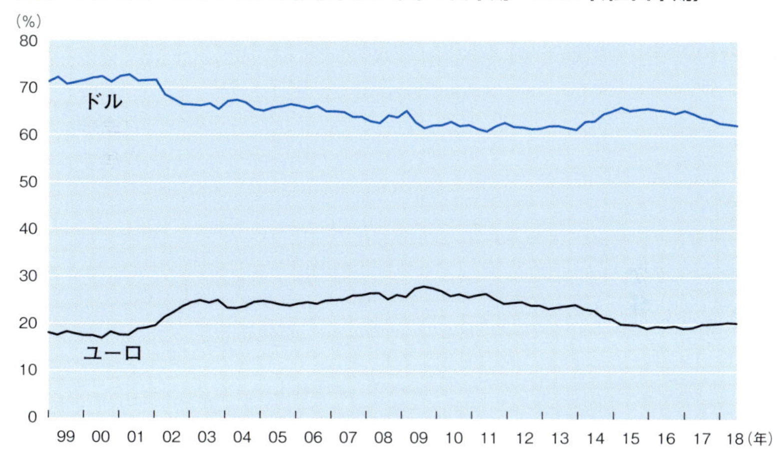

図 8.15　公的外貨準備に占める通貨の割合

（出所） International Monetary Fund "Currency Composition of Official Foreign Exchange Reserves."

（注） Allocated Reserves に占める各通貨のシェアを示す。「その他通貨」は，オーストラリアドル，カナダドル，スイスフラン，およびその他通貨の合計。

9 貨幣市場の需要と供給

第 9 章と第 10 章は，中央銀行がどのような目的と手段によって金融政策を行うのか説明します。

本章では，貨幣市場における需要と供給，および市場均衡について学びます。始めに，経済全体のマネーストックが，現金だけでなく預金も含めて，中央銀行によってコントロールされることを学びます。次に，貨幣需要が名目国民所得と名目利子率に応じて変化することを，貨幣保有の動機と機会費用の点から考察します。貨幣の需要と供給が一致する貨幣市場の均衡で，短期的には名目利子率が決定されることを学び，最後に利子率の下限で貨幣需要曲線が水平になる「流動性の罠」の問題を取り上げます。

レッスン

レッスン 9.1 貨幣供給のメカニズム

レッスン 2.2 では，経済全体の貨幣量である**マネーストック**が，主に現金と預金からなっていることを学びました。また**レッスン 2.4** では，**貨幣数量説**という物価に関する古典的命題によると，マネーストックが増加するとインフレとなり，逆にマネーストックが減少するとデフレが起こることを学びました。

では，マネーストックの大きさはどのように決まるのでしょうか？　マネーストックのうち，一万円札などの**現金**は，正式には日本銀行券というように日本の中央銀行である日本銀行が発行したものなので，その発行額も日本銀行が決めていると考えられます。これに対して，**預金**は民間銀行が預金者から預かったもの，銀行の借金なので，貸し手である預金者からの供給と借り手である銀行の需要が等しくなるように預金利子率と預金額が決まるように思われます。

ですが，もう一度**レッスン 2.4** の貨幣数量説の説明をよくみてみると，「中央銀行によるマネーストックの変化」と書いてあります。これは，中央銀行が現金だけでなく預金も含めたマネーストック全体をコントロールしていることを意味しています。直接には民間銀行と預金者との取引を通じて決まるはずの預金量に対して，中央銀行はどのような方法で影響を及ぼすのでしょうか？
預金量の決定メカニズムは，一般に**信用創造**の理論と呼ばれ，古い金融論の教科書では非常に重要な部分を占めていました。ここでは信用創造の理論について簡単に説明します。

レッスン 4.1 で学んだ銀行のバランスシートをもう一度みてみましょう（**表 9.1** に実際例を示しました）。預金は預金者からの借入ですから，当然右側の負債の列にあります。他方，左側の資産の列をみると「現金預け金」という項目があることに気がつきます。現金はわかりますが，預け金とは何でしょうか？

これは銀行が日本銀行に預けている**当座預金**のことです。当座預金は主に資金決済に用いられる原則無利子の要求払預金で，現金も預け金も，ともに預金の引き出しなどの支払いに備える目的で保有されているので，大まかなバラン

表 9.1　銀行のバランスシートの例（三菱 UFJ 銀行，平成 28 年度末）

（単位：百万円）

科　目	金　額	科　目	金　額
〈資産の部〉		〈負債の部〉	
現金預け金	48,385,157	預金	139,164,104
現金	1,406,005	譲渡性預金	6,536,329
預け金	46,979,151	コールマネー	372,403
コールローン	231,509	売現先勘定	4,417,551
買現先勘定	348,126	債券貸借取引受入担保金	3,042,298
債券貸借取引支払保証金	5,569,376	コマーシャル・ペーパー	1,661,486
買入金銭債権	4,113,172	特定取引負債	3,809,622
特定取引資産	5,445,506	借用金	16,425,610
金銭の信託	24,145	外国為替	2,381,315
有価証券	42,235,515	社債	3,269,912
国債	21,041,272	その他負債	5,342,066
地方債	1,009,787	賞与引当金	25,508
社債	2,440,820	役員賞与引当金	114
株式	4,530,977	株式給付引当金	5,003
その他の証券	13,212,657	退職給付引当金	8,939
貸出金	81,394,063	ポイント引当金	1,375
外国為替	1,760,583	偶発損失引当金	152,279
その他資産	6,877,190	繰延税金負債	355,549
有形固定資産	855,651	再評価に係る繰延税金負債	120,147
無形固定資産	375,430	支払承諾	6,867,455
ソフトウエア	281,372	負債の部合計	193,959,075
のれん	5,559	〈純資産の部〉	
リース資産	26	資本金	1,711,958
その他の無形固定資産	88,471	資本剰余金	3,878,275
前払年金費用	270,907	利益剰余金	3,267,614
支払承諾見返	6,867,455	自己株式	△ 645,700
貸倒引当金	△ 563,216	株主資本合計	8,212,148
		その他有価証券評価差額金	1,642,412
		繰延ヘッジ損益	148,777
		土地再評価差額金	228,160
		評価・換算差額等合計	2,019,351
		純資産の部合計	10,231,499
資産の部合計	204,190,574	負債及び純資産の部合計	204,190,574

スシートではまとめて表記されます。

ただし，現金と預け金には一つ大きな違いがあります。現金をどれくらい保有するかは各銀行の判断に完全に任されているのに対して，預け金のほうは，各銀行の預金額に応じてその最低額が法律で定められている，という点です。その法律を「準備預金制度に関する法律」といい，法律にもとづいて預けなければならない最低額のことを法定準備預金額（所要準備額）といいます。これに対して，銀行が実際に日本銀行に預ける当座預金を，**準備**（reserves；預金準備，準備預金）と呼びます。法定預金準備額は，預金額に対する比率として定められますが，その比率のことを，準備預金制度における**準備率**（法定準備率）と呼びます（表 9.2）。

準備率は厳密には預金の種類に応じて異なりますが，預金が 1 種類しかないと単純化して，準備率の大きさを q で表すことにしましょう。銀行の受け入れた預金額を D とすれば，必要な法定準備額の大きさ R は

$$R = qD \tag{9-1}$$

と表されます。

銀行にとって，準備は短期資金の一部なので，その調節は短期金融市場，その中でもとりわけ金融機関だけが参加する**インターバンク市場**を中心に行われています。短期金融市場はインターバンク市場のほか，一般の企業なども参加できる**オープン市場**の 2 つに分けられます（図 9.1）。

準備の不足している銀行は，これらの短期金融市場で資金を調達して（≒借りて）準備を増やします。逆に準備の多い銀行は，余った資金を短期金融市場で運用し（≒貸し出し）ます。

ここまでの説明では，個々の銀行の預金額には何の制限もないように思われます。銀行が預金を増やしたい場合，必要な準備の額も増えますが，それは短期金融市場で調達すればよいし，減らしたい場合には，余った準備は短期金融市場で運用すればよいだけです。しかし，個々の銀行ではなく，すべての銀行が預金を増やしたい場合はどうでしょうか？

この場合，短期金融市場で銀行に資金を供給できるのは，実際には中央銀行しかいません。というのも，準備は日本銀行の当座預金なので，中央銀行が受

表 9.2　各預金に対する準備率

（単位：%）

			実施日（86 年 7 月 1 日）	実施日（91 年 10 月 16 日）
銀行・長期信用銀行・外国為替銀行，相互銀行・信用金庫（相互銀行・信用金庫の適用先：年度末残高 1,600 億円超）	定期性預金（譲渡性預金を含む）	2 兆 5,000 億円超	1.75	1.2
		1 兆 2,000 億円超 2 兆 5,000 億円以下	1.375	0.9
		5,000 億円超 1 兆 2,000 億円以下	0.125	0.05
		500 億円超 5,000 億円以下	0.125	0.05
	その他の預金	2 兆 5,000 億円超	2.5	1.3
		1 兆 2,000 億円超 2 兆 5,000 億円以下	2.5	1.3
		5,000 億円超 1 兆 2,000 億円以下	1.875	0.8
		500 億円超 5,000 億円以下	0.25	0.1
農林中央金庫	定期性預金（譲渡性預金を含む）		0.125	0.05
	その他の預金		0.25	0.1

（出所）　日本銀行

銀行の預金額は日々変動するので，それに合わせて準備額を毎日調整することは不可能です。そのため，実際には，ある月の 1 日から月末までの 1 カ月間の預金額の平均に対して，その月の 16 日から翌月の 15 日までの準備の平均が法定準備額になるように，各銀行は日々の準備額を調整しています。

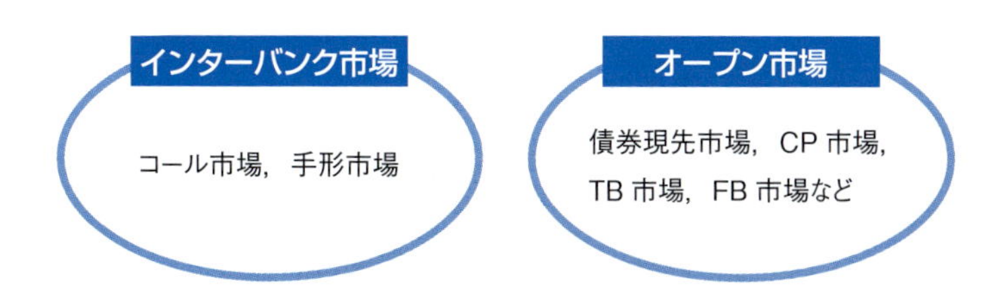

図 9.1　短期金融市場の構造

日本の主なインターバンク市場はコール・手形市場で，コール市場では主にオーバーナイト（翌日）物など 1 週間以内のごく短期の取引が，手形市場では 1 週間から数カ月というより長期間の資金の取引が行われています。日本の主なオープン市場には，債券現先市場，債券レポ市場，譲渡性預金（CD）市場，国内コマーシャル・ペーパー（CP）市場，割引短期国債（TB）市場，政府短期証券（FB）市場があります。

け入れる当座預金の額を増やさない限り，銀行が預けられる準備の額も増えないからです（短期金融市場では，売買代金の支払いは現金ではなく，中央銀行の当座預金口座を通じて行われます）。

経済全体では，準備の総額は中央銀行が決定するものだということを前提とすると，上の（9-1）式は，個々の銀行からみると右辺の預金額 D に対して，左辺の準備 R がどれだけ必要かを示す式ですが，中央銀行からみると，左辺の準備 R の大きさに応じて，経済全体でどれだけの預金 D が生み出されるかを表していることになります。このことは，（9-1）式を次のように書き換えるとよりわかりやすくなります。

$$D=\frac{R}{q} \qquad (9\text{-}2)$$

（9-2）式から，中央銀行が準備 R を 1 単位，たとえば 100 億円増やすと，経済全体では預金 D が $\frac{1}{q}$ 単位，仮に法定準備率 q が 2%（$q=0.02$）とすると，100 億円 $\times(1\div0.02)=5000$ 億円増加することになります。このように準備増加に対する預金増加の倍率 $\frac{D}{R}$（この値を**信用乗数**といいます）は，法定準備率 q の逆数 $\frac{1}{q}$ に等しくなります。

今までの議論を読んで，「何かおかしい」と感じた人は，センスが良いか，あるいは近年行われている実際の金融政策について勉強したことがある人でしょう。上の議論では，R の定義が，最初に出てきた（9-1）式と後の（9-2）式で異なっていて，その分だけ不正確になっています。（9-1）式では，R は銀行が預けなければならない準備の最低額として定義しました。これは必要最低限の準備であって，銀行は，もし望むならそれ以上の準備を預けることが可能です。もし各銀行が必要以上の準備を預けたいと考えており，その額を R'（$R'\geqq R$）とすると，（9-1）式は $R'\geqq qD$ となり，よって（9-2）式は

$$D\leqq\frac{R'}{q} \qquad (9\text{-}2')$$

と不等式にしなければなりません。この場合，中央銀行が準備 R' を増やしたからといって，各銀行が預金を増やすとは限りません。各銀行が余った準備を短期金融市場などで運用しようとせず，そのまま中央銀行に預け続けたとすれ

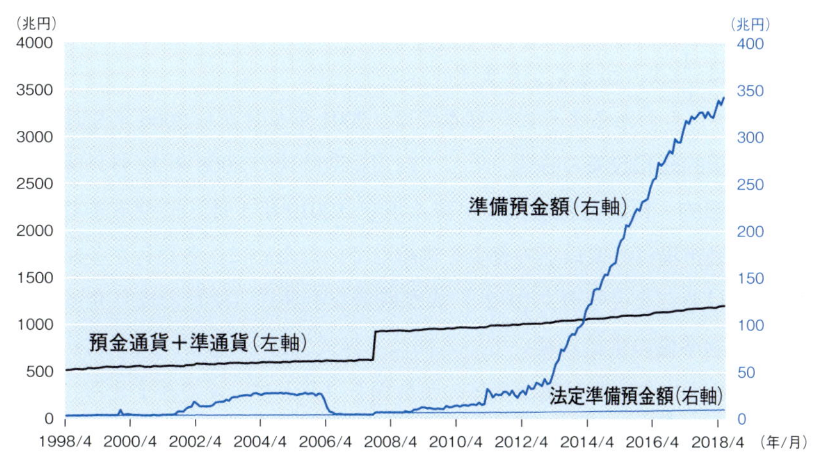

図 9.2　預金額と準備額

■BOX9.1　マネタリーベースとマネーストック■

本文の（9-2）式は，中央銀行が準備 R を増減することで経済全体の預金 D の大きさをコントロールできることを示しています。また，現金 C はそのほとんどが中央銀行の発行する銀行券ですので，やはり中央銀行がその量をコントロールすることができます。しかし，中央銀行は現金 C と準備 R（ひいては預金 D）をそれぞれ自由に増減できるわけではありません。というのも，貨幣を保有する家計や企業は，それぞれの判断で保有貨幣に占める現金 C と預金 D の比率を決めており，中央銀行はこの比率を直接変更することができないのです。

そのため，伝統的な経済学では，現金 C と準備 R との合計を**マネタリーベース**（またはベースマネーやハイパワード・マネー）と呼び，中央銀行はマネタリーベース $H(=C+R)$ の大きさを増減することで，経済全体のマネーストック $M(=C+D)$ の大きさをコントロールしていると考えます。そして，マネタリーベース H に対するマネーストック M の比率 $m\left(=\frac{M}{H}\right)$ を，貨幣乗数（あるいは信用乗数）と呼びます。

ば，（9-2′）式左辺の預金 D は変化しないことになります。そのような法定準備率以上に預けられた準備のことを**超過準備**といいます。超過準備がある場合，信用乗数は $\frac{1}{q}$ より小さくなります。

図 9.2 からもわかるように，日本では，2001 年 3 月から 2006 年 3 月までのいわゆる**量的緩和政策**の時期，そして白川総裁時代の 2008 年 12 月以降，黒田総裁の「**量的・質的金融緩和**」が続く現在（2019 年 1 月）に至るまで，日本銀行が金融市場に必要以上の資金を供給していたために，各銀行が多額の超過準備を預けることとなり，（9-2′）式が厳密な不等式（<）で成り立っていました。超過準備の供給が続いている間は，等式である（9-2）式が成り立っていないため，中央銀行は経済全体の預金額をコントロールできません。そのため，超過準備の供給が続いている間のマネーストックの増加や減少については，それを「中央銀行による」ということはできません。ですが，一昔前の金融論やマクロ経済学の教科書では，（9-2′）式のような不等式ではなく，（9-2）式のような等式だけが記されており，中央銀行は経済全体の預金額やマネーストックをコントロールできると書かれています。その理由は，経済が通常の状況にある場合には，銀行は超過準備を（ほとんど）預けようとしないからです。

準備には通常，利子がほとんどつかないのに対して，短期金融市場で運用した場合には，通常は準備よりも高い正の短期利子率分だけ利子が得られます。そのため，経営状態に問題があり，いざというときに市場から十分な資金を調達できない銀行だけが，万が一に備えて法律で定められた以上の準備を保有しますが，その超過額にも限度があります。ところが，短期金融市場での短期利子率が超過準備につく利子率に（ほぼ）等しい）場合には，余分の準備があったとして，そのまま中央銀行に預けているのと市場で運用するのとで何の違いも生じません。そのため，中央銀行が大量に資金を供給しても，それがそっくりそのまま超過準備となってしまい，預金額は変化しない，ということが起こる可能性があります。

日本では，深刻な金融不安とデフレに悩まされていた 1999 年 2 月から 2000 年 8 月までの期間，日本銀行による**ゼロ金利政策**（レッスン 10.6 参照）によってコール市場における翌日物無担保コールレートが実質的にゼロ％となりま

■BOX9.2 「信用創造」と貨幣乗数■

本文の（9-2）式の説明では，中央銀行が準備 R を増やすと自動的に預金 D が増加するように思われますが，実際には預金 D は家計や企業が銀行に預けるものですので，準備 R が増えたからといって，そのままでは家計や企業には何の影響もありません。準備 R の増加が預金 D の増加につながるプロセスは，一般に**信用創造**と呼ばれます。

まず始めに，誰も現金を保有し続けない，預金だけが保有され続けられる唯一の貨幣であるような経済を考えます。ここで，すでに預金に対して十分な準備を保有しているA銀行に対して，中央銀行が追加的に1億円の貸出を行った結果，準備が1億円増加したとしましょう。A銀行にとって，その1億円をそのまま中央銀行の当座預金口座に預けておいても何の収益も生まないので，全額を引き出し，家計や企業への貸出に回します。借り入れた当の家計や企業は，その資金を消費や投資，賃金などの支払いに用いるとしても，支払いを受けた取引相手の家計や企業は，最終的には受け取った1億円をいずれかの銀行に預金します。準備率を $q(<1)$ とすると，新たに1億円の預金を受け入れた銀行は，そのうちの q（億円）を準備として残し，残りの $1-q$（億円）を新たな貸出に回します。この $1-q$ は再び銀行に預金され，そのうちの $q(1-q)$ は準備に，残りの $(1-q)^2$ は貸出に回されます。この預金と貸出の連鎖は無限に続くため，最終的な預金の増加額 ΔD は

$$\Delta D=1+1-q+(1-q)^2+(1-q)^3+\cdots\cdots+(1-q)^n+\cdots\cdots$$

となり，BOX6.2のコンソル債価格の求め方と同じ方法で信用乗数が

$$\Delta D=\frac{1}{q}$$

と求められます。

人々が現金と預金の両方を保有する場合には，その現金・預金比率を $p\left(=\frac{C}{D}\right)$ とすると，マネタリーベース H を1増やしたときの最終的なマネーストック M の増加額である貨幣乗数 m は

$$m=\frac{1+p}{p+q}$$

と求められます。

した（図 9.3）。ゼロ金利政策は，いったんは解除されますが，2001 年 3 月からの量的緩和政策のもとで実質的に復活しました。

ゼロ金利政策や量的緩和政策は世界的にも例のない政策であり，それまで実際に起こるとは考えられておらず，実施された後も日本だけの特殊な現象と思われていました。しかし，世界金融危機におけるいわゆるリーマンショック以後，先進各国は同様の状況に追い込まれ，決して日本だけの例外的な状況ではないことがわかりました。とはいえ，金利の引き上げと中央銀行の資産縮小という正常化へのプロセスが，アメリカではすでに 2015 年末より始まり，ユーロ圏でも資産拡大が 2018 年末で終了する見通しとなりました。そこで本書では，ゼロやマイナスの金利水準や巨額の超過準備の存在は例外的な状態であり，通常は（9-2）式の関係を利用して中央銀行は経済全体の預金量やマネーストックをコントロールできると考えます。

レッスン 9.2　貨幣の取引需要

レッスン 9.1 で，経済全体のマネーストックが中央銀行によってコントロールされることを学びました。そのため，中央銀行が変えようと思わない限り，マネーストックは一定であると考えてよいことになります。中央銀行がどのような状況でマネーストックを変化させる，あるいはさせないかの問題，いわゆる金融政策の議論は次の第 10 章で行うこととして，これ以降は，貨幣の需要と貨幣市場の均衡について議論したいと思います。

貨幣の需要について，実はその一部はすでに**レッスン 2.4** で議論していて，その要点は，貨幣経済では取引額と同じ額だけ貨幣による支払いをする必要がある，ということでした（図 9.4）。物価水準を P，経済全体の取引総量を T とすると，取引総額は PT と表せます。同じ貨幣が 1 年間に利用される平均回数である**貨幣の流通速度**を V とすると，1 枚の 1 万円札を使って 1 年間に V 回，合計 V 万円の支払いができることから，1 年間に PT の支払いを貨幣によって

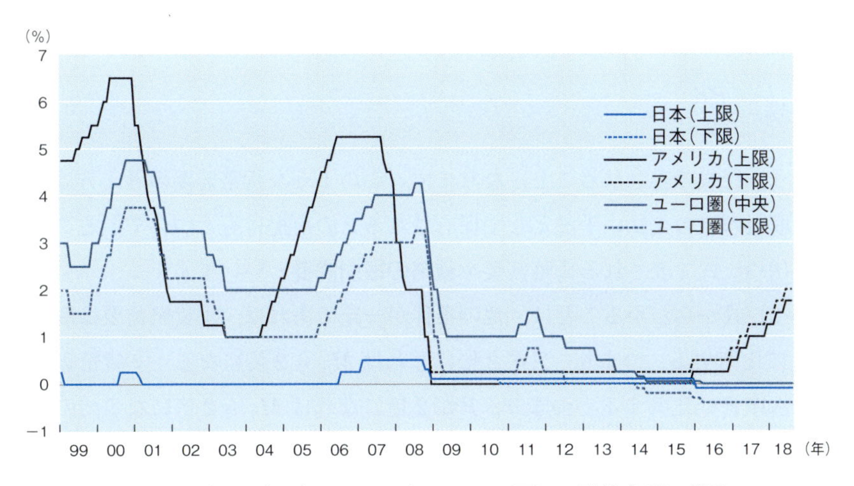

図 9.3　各国（日本，アメリカ，ユーロ圏）の政策金利の推移

（データ出所）　日本銀行
日本：無担保コールレート（O/N）（2001.3 ～ 2006.2, 2013.4 ～ 2015.12 は実勢値），日本銀行当座預金金利（2016.1 ～）
アメリカ：フェデラル・ファンド・レート誘導目標
ユーロ圏（中央）：主要リファイナンシング・オペレート
（下限）：預金ファシリティー金利
リーマンショック後の 2010 年 10 月からマイナス金利政策が導入される 2016 年 1 月まで，完全なゼロ金利ではありませんが，短期市場利子率は超過準備に付利される 0.1%を下回る実質的にゼロ金利の水準で推移しました。

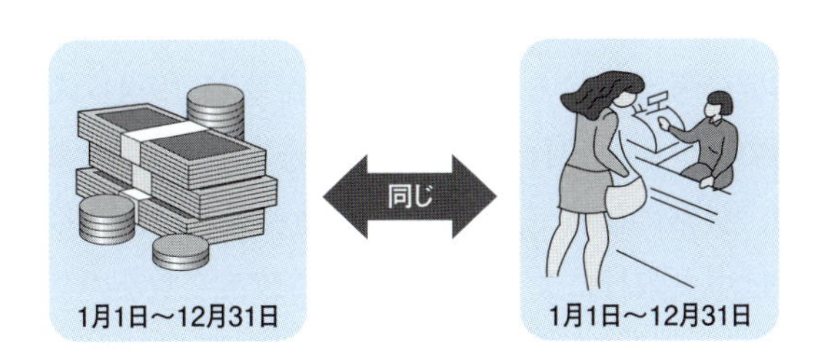

図 9.4　貨幣の需要

1 年間に貨幣で支払う必要のある額の経済全体での合計は，同じ 1 年間の経済全体の総取引額になります。

行うためには，ストックとしての貨幣が $\dfrac{PT}{V}$ だけ必要となります。

そのため，経済全体でのストックとしての貨幣に対する需要 M_D は

$$M_D = \frac{PT}{V} \tag{9-3}$$

という方程式で表されることになります。このような貨幣需要の考え方は，貨幣が取引の際の支払い手段として保有されるとの前提にもとづいていることから，(9-3) 式で表される貨幣需要を**貨幣の取引需要**といいます。

(9-3) 式からわかることは，他の条件が一定であれば，①貨幣需要は取引総量 T に比例する，つまり，T が 2 倍になれば M_D も 2 倍になる，②貨幣需要は物価水準 P に比例する，つまり，P が 2 倍になれば M_D も 2 倍になる，の 2 つです。経済学では，現実の貨幣が実際に 1 年間に何回利用されるかはあまり重要ではありません。また，取引総量よりも実質 GDP（国内総生産）のほうがずっと重要な値になります。そこで，実質 GDP を Y で表し，「経済全体の取引総量は実質 GDP に比例する」と仮定して，(9-3) 式を

$$M_D = \frac{PY}{V} \tag{9-4}$$

と書きかえることがよく行われます。PY は名目 GDP なので，(9-4) 式での貨幣の流通速度 V は，名目 GDP をマネーストックで割って求めることができます。実質 GDP と貨幣の流通速度がともに一定水準で変化しないと仮定し，縦軸に貨幣の価格 $\dfrac{1}{P}$，横軸に経済全体の貨幣需要をとって図示すると，図 9.5 のような反比例の**貨幣需要曲線**が描けます。

貨幣の取引需要の考え方にもとづいて貨幣需要が (9-4) 式で表されるとき，貨幣市場の均衡では，中央銀行が定めるマネーストック M_S と貨幣需要 M_D が一致するように，貨幣の価格 $\dfrac{1}{P}$，つまり物価水準 P が決まることになります。マネーストックは中央銀行によって決定される政策変数なので，需要供給分析では（さしあたり）市場の外から与えられた一定値 M であると考えます。そこで，**貨幣供給曲線**は図 9.5 のような垂直線となります。需要供給曲線図では，市場均衡は需要曲線と供給曲線の交点で表されることから，図 9.5 では，貨幣市場の均衡は点 E で表され，均衡における物価水準は P_E となります。

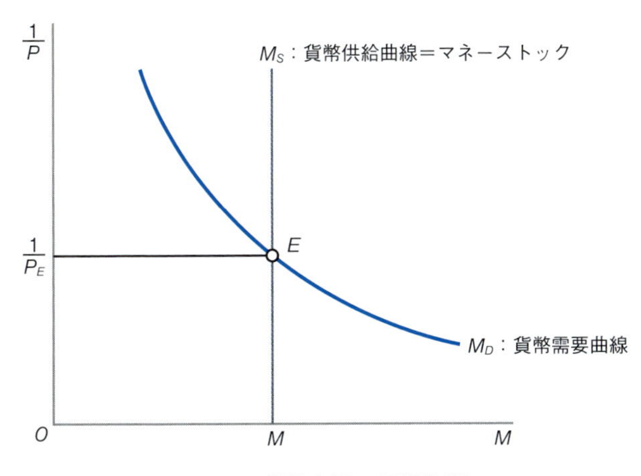

図 9.5　貨幣市場の長期均衡

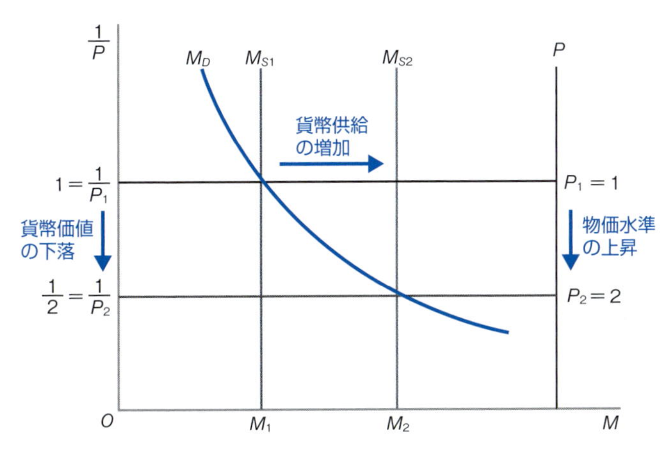

図 9.6　マネーストックの変化と物価水準

図 9.6 より，中央銀行がマネーストックを増やして貨幣供給曲線が右方にシフト（＝曲線全体が右方に移動）すると，貨幣の価格 $\frac{1}{P}$ は下落，すなわち物価水準 P は上昇し，逆にマネーストックを減らして貨幣供給曲線が左方にシフトすると，物価水準 P は下落することがわかります。

この貨幣市場の分析では，需要曲線の形状が具体的に（9-4）式とわかっているので，マネーストック M_S の増加に対して，物価水準がどの程度上昇するのかより厳密に計算することができます。貨幣市場の需給一致条件である $M_D = M_S$ に（9-4）式を代入して物価水準 P について解くと，貨幣市場を均衡させる物価水準 P_E が

$$P_E = \frac{M_S V}{Y} \qquad (9\text{-}5)$$

と計算できます（（9-5）式は，取引総量 T を実質 GDP の Y に置き換えた以外は第 2 章の（2-1）式とまったく同じです）。

（9-5）式より，実質 GDP の Y と貨幣の流通速度 V が一定の場合，物価水準 P はマネーストック M_S の増加率と同じ率で上昇することがわかります。実質 GDP が増加している場合には，インフレ率 π はマネーストック増加率 g_M から実質 GDP 成長率 g_Y を引いた値にほぼ等しく，

$$\pi = g_M - g_Y \qquad (9\text{-}6)$$

が（近似的に）成り立ちます。貨幣数量説では，貨幣の流通速度 V が一定で，実質 GDP 成長率 g_Y がマネーストック増加率 g_M とは無関係であると考えるので，（9-6）式が成り立って g_Y は g_M が変化しても変わらない値となります。そのため，インフレ率 π の変化は，マネーストック増加率 g_M の変化にちょうど等しくなります。インフレ率を 1％上昇させるためには，中央銀行がマネーストックの増加率を 1％上昇させればよいのです。

ところが，図 9.7 からも明らかなように，実際の経済データでは，インフレ率とマネーストック増加率，経済成長率との関係はあまり安定しておらず，計算される貨幣の流通速度は必ずしも一定ではありません。これは，マネーストックの変化に対して，物価が直ちに調整されるのではなく，短期的には，貨幣の流通速度の変化によって調整されることを示唆しています。では，貨幣の流

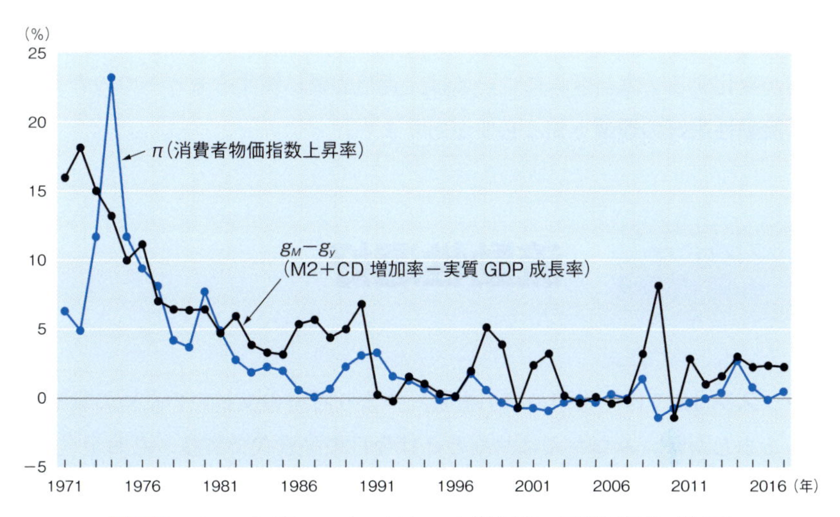

図 9.7　インフレ率，マネーストック増加率，実質 GDP 成長率

(データ出所)　総務省統計局，日本銀行，内閣府

(9-6) 式が成り立っているなら上の 2 つのグラフは同じ動きをしなければなりませんが，実際にはかなり異なる動きをしています。

■BOX9.3　積の増加率と増加率の和■

貨幣市場の均衡を表す (9-5) 式の関係は，一般的には交換方程式 (あるいは貨幣数量方程式)

$$MV=PY$$

の形で知られています。この交換方程式の左辺 M (マネーストック) は，物価水準 P と実質 GDP Y との積 (の一定倍) になりますが，その増加率 g_M は，(9-6) 式より P の増加率であるインフレ率 π と Y の増加率である実質 GDP 成長率 g_Y との和にほぼ等しくなります ($g_M=\pi+g_Y$)。以上の関係は，積の対数値 $\log PY$ がそれぞれの対数値 $\log P$ と $\log Y$ との和に等しくなることと，対数値の増加分 $\Delta\log x=\log(x+\Delta x)-\log x$ が元の変数の増加率 $\frac{\Delta x}{x}$ にほぼ等しくなることから求められます (後者の性質より，マネーストックなどの時系列グラフを対数目盛を用いて描くと，その傾きが増加率を表すことになります)。フィッシャー方程式 (6-2) 式も同様の関係から求められます。

通速度はどのような要因によって変化するのでしょうか？　貨幣の流通速度 V の逆数 $\frac{1}{V}$ は，貨幣の平均保有期間と考えることができますが，その平均保有期間が変化するメカニズムについては，貨幣需要に関するもう一つの考え方である流動性選好の理論を知る必要があります。

レッスン 9.3　流動性選好

レッスン 9.2 では，貨幣の取引需要，つまり将来の支払いのための貨幣需要を考えましたが，みなさんは，たとえば今日の昼食代で支払ったお金（現金）は何日前から財布に入っていましたか？　昼食が自分で作った弁当だったり，昼食代を電子マネーで支払った人は，他の現金での支払いの場合を思い浮かべてください。

今朝 ATM で下ろしたばかりだ，という人もいれば，先月の給料日に全額下ろした中から支払った人もいるかもしれません。給料が振り込まれたその日に全額下ろしてしまう人は，単なる浪費家のようにも思いますが，いちいち下ろしにいくのが面倒くさい，ということも考えられます。現在（2019 年 1 月）の預金金利は非常に低いので，銀行に預けておくメリットがない，ということもあるかもしれません。

例として，月給 20 万円の人が，毎月 20 日の給料日に全額下ろしてしまう場合と，給料日には半額の 10 万円だけ下ろし，残りの 10 万円は翌月の 5 日に下ろす場合とで，1 年間に得られる利息がどれだけ異なるか考えてみましょう。

図 9.8(a) のように，振り込まれてすぐに全額下ろしてしまう場合，預金残高は常にゼロなので得られる利息も当然ゼロになります。これに対して (b) のように給料を 2 回に分けて下ろす場合，預金残高は 20 日から翌月 4 日までの半月間が 10 万円，5 日から次の給料日までがゼロで，平均では 5 万円になります。

預金金利が（2019 年 1 月時点の普通預金金利の平均にほぼ等しい）年率

(a)　月 1 回（20 日に全額引き出し）

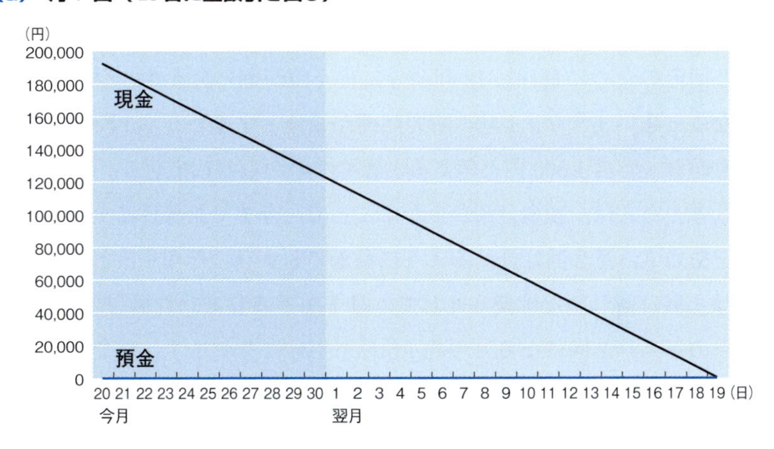

(b)　月 2 回（20 日，5 日にそれぞれ 10 万円ずつ引き出し）

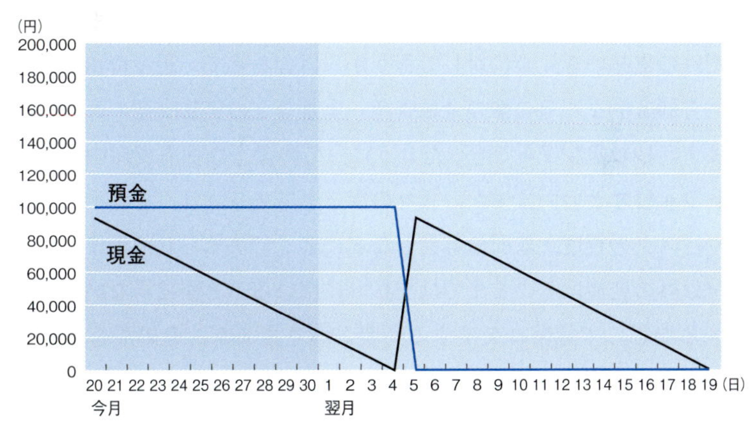

図 9.8　預金の引出回数と現金の残高の推移

（注）１カ月が 30 日，支出額は毎日同額（20 万円÷30 日＝6666 円）と仮定する。

0.001％だとすると，1 年間に得られる金利は 50000 円× 0.00001 ＝ 0.5 円にしかなりません。1 年間預けても 1 円にもならないのであれば，利息のために銀行に預金しておくメリットは全くありません。

では，預金金利が 3000 倍の年率 3％になったらどうでしょうか？

金利が 3000 倍になると利息も 3000 倍，つまり 1 年間で 1500 円になります。昼食 3 回分のために銀行に 12 回余分に行くのが割に合うかどうかは人によって異なると思いますが，1 回の所要時間が 5 分とすると 5 × 12 ＝ 60 分＝ 1 時間ですから，時給 1,500 円と考えると悪くないかもしれません。

そう考えた人は，預金金利が上がることで，今まで給料日に全額下ろしていたのをやめて，月 2 回に分けるようになるでしょう。そうすると，現金の保有期間は，毎日同じ額だけ使うとして，月 1 回下ろしていた場合には平均 15 日だったのが，月 2 回になると平均 7.5 日と半分になります。現金の流通速度は現金の平均保有期間の逆数（分子と分母を入れ替えた数）ですから，保有期間が半分になれば，流通速度は 2 倍になります。よってこの例から，利子率が上昇すると現金の流通速度が上昇する可能性のあることがわかると思います。

一般に，家計や企業など民間の各経済主体は，自分たちの「都合」（いつ，どれだけの支払いを，誰に対して行うか）に合わせて，現金や預金などの貨幣，株式，有価証券などその他の金融資産，土地などの実物資産の保有比率を決めています。**レッスン 7.4** で述べたように，このような保有資産の構成のことを**ポートフォリオ**といいますが，人々のポートフォリオは，それぞれの資産の収益率やリスクの程度，取引の容易さなどに応じて決められています（図 9.9）。

貨幣以外の資産はそのままでは支払いに用いることができないので，事前に売却するなどして貨幣に交換する必要がありますが，その際，売却手数料や，株式のように価格の変動する資産の場合には適切な売却時期を決めるための時間や努力といった，一定のコストを支払う必要があります。これに対して貨幣，とくに現金にはそのようなコストは必要ありません。

容易に支払いに用いることのできる貨幣のこのような性質を「**流動性**」といい，貨幣自体のことを流動性と呼ぶこともあります。また，貨幣以外の資産については貨幣に換えるためのコストが小さいものほど「流動性が大きい」とい

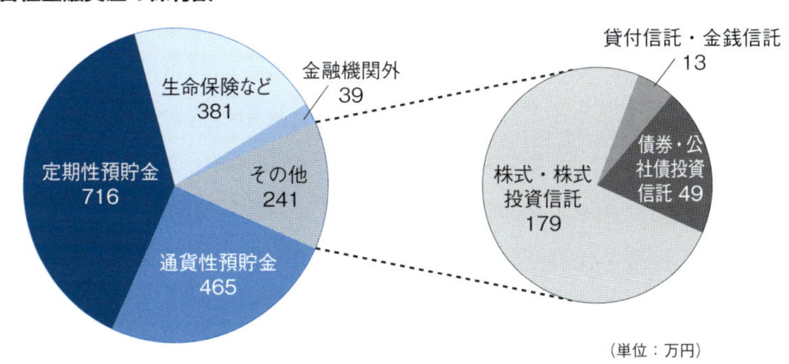

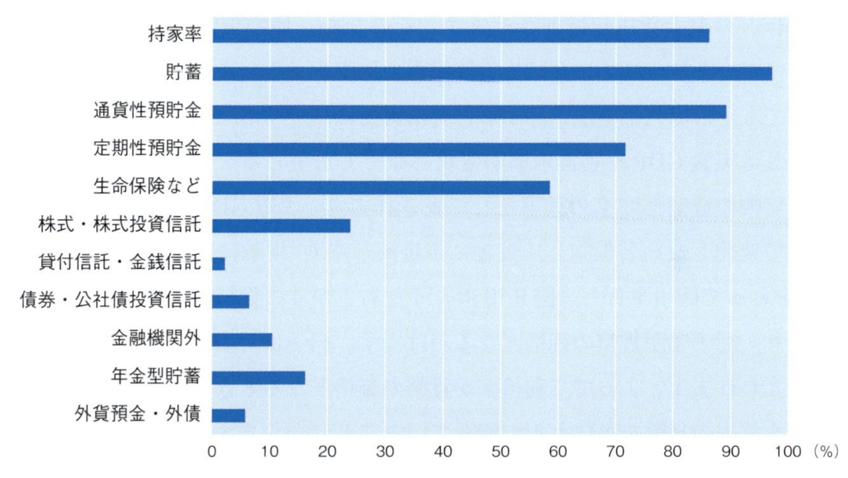

図 9.9 家計調査にみる平均的なポートフォリオ
(データ出所) 総務省統計局「家計調査」
(注) 2017 年 10 ~ 12 月期・2 人以上の世帯・全国・農林漁家含む。

います。よって，貨幣，とくに現金がもっとも流動性の大きな資産ということになります。

人々がポートフォリオを決める動機の中で，将来の支払いに備えて貨幣など流動性の高い資産を保有する傾向をとくに**流動性選好**（liquidity preference）といいます。

もちろん，流動性をタダで得ることはできません。貨幣は流動性が大きい代わりに利子率は（ほとんど）ゼロとなります。貨幣の代わりに国債や株式などの資産を保有すると，流動性が低くなる代わりに，利子率や収益率が高くなり，利子・配当収入やキャピタル・ゲイン（値上がり益）が得られます。これらの収益は，もし貨幣を保有せず国債や株式を保有していれば得られたはずのものであり，**貨幣保有の機会費用**（opportunity cost）になります。

上の預金の引き出し回数の例からも類推できるように，金融市場における利子率の上昇は，他の資産を保有していれば得られたはずの利子収入を増やし，貨幣保有の機会費用を増加させます。そのため，他の条件が変わらなければ，人々はポートフォリオにおける貨幣保有の比率を減らします。よって経済全体でみても，市場利子率が上昇すると貨幣需要は減少することになります。

これは実質GDPや物価水準が変化しなくても生じることなので，（9-4）式では貨幣の流通速度Vの低下として表されます。実質GDPと物価水準が一定水準で変化しないと仮定し，縦軸に市場利子率i，横軸に経済全体の貨幣需要M_Dをとって図示すると，図9.10のような右下がりの貨幣需要曲線が描けます。つまり，利子率が貨幣の価格となるわけです。利子は将来の時点で貨幣によって支払われます。よって，利子率が貨幣の価格となるときには，現在の貨幣の価値を将来の貨幣を単位として測っていることになります。

本章では今まで単に「市場利子率」と書いてきましたが，レッスン2.3で説明したように，利子率には貨幣の貸借に適用される名目利子率と，名目利子率からインフレ率を差し引いた実質利子率とがあり，名目利子率は物価上昇による貨幣価値の目減り分を含んでいるため，それを差し引いた実質利子率こそ，人々にとって意味のある，資産から得られる「本当の」収益の大きさを表すと述べました。ところが，貨幣の価格となるのは実質利子率ではなく**名目利子率**

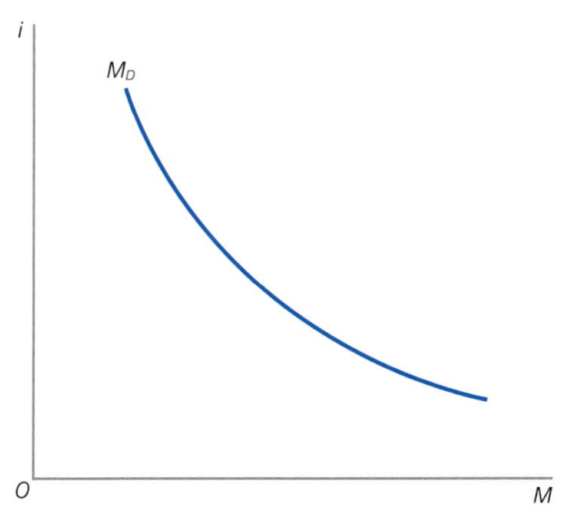

図 9.10　短期の貨幣需要曲線

■BOX9.4　ケインズの流動性選好説■

「流動性選好」という言葉の意味に関して，流動性選好説を唱えたケインズ（John Maynard Keynes）自身は貨幣需要とほぼ同じ意味に用いました。ケインズは，流動性選好を①取引動機（取引を行うための現金の必要性），②予備的動機（資産の一部を将来用の現金で持つことから得られる安全性への欲求），③投機的動機（将来について市場以上の知識を持つことから利益を得るために必要な貨幣の保有），の 3 つに分類しました。このうち，取引動機と予備的動機による流動性選好はもっぱら所得に応じて変化し，利子率にはあまり感応的でないとして，投機的需要が利子率に応じて変化すると論じました。

このケインズの分類によれば，本文中の預金の引出回数と利子率との議論は，取引動機が利子率に応じて変化することを示したものであり，本来の流動性選好説とは異なる議論です。ですが，どちらの議論からも，マクロの貨幣需要が国民所得と利子率の両方に応じて変化する関数になっていることが説明できますので，マクロ経済学の観点からはあまり大きな違いはないといえます。

になります。

インフレが進んでいるとき，名目資産の収益はインフレ率の分だけ目減りしますが，それは貨幣についても同じで，名目利子率がゼロである現金の実質収益率は，正のインフレ率のもとでは，価格上昇による購買力の減少分だけマイナスになります。貨幣保有の機会費用は，貨幣と他の資産，たとえば国債との収益率の差なので，実質利子率ではなく名目利子率に等しくなります。

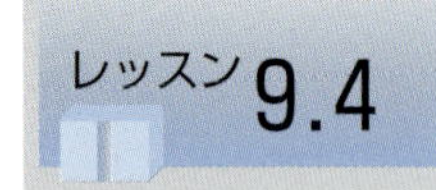

レッスン 9.4 貨幣市場における名目利子率の決定

図 9.10 のような流動性選好にもとづく貨幣需要を考えた場合，貨幣市場における価格は名目利子率になります。貨幣の供給は，貨幣の取引需要にもとづいた場合と同様，中央銀行が定めた一定値になると考えると，図 9.5 と同様の垂直線となります。貨幣市場の均衡では，貨幣需要と貨幣供給が等しくなるように貨幣の価格である名目利子率が決まります。図 9.11 では，貨幣市場の均衡は貨幣需要曲線 M_D と貨幣供給曲線 M_S との交点 E で表され，均衡（名目）利子率は i_E となります。

図 9.12 より，中央銀行がマネーストックを増やして貨幣供給曲線が右方にシフトすると，貨幣の価格である名目利子率 i は下落し，逆にマネーストックを減らして貨幣供給曲線が左方にシフトすると，名目利子率 i は上昇することがわかります。**レッスン 9.2** の貨幣の取引需要の場合と異なり，流動性選好がどのような関数で表されるかについては，理論的に一つに決定することはできないので，マネーストックを 1%増やしたときに名目利子率がどれほど低下するのか，実際のデータから計測してみなければわかりません。

これまで，中央銀行はマネーストックの大きさを定め，貨幣需要の大きさがマネーストックに等しくなるよう，貨幣市場の均衡で名目利子率が決定する，と考えてきました。そのため，中央銀行はマネーストックの大きさを操作することで，自らの望む名目利子率を実現することができます。

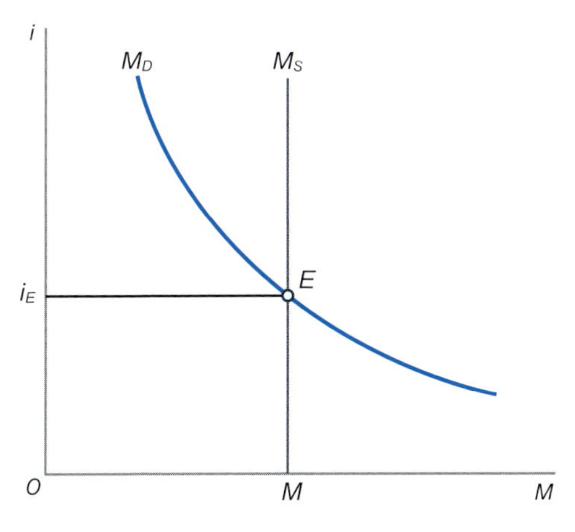

図 9.11　貨幣市場の短期均衡

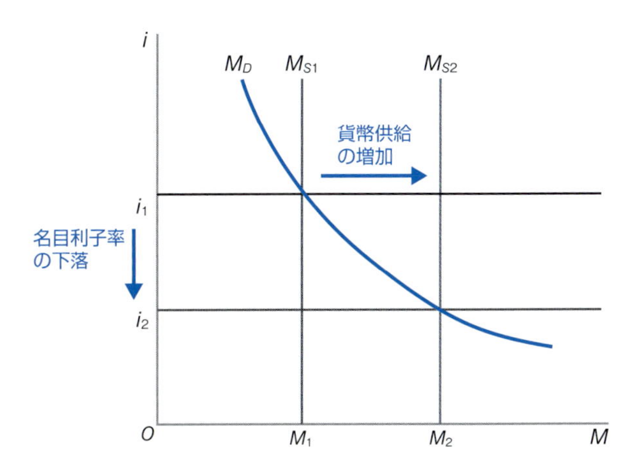

図 9.12　マネーストックの変化と名目利子率

そこで，中央銀行はマネーストックの大きさではなく，名目利子率の水準を定めていると考えることもできます。**レッスン 10.4** でより詳しく説明しますが，人々はマネーストックの大きさに直接影響されて行動しているのではなく，利子率やインフレ率に応じて行動していることから，中央銀行の関心も，マネーストックの大きさではなく名目利子率にあると考えたほうが現実的です。

レッスン 9.5 流動性の罠

レッスン 9.4 の考察より，貨幣需要は貨幣保有の機会費用である名目利子率が下落すると増加することがわかりました。貨幣保有の機会費用が下がると，人々は流動性の点で劣る国債など他の資産を手放してもっとも流動性の高い貨幣の形で自らの富を保有しようとするからです。そうすると，国債など他の資産は，劣った流動性を補うほどの収益が得られなければ，人々によって保有されないことになります。そのためケインズは，国債が保有される利子率の最低水準が存在し，それを「**流動性の罠**」と呼びました。このとき，貨幣需要曲線は図 9.13 のように流動性の罠の水準で水平となり，そこでの貨幣需要の利子弾力性（利子率が 1％下落したときの貨幣需要の増加率）は無限大となります。

なぜ利子率に最低水準があることが「罠」なのかというと，図 9.14 のようにその水準でマネーストックがさらに増加しても，利子率は最低水準にとどまったまま貨幣需要だけが見合った水準まで増加するからです。

流動性の罠の存在は，中央銀行にとってとても困ったものとなります。なぜなら，景気を刺激するために利子率を下げようとしても，流動性の罠以下に下げられないとなると中央銀行にはそれ以上打つ手がなくなってしまうからです。とはいえ，第 2 次世界大戦後の各国経済はインフレ基調で推移したこともあり，利子率は十分高い水準にとどまり続けたため，流動性の罠は理論的にはありえるとしても，現実的には問題にならないと考えられてきました。1990 年代後半に，日本が異常な低金利状態に陥るまでは。

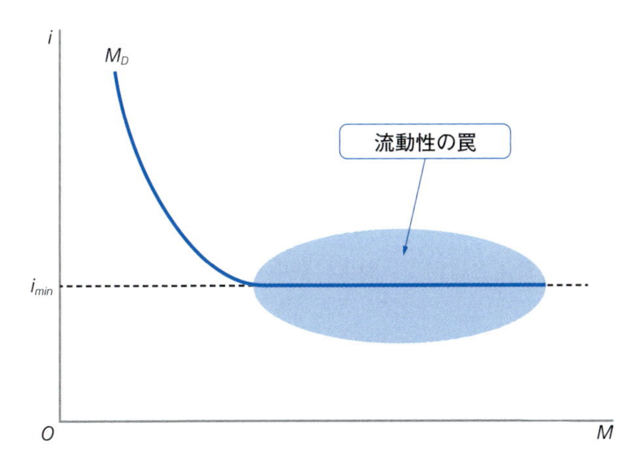

図 9.13　流動性の罠のもとでの貨幣需要曲線

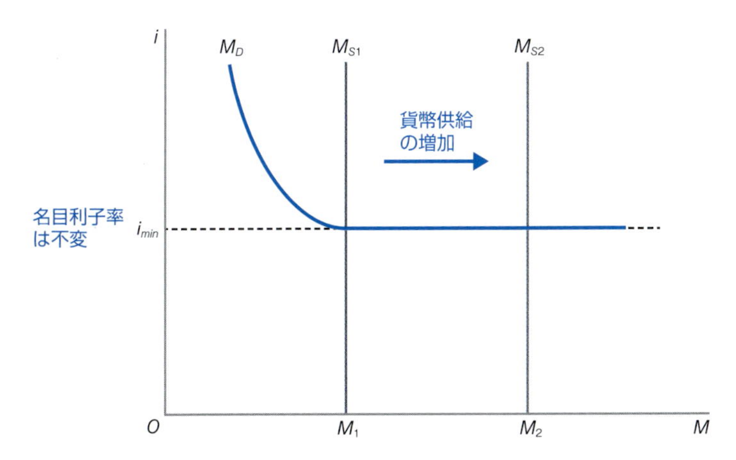

図 9.14　流動性の罠のもとでのマネーストックの変化と名目利子率
マネーストック M_S が増えても，名目利子率 i は不変。

第9章　演習問題

1. 法定準備率が4%，中央銀行の供給する準備の総額が40兆円のとき，経済全体の預金の総額がいくらになるか，計算しなさい。

2. ある経済において，実質経済成長率が4%，マネーストック増加率が7%であったとします。貨幣数量説が成り立つとき，この経済のインフレ率を計算しなさい。

3. 貨幣保有の機会費用とは何か，簡潔に説明しなさい。

4. 金融危機が発生すると，入金の遅れや急な支払いの必要に備えるため，人々の流動性選好が高まります。このとき，金融市場における名目利子率はどのように変化するのか，以下の3つの用語を用いて簡潔に説明しなさい。
   [貨幣需要曲線，シフト，超過需要]

10 金融政策

本章では，中央銀行が物価の安定や経済の安定化のために行う金融政策について学びます。始めに，中央銀行の役割と金融政策の目的を学んだ後，現在の主要先進国では，金融政策は主に公開市場操作によって実施されていることを学びます。次に，金融政策による利子率の変更が，消費や投資，純輸出の変化を通じて，物価やGDPに影響を及ぼすメカニズムを学びます。そして，望ましい金融政策が行われるために必要な，中央銀行の独立性と情報開示について学びます。最後に，近年日本で行われてきたさまざまな非伝統的な金融政策について学びます。

レッスン

レッスン 10.1 中央銀行とは

本章では，中央銀行によって実施される金融政策について議論しますが，そもそも**中央銀行**とは何でしょうか？　今までの各章では，中央銀行に関する詳しい説明なしに，金融秩序維持における最後の貸し手機能や，法定準備率規制にもとづく信用乗数の議論を行ってきましたが，ここで改めて中央銀行とは何か，日本の中央銀行である**日本銀行**を例にとって，簡単に整理してみましょう。

中央銀行の中には，イングランド銀行のように政府への貸付を行うために設立された商業銀行が，必要に応じて役割を変え現代的な中央銀行へと発展したものもありますが，日本銀行は始めから中央銀行としての役割を果たす目的で設立されました。

中央銀行の役割の第1は，**発券銀行**として**銀行券**を独占的に発行することです。日本銀行が設立される以前は，当時のアメリカの銀行制度に倣った国立銀行条例のもとで，国立銀行と呼ばれる複数の民間銀行が銀行券を発行していました。また政府の発行する太政官札と呼ばれる紙幣もありました。これらの紙幣が並存，乱発され，通貨制度が混乱したため，日本銀行が設立され銀行券の発行権限を独占することになりました。

中央銀行の役割の第2は，**銀行の銀行**として，民間金融機関との間で預金の受け入れや貸出取引を行うことです。日本銀行に設けられた当座預金は，金融機関同士のさまざまな資金決済に用いられています。金融機関同士の決済においては，ある一つの銀行の経営が悪化して決済が不可能になった場合，その影響で他の銀行もまた決済不能になり，それがまた別の銀行にも影響を及ぼして，という決済不能の連鎖を引き起こし，銀行システム全体がうまく働かなくなる危険があります。このような状況において，中央銀行は「**最後の貸し手**」として，銀行システム全体の破たんを避けるために資金の供給を行います。

中央銀行の役割の第3は，**政府の銀行**として，政府と預金取引を行っているほか，国庫や国債，外国為替関連の国の事務を行っています。日本銀行は，政

表 10.1　日本銀行の主な出来事

1882（明治 15）年	10 月	日本銀行開業（資本金 1000 万円，預金取引，貸出等を開始）
1885（明治 18）年	5 月	日本銀行券（銀貨兌換券）発行開始
1899（明治 32）年	12 月	国立銀行紙幣，政府紙幣の通用停止（日本銀行券への一元化）
1932（昭和 7）年	11 月	歳入補填国債の日本銀行引受発行開始
1942（昭和 17）年	5 月	「日本銀行法」施行。同法にもとづく日本銀行として新発足
1946（昭和 21）年	2 月	「金融緊急措置令・日本銀行券預入令」施行（「新円切り替え」）
1959（昭和 34）年	9 月	準備預金制度発動
1970（昭和 45）年	1 月	国際決済銀行（BIS）へ出資，正式加盟（20 年ぶりの復帰）
1971（昭和 46）年	4 月	「預金保険法」施行（預金保険制度創設）
1978（昭和 53）年	12 月	共通入札・複数価格決定方式による国債買入れ開始
1988（昭和 63）年	10 月	日銀ネット（当座預金関係事務）稼働
1991（平成 3）年	7 月	窓口指導（市中銀行の貸出増加額規制）の廃止
1995（平成 7）年	3 月	短期市場金利の誘導を重要な金融政策運営手段と位置づけ
1996（平成 8）年	6 月	「預金保険法」一部改正（ペイオフ凍結。2005 年 4 月全面解禁）
1998（平成 10）年	4 月	改正「日本銀行法」施行
1999（平成 11）年	2 月	ゼロ金利政策の実施（2000 年 8 月解除）
2001（平成 13）年	2 月	補完貸付制度の導入
	3 月	量的緩和政策の実施（2006 年 3 月解除）
2008（平成 20）年	10 月	補完当座預金制度の導入
2010（平成 22）年	10 月	「包括的な金融緩和政策」の導入，資産買入等の基金の創設
	11 月	「ETF（指数連動型上場投資信託受益権）および J-REIT（不動産投資法人投資口）の買入れ」の導入
2013（平成 25）年	4 月	量的・質的金融緩和の導入（2014 年 10 月拡大，2016 年 1 月マイナス金利導入，同年 9 月長短金利操作導入）

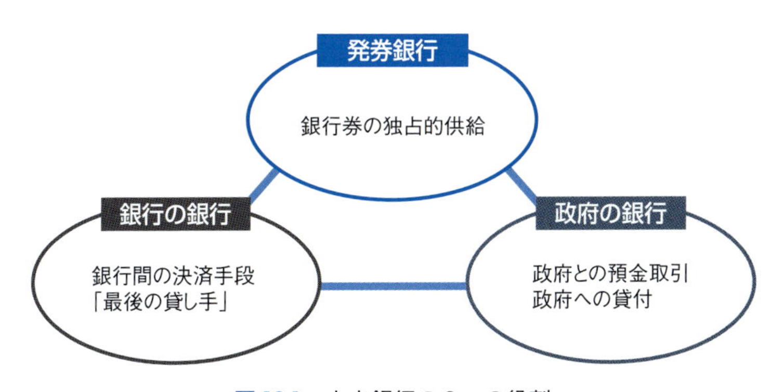

図 10.1　中央銀行の 3 つの役割

府に対する貸付も行っていますが，そこには財政法や日本銀行法によってさまざまな制限が課されています。その主な理由は，政府の赤字が日本銀行からの借入によって安易に穴埋めされ，財政の健全性が損なわれることを防ぐことにあります（図 10.1）。

レッスン 10.2　金融政策の目的

金融政策は，中央銀行の行うもっとも主要な政策で，たとえば日本銀行法第1条第1項の規定に示されます（図 10.2 参照）。すなわち，金融政策とは「通貨及び金融の調節」のことで，マネーストックや利子率の水準を適切に調節することを指します。中央銀行のもう一つの主要な政策は，金融システムの安定を図る**信用秩序維持政策**（プルーデンス政策）で，日本銀行法では第1条第2項に示されています。

では，金融政策の目的は何でしょうか？　マネーストックや利子率水準は，どのような目的を実現するように決定されるのでしょうか？

その具体例は，たとえば日本銀行法第2条の規定に示されています。この規定をもう少しわかりやすく説明すると，金融政策の目的は，基本的には**物価水準**の変化をできるだけ小さくすることになりますが，それは，物価水準の安定が持続的な経済成長や雇用確保につながると期待しているから，ということになります。歴史的にみて，好景気のときはインフレ率も高く，不景気になるとインフレ率も低くなる傾向があります。これは，図 10.3 のように第2次世界大戦後の日本のデータからも示されます。

このような，景気とインフレ率との正の相関関係を説明する簡単な理論に**総需要─総供給（AD-AS）分析**があります。図 10.4 は縦軸に物価水準，横軸に実質 GDP をとって描いた図です。ここで，総需要（AD）曲線は右下がり，つまり，物価が上がると総需要は減少し，逆に物価が下がると総需要は増加すると考えており，総供給（AS）曲線は右上がり，つまり，物価が上がると総供

（目的）

第１条　日本銀行は，我が国の中央銀行として，銀行券を発行するとともに，通貨及び金融の調節を行うことを目的とする。

２　日本銀行は，前項に規定するもののほか，銀行その他の金融機関の間で行われる資金決済の円滑の確保を図り，もって信用秩序の維持に資することを目的とする。

（通貨及び金融の調節の理念）

第２条　日本銀行は，通貨及び金融の調節を行うに当たっては，物価の安定を図ることを通じて国民経済の健全な発展に資することをもって，その理念とする。

（日本銀行の自主性の尊重及び透明性の確保）

第３条　日本銀行の通貨及び金融の調節における自主性は，尊重されなければならない。

２　日本銀行は，通貨及び金融の調節に関する意思決定の内容及び過程を国民に明らかにするよう努めなければならない。

図 10.2　日本銀行法（平成９年法律第 89 号）

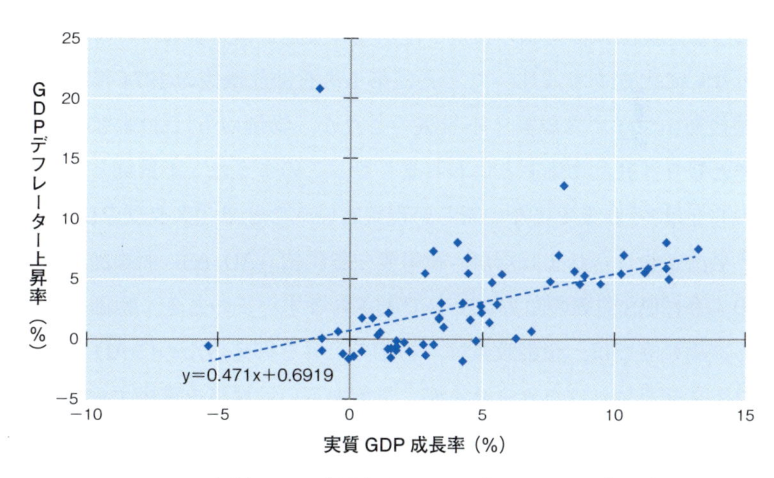

図 10.3　実質 GDP 成長率と GDP デフレーター上昇率
（データ出所）　内閣府
（注）　期間：1956 ～ 2017 年（暦年）

給は増加し，物価が下がると総供給も減少すると考えています。

AS 曲線が，技術進歩などもっぱら**経済の基礎的条件**（**ファンダメンタルズ**）によってシフトすると考えられるのに対して，AD 曲線は，家計の消費－貯蓄行動の変化といった経済の基礎的条件のほか，**財政政策**や**金融政策**によってもシフトすると考えられています（金融政策がどのように AD 曲線をシフトさせるのかは，レッスン 10.4 で議論します。AD-AS 分析のより詳しい説明は，マクロ経済学の教科書を参照してください）。マクロ経済の**均衡**は，AD 曲線と AS 曲線との交点，図 10.4 では点 E で表されます。

マクロ経済の短期的な変動が，図 10.5 のようにもっぱら AD 曲線のシフトによって生じるとすれば，景気が過熱して実質 GDP が大きくなりすぎると，物価が上昇してインフレが進み，景気が低迷すると物価が抑制されてインフレ率は低くなります。このとき，金融政策によって AD 曲線を当初の変化と反対方向にシフトさせる，つまり，景気の過熱を意味する右方へのシフトが生じた場合には反対の左方へシフトさせ，景気低迷を意味する左方へのシフトが生じた場合には逆の右方へシフトさせることで，中央銀行は**物価の安定**と**経済の健全な発展**（**産出量の安定した成長**）を同時に実現することができます。

ところが，実際には物価の安定と産出量の安定とは，少なくとも一時的には両立しないことがあります。たとえば第 1 次石油危機後の 1974 年は，景気面では戦後初のマイナス成長と不景気でしたが，物価の方は 20% もの高いインフレ率となり「狂乱物価」といわれました。このように，不景気と高いインフレ率の共存は，それまでにない新しい現象ということで「**スタグフレーション**」という名前がつけられましたが，総需要―総供給（AD-AS）曲線図上では，図 10.6 のように AS 曲線の左方シフトで表されます。このとき，物価の安定を重視する立場に立てば，金融政策は，物価の上昇を抑えるために AD 曲線を左方にシフトさせなければなりませんが，景気あるいは雇用を重視する立場に立てば，GDP の減少を補うように AD 曲線を右方にシフトさせなければなりません。

この場合には，景気と物価のどちらをより重視するかに応じて，金融政策のあり方も変わります。景気と物価の安定のどちらが重視されるのかは国によって異なり，たとえばアメリカでは連邦準備法において「最大の雇用，物価の安

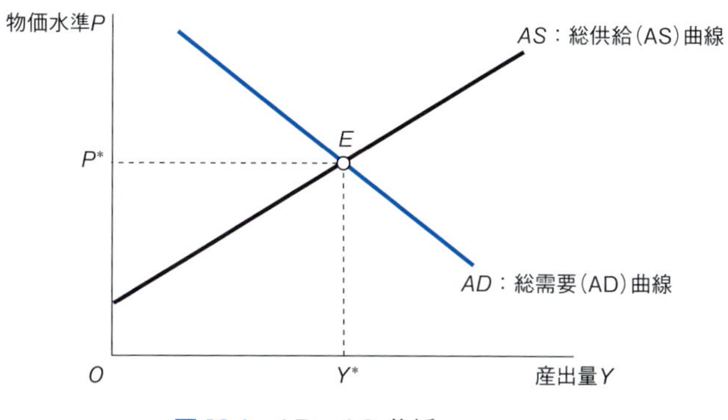

図 10.4　AD－AS 分析

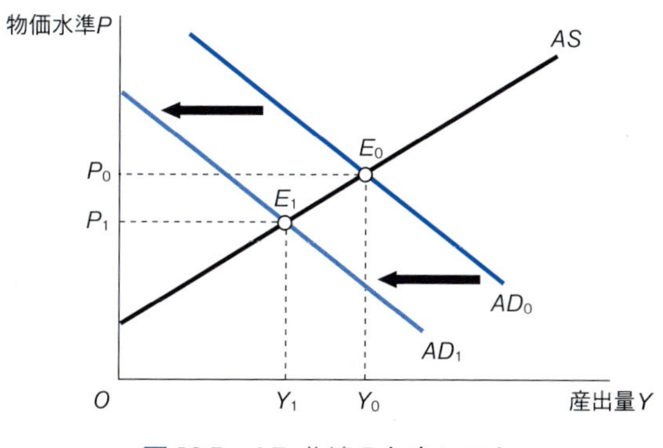

図 10.5　AD 曲線の左方シフト

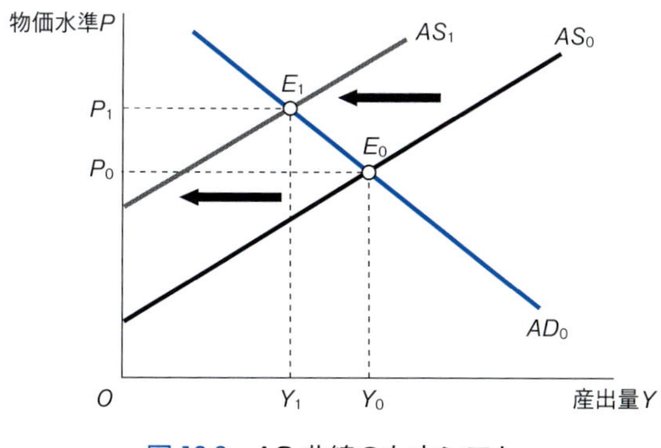

図 10.6　AS 曲線の左方シフト

定および適度な長期利子率の実現」が目的とされるのに対して，欧州中央銀行では，欧州連合条約（マーストリヒト条約）で定められているように「物価安定の維持が主要な目的」であって，「物価安定の目的を損なわない範囲で」「高水準の雇用」などを含む「(欧州）共同体の目的に資する共同体の一般的な経済政策を支援する」こととなっています。

レッスン 10.3 金融政策の手段

現在の主要先進国では，**公開市場操作**（openmarket operation）が中央銀行の主な政策手段となっています。これは，短期金融市場における資金の総量，つまり経済全体での**準備残高**を調節して，望ましい準備残高，マネタリーベースまたは**政策金利**（＝目標とする短期利子率）を実現する政策です。

準備残高を調節するために，中央銀行は民間金融機関を取引相手として金融市場で国債やCP（レッスン3.3でふれたコマーシャル・ペーパーの略で，信用力のある優良企業が割引方式で発行する無担保の約束手形）などの債券を売買したり，十分に安全な金融資産（国債，社債，手形など）を担保に，金利を競争入札によって決める貸付けを行います。通常は，インターバンク市場におけるごく短期（翌日～一週間）の金利が目標とする水準を保つように，準備残高が調整されます。日本では，2013年4月の量的・質的金融緩和導入以前は**無担保コールレート・オーバーナイト物**（翌日物）の利子率が政策金利となっていましたが，2016年1月の「**マイナス金利付き量的・質的金融緩和**」の導入以降は，日本銀行当座預金に適用される金利が政策金利となっています。

公開市場操作のうち，債券を買い入れて準備残高を増やす操作を「買いオペレーション（**買いオペ**)」，逆に債券を売却して準備残高を減らす操作を「売りオペレーション（**売りオペ**)」といいます（表10.2)。日本銀行が公開市場操作で売買する主な債券は，以前は安全性の高い国債（利付国債，国庫短期証券（T-Bill)）やCP，社債などでしたが，2010年以降はリスクのあるETF（指数連

表 10.2　主な公開市場操作の手段

(1)　資金供給オペレーション（買いオペ）

種　類	概　要
共通担保資金供給オペ	日本銀行が，「適格担保取扱基本要領」にもとづき適格と認める金融資産（国債，地方債，政府保証債，財投機関等債，社債，CP 等，手形，証書貸付債権など）を担保として資金を供給する。
国債買入	日本銀行が，利付国債を買い入れることによって資金を供給する。
国庫短期証券買入オペ	日本銀行が，国庫短期証券を買い入れることによって資金を供給する。
CP・社債買入	日本銀行が，CP や社債等を買い入れることによって資金を供給する。
ETF・J-REIT 買入	日本銀行が，ETF や J-REIT を買い入れることによって資金を供給する。
国債買現先（かいげんさき）オペ	日本銀行が，利付国債や国庫短期証券を，予め定めた期日に売り戻す条件を付して買い入れることによって資金を供給する。
CP 等買現先オペ	日本銀行が，「適格担保取扱基本要領」にもとづき適格と認める CP 等を，予め定めた期日に売り戻す条件を付して買い入れることによって資金を供給する。

(2)　資金吸収オペレーション（売りオペ）

種　類	概　要
手形売出オペ	満期が 3 カ月以内に到来する手形であって，日本銀行が振出人，受取人，支払人を兼ねるものを，日本銀行が売却することによって資金を吸収する。
国債売現先（うりげんさき）オペ	日本銀行が，利付国債や国庫短期証券を予め定めた期日に買い戻す条件を付して売却することによって資金を吸収する。
国庫短期証券売却オペ	日本銀行が保有する国庫短期証券を売却することによって資金を吸収する。

（出所）　日本銀行

動型上場投資信託受益権）やJ-REIT（不動産投資法人投資口）が加わりました。

短期金融市場が理想的な状態にあれば，個々の金融機関の資金の過不足はすべて市場を通じて調整されるので，中央銀行は公開市場操作によって経済全体の準備残高をコントロールするだけで，望ましい金利水準を実現できます。しかし，現実にはさまざまな制約のために調整がうまく働かず，必要な資金を借り入れるために非常に高い利子率を要求されたり，逆に貸出先が見つからず非常に低い利子率が提示される可能性があります。

このような事態を防ぎ，短期の市場利子率を安定させる仕組みとして，日本では日本銀行によって**補完貸付制度・補完当座預金制度**が設けられています。補完貸付制度は，原則として5日間を限度に，民間金融機関が担保の範囲内で日本銀行から自由に借り入れることのできる制度です（同様の制度はアメリカのFRS（連邦準備制度）やユーロエリアのECB（欧州中央銀行）にもあり，貸出ファシリティーとも呼ばれます）。この貸出に適用される利子率は基準貸付利率といいます。補完当座預金制度は，超過準備に利息を付ける制度で，当初は，短期金融市場の機能低下を防ぐために正の利子率が付けられましたが，マイナス金利導入後は金利面での主な政策手段となりました。図10.7で示されるように，補完貸付制度と補完当座預金制度により，短期利子率は常に日本銀行当座預金金利と基準貸付利率の間の水準に保たれることとなります。

短期金融市場が十分に発達していないところでは，金融取引の多くが市場を通さないで行われるため，市場利子率を上げ下げする公開市場操作は金融政策手段としての役割を十分に果たせません。金融取引に対してさまざまな規制が課せられていた高度経済成長時代（1956～1973年）の日本では，常に不足する預金・資本金の代わりに，日本銀行からの借入を貸出のための資金とするオーバーローンという現象が，都市銀行を中心に広くみられました。

このような状況では，市場利子率の上げ下げではなく，日本銀行が民間金融機関に貸出を行う際の貸出利子率である**公定歩合**の上げ下げが政策手段としてもっとも重要となります。これを**公定歩合政策**といいます。また，**法定準備率**を上げ下げして民間金融機関が必要とする準備の額，つまり準備に対する需要を操作する**支払準備率操作**も重要な政策手段と位置づけられていました。また，

(a)　補完貸付制度・補完当座預金制度がない場合

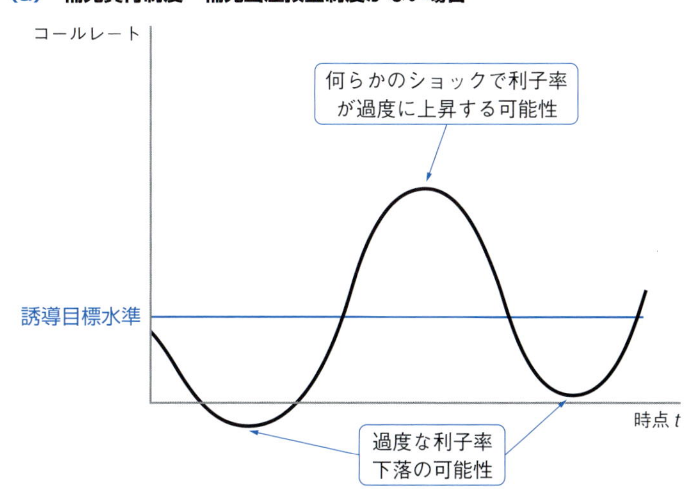

(b)　補完貸付制度・補完当座預金制度がある場合

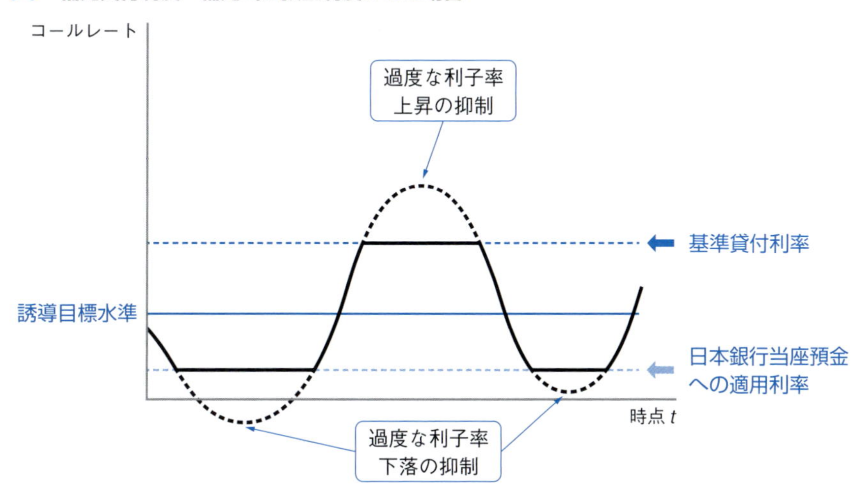

図 10.7　補完貸付制度・補完当座預金制度による利子率の安定

日本銀行が個々の金融機関に対して，その貸出増加額を適切な範囲にとどめるように指導する，いわゆる**窓口指導**と呼ばれる政策手段も用いられていました。これらの各種政策手段は，1970 年代後半以降の金融自由化の進展とともにその重要性が低下し，現在の日本では利用されていません。

レッスン 10.4 金融政策のメカニズム

中央銀行の公開市場操作によって短期利子率が変動すると，最終的には AD 曲線が左右にシフトして，物価や GDP が変化することになりますが，AD 曲線をシフトさせる具体的なメカニズムは，いくつかの経路に分けられます。総需要は大きく消費，投資，政府支出，純輸出（＝輸出－輸入）の 4 つに分けることができますが，利子率の変化は，それぞれの需要項目に影響を及ぼして，総需要を変化させることとなります。

第 1 の経路は，**消費**の変化を通じたものです。利子率が低下すると，利子収入が減少する分だけ，同額の貯蓄で購入できる将来の財・サービスの量が減少します。これは，現在の財・サービスにくらべて将来の財・サービスの価格が割高になったということなので，人々は高くなった将来の財・サービスの購入を控えて，割安な現在の財・サービスをより多く購入しようとします。そのため，利子率の低下によって**貯蓄**が減少し，その分だけ消費が増加することになります。利子率が上昇した場合には，逆に貯蓄が増加してその分消費は減少します。ですが，実際の統計データでは，利子率以外のさまざまな変動要因にかき消されて，人々が利子率の変化に対して貯蓄額や消費額を変えているかどうか，はっきりとはわかりません。

第 2 の経路は，**民間投資**の変化を通じたものです。利子率が低下すると，同額の借入に対する将来の返済額が低下します。そのため，それまでの高い利子率のもとでは採算のとれない，収益率の低い投資でも十分な利益が得られるようになり，新たに投資が行われることになります。逆に利子率の上昇で資金コ

■BOX10.1　投資の決定要因■

入門的なマクロ経済学の教科書の多くでは，投資額は限界的な収益率が利子率に等しくなる水準に決定されると書かれていますが，実際の企業はどのように投資額を決定しているのでしょうか？　少し前の2002年度の内閣府のアンケート調査では，今後3年間の設備投資の決定要因として「内外の需要動向」や「収益水準」のほか，「手元流動性」も挙げられていましたが，近年の調査結果をみてみましょう。三菱UFJリサーチ＆コンサルティングが2017年12月に行ったアンケート調査において，設備投資を抑制している理由の上位3つは「現状で設備は適正水準である」「少額の維持補修で対応できている」「投資に見合う収益を確保できるかわからない」でした。この結果から，企業は投資の収益とリスクを勘案して投資額を決定しており，教科書の議論は概ね正しいといえます。ですが5番目の「手持ち現金が少ない，借入負担が大きい」の手持ち現金の多寡は投資の期待収益率とは直接関係がないので，MM定理が成り立つ世界であれば，投資には影響を及ぼさないはずです。実際には，**レッスン3.2**で学んだように，企業が投資資金を調達する際には情報の非対称性の問題が生じるため，保有する資金の大きさが重要になるようです。興味深いのは4番目の「レンタルやリース，外注を活用している」で，業種別の結果をみると，「レンタルやリース，外注を活用している」業種ほど，「手持ち現金が少ない，借入負担が大きい」ことが設備投資の抑制要因とはならない傾向がみられます。レンタルやリースは，資金制約の問題を回避するための1つの手段となっているようです。

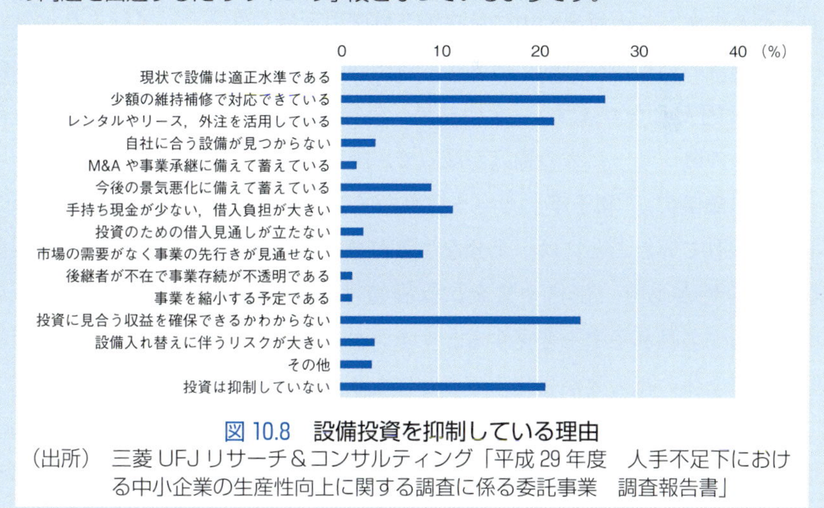

図10.8　設備投資を抑制している理由

（出所）　三菱UFJリサーチ＆コンサルティング「平成29年度　人手不足下における中小企業の生産性向上に関する調査に係る委託事業　調査報告書」

ストが増加すると，投資の収益性が悪化するため，投資は減少することになります。投資についても，実際の統計データからは，利子率の変化に反応しているかどうかはっきりとはわかりません。

消費や投資の変化は，利子率の変化そのものではなく，株価や地価など**資産価格**の変化を通じて生じるとの考え方もあります。第3章で学んだように，金融取引では**情報の不完全性**が大きな問題となりますが，その問題を回避する手段の一つに，土地やその他の資産を返済の**担保**として差し出すことがあります。第7章で学んだように，利子率の低下によって将来の配当の実質的な価値が増加し，株式や土地など資産の価格が上昇するので，差し出すことのできる担保の価値が上昇し，その分だけ，借入額を増やして，企業の場合なら新たな投資に，家計であれば耐久消費財の購入などにあてることができます。資産価格の変動と消費や投資などとの関係は，**バブル経済**の例にもみられるように，マクロ経済学の非常に重要なテーマです。

第3の経路は，**純輸出**の変化を通じたものです。レッスン8.6で学んだように，ある国の利子率が低下すると，その国の資産は，利子率の変わらない外国の資産にくらべて相対的に割高になるため，人々は自国資産を売って外国資産を買おうとします。この資産の中には自国と外国の通貨も含まれ，外国為替市場では自国通貨の供給が相対的に増えて，自国の**為替レートが減価**します（日本の場合には**円安**となります）。その結果，外国への財・サービスの輸出が増え，外国からの財・サービスの輸入が減って，純輸出が増えることとなります。

以上の議論で，「利子率」という言葉がインフレ率を除いた**実質利子率**のことを意味していたことには，十分な注意が必要です。現実の市場にはさまざまな不完全性があり，価格や賃金には**硬直性**（rigidity）が存在することから，中央銀行が名目利子率を変更すると，インフレ率だけでなく実質利子率も変化し，経済全体の総需要が変化することになります。

もし財・サービス市場や労働市場が理想的なもので，価格や賃金がいつも需要と供給の一致する水準に調整されるのであれば，実質利子率は技術進歩率や家計の時間選好率など，経済の基礎的条件によって完全に決定されてしまいます。そのため，中央銀行による名目利子率の変更はインフレ率の変更だけをも

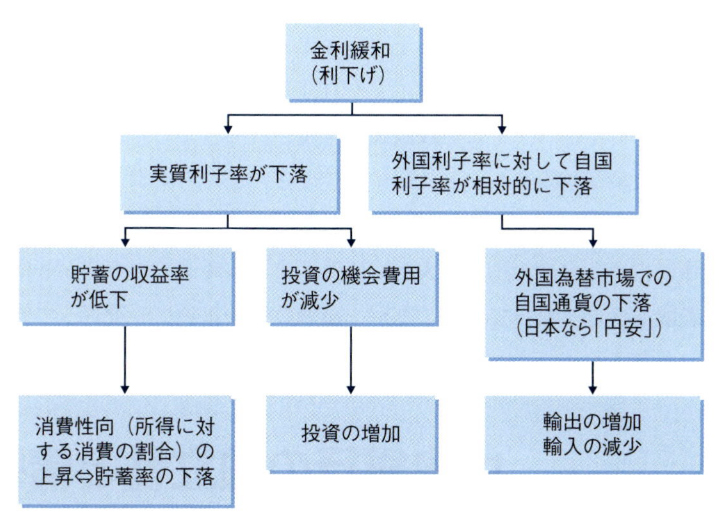

図 10.9　金融政策の波及経路

■ BOX10.2　価格の硬直性について ■

価格の硬直性（rigidity）は，最近は粘着性（stickiness）と呼ばれることも多いですが，経済環境の変化によりそれまでの価格がもはや望ましいものでなくなってしまっても，すぐには適切な水準へと調整されないことを指します。現代の標準的なマクロ経済学では，金融政策は価格または賃金の硬直性が存在するために効果を持つと考えられています。

では，実際に価格はどれほど硬直的なのでしょうか？　価格の硬直性の程度は，望ましい金融政策のあり方に大きく関係するため，盛んに研究が進められています。個々の企業がどれほどの間隔をおいて価格を変更しているのか，価格の改定頻度に関する研究では，年に1～2回の企業がもっとも多いとの研究がある一方で，およそ3カ月に1回という研究や，3日に1回という研究もあります。

たらし，実質利子率は変化しません。この場合，中央銀行の仕事は，インフレ率を一定に保つため，経済の基礎的条件の変化によって生じる実質利子率の変化とちょうど同じ率だけ，名目利子率を変更することになります。

伝統的なマクロ経済学の中では，マクロ経済安定化の手段として，金融政策と同等，あるいはそれ以上に財政政策が重視されてきましたが，近年では，もっぱら金融政策が重視され，財政政策は控えるべきとの論調が強まっています。詳しい説明はこの本の範囲を超えてしまいますが，金融市場の発達とともに，経済全体に占める金融の役割が大きくなり，また，利子率の変化が経済全体に及ぼす影響も大きくなってきたことが，金融政策の重視に一役買っていることは間違いありません。

レッスン 10.5 中央銀行の独立性と情報開示

経済学の教科書では，国民全体の経済厚生だけを考える理想的な政府を思い描いて議論することが一般的ですが，現実の政治では，それぞれの政党やその支持者たちの個別の利益がぶつかり合い，せめぎ合う中で実際の政策が決められます。このような政治の働きにより，金融政策に対して，経済成長や高水準の雇用の維持が過度に求められ，結果として激しいインフレーションが生じる恐れがあります。中央銀行が望ましい物価の安定を実現するためには，中央銀行が一般政府から独立した存在であり，政治からの圧力から切り離されている必要があります。これを「**中央銀行の独立**」といいます。

日本銀行の場合，以前の日本銀行法は戦時下の1942年に制定されたものであったため，国家統制色が強く，独立性は十分に確保されていませんでした。1997年6月に成立・公布され，1998年4月から施行された改正日本銀行法では，諸外国における中央銀行の独立性強化に向けた動きなどをふまえて，日本銀行の独立性が法的に明確化されました。他方で，独立性の高い中央銀行は，その分だけ大きな責任を持ち，経済情勢に関するどのような判断にもとづいて金融

■BOX10.3　日本銀行政策委員会委員の変遷■

政策委員会委員の構成は，1997 年の日銀法改正で，大きく変化しました。現行の日本銀行法では，総裁，副総裁 2 人，経済または金融に関して高い識見を有する者または学識経験者 6 人からなる審議委員の計 9 人ですが，1942 年制定の旧日本銀行法では，総裁のほか，都市銀行，地方銀行，商工業，農業に関し優れた経験と識見を持つ者が 1 人ずつ，さらに，議決権を持たない大蔵省代表者 1 人と経済企画庁代表者 1 人の 7 人で構成されていました。旧日本銀行法の下では，実際の最高意思決定は総裁，副総裁，理事ら内部役員の会議で行われ，政策委員会の形骸化がいわれていました。現在の制度では，政府代表は必要に応じて政策委員会に出席し，議案の提出や議決の延期を求めることはあっても，議決に加わることはありません。このような制度によって，政策決定における政策委員会の自主性が確保されています。

政策委員会の委員の任期は 5 年で，すべて両議院の同意を得て内閣が任命します。そのため，衆議院と参議院のどちらか 1 つでも人事案に同意しなければ任命することができません。参議院で野党が過半数であった 2008 年春の日本銀行の政策委員会委員の任命では，総裁人事案が 2 度にわたって参議院で不同意となったため，約 3 週間にわたって日本銀行総裁が不在となる異例の事態となったことを，覚えている方もいらっしゃるかもしれません。付け加えると，副総裁もリーマンショック後まで約半年間も 1 人の状態が続き，審議委員に至っては，1 人の欠員が途中 2 人になるなどの経緯を経て，2010 年 7 月にやっと 6 人が揃いました。

政策委員会委員の構成は，総裁が代わるごとに大きく変化しています。新日銀法のもとでの最初の委員は，実業界や報道関係など実務的な経歴を持つ人が多く，学識経験者 2 人のうち金融論の専門家は植田和男審議委員 1 名だけでした。これに対して白川総裁時代の 2010 年 3 月末から 6 月までは，委員 8 人のうち総裁，副総裁 1 人を含む 4 人の前職が経済学系の大学教員で，総裁を除く 3 人は大学教員以外の職歴を持たない，きわめてアカデミックな構成となっていました。2000 年代は金融政策に関して前例のない事態が生じ，実践と学術研究が手を取り合って進歩していく状態であったため，政策委員会委員にも最先端の学術研究の成果を理解する能力が求められたのかもしれません。

2018 年 8 月現在の日本銀行政策委員会の委員 9 人の経歴をみると，官庁や金融機関，シンクタンク等でエコノミストとして活躍された方が審議委員のうち 4 人を占めています．若田部昌澄副総裁は大学教員以外の職歴を持たない学術畑の出身ですが，元々の専門は経済学史で，いわゆるリフレ派の論客として経済論壇で華々しい活躍をされた方です。このように学界内ではなくより実務的な人々の中で活躍してきた委員が増えたのは，学術研究の蓄積が進み議論が整理されてきたことにより，現実の経済状況をふまえたよりわかりやすい情報発信の能力が求められるようになったからかもしれません。

政策を決定したのか，国民に広く明らかにする必要があります。以下では，改正日本銀行法のもとで，日本銀行の独立性と説明責任がどのように実現されているのか，簡単に説明します。

日本銀行の最高意思決定機関は，日本銀行総裁，副総裁2人と6人の審議委員の計9人で構成される**政策委員会**です。

政策委員会が決定する事項には，①目標とする短期利子率の水準などの金融市場調節方針や，②基準割引率・基準貸付利率（いわゆる公定歩合）の変更，③準備率の変更，④金融経済情勢の基本判断などがあります。委員会を構成する委員は全員，国会の同意を得て内閣により任命されることになっています。

金融政策のあり方は，年に8回，2日間にわたって定例的に行われる政策委員会の**金融政策決定会合**で議論され，出席した委員の多数決で決定されます。説明責任を果たすため，決定内容は速やかに公表されるとともに，議長による記者会見が行われます。また，議事要旨はおよそ1カ月後，議事録は10年後に公表されることになっています。さらに，半年ごとに「通貨及び金融の調節に関する報告書」を国会に提出して説明を行うことが義務づけられています。

レッスン 10.6 ゼロ金利制約と量的緩和政策

レッスン9.1でもお話したように，日本銀行は1999年2月から約1年半，**ゼロ金利政策**という短期金融市場の利子率を実質ゼロ％とするそれまで世界中に例のない政策を実施しました。その導入に際して，これが最後の金利の引き下げであり，これ以上の金利低下の余地はないと日本銀行政策委員会が判断していたことは，「結局，コールレートの下限を事実上取り払ってしまうかたちで，残る金利の低下余地を最大限活用しようという結論に至った」との1999年6月の総裁講演からも明らかです。名目利子率にはゼロの下限があり，デフレ等に対して緩和的な金融政策を行う際の制約となることを，**ゼロ金利制約**といいます。2000年8月に，政府からの議決の延期の求めを否決してまでゼロ金利

表 10.3　1999 年からの日本の金融政策の変遷

1999 年　2 月 12 日	ゼロ金利政策導入
2000 年　8 月 11 日	ゼロ金利政策解除（政府からの議決の延期の求めあり）
2001 年　2 月　9 日	補完貸付制度新設
3 月 19 日	量的緩和政策導入 以後，2004 年 1 月まで 8 回にわたって当座預金残高目標を引き上げ
2003 年　6 月 25 日	「資産担保証券買入基本要領」制定
2005 年　5 月 20 日	なお書き修正（「資金需要が弱ければ目標下回る可能性」）
2006 年　3 月　9 日	量的緩和政策解除（ゼロ金利政策へ）
7 月 14 日	ゼロ金利政策解除
2008 年 10 月 31 日	補完当座預金制度の導入
2009 年 12 月 18 日	「中長期的な物価安定の理解」の明確化
2010 年 10 月　5 日	包括的な金融緩和政策の導入，資産買入等の基金の創設
11 月　5 日	「ETF および J-REIT の買入れ」の導入
2012 年　2 月 14 日	「中長期的な物価安定の目途」を導入
2013 年　1 月 22 日	物価安定の目標の導入
4 月　4 日	量的・質的金融緩和の導入（2014 年 10 月に拡大）
2016 年　1 月 29 日	マイナス金利付き量的・質的金融緩和の導入
9 月 21 日	長短金利操作付き量的・質的金融緩和の導入
2018 年　7 月 31 日	政策金利のフォワードガイダンスを導入

政策の解除を決定したのも，このような極端な緩和策が長期化することによる弊害を懸念したからだと考えられます。

ところが，それから半年もたたないうちに海外経済の急速な減速の影響などで景気が悪化し，思い切った金融緩和が必要となりました。とはいえ，ゼロ金利解除後も政策金利は0.25%ときわめて低い水準に維持されていたため，単にゼロ金利政策に戻るのでは，十分な緩和策とはみなされない可能性がありました。そこで日本銀行は，2001年3月から**量的緩和政策**というそれまで世界中に例のない新しい政策を実施し，規模を拡大しつつ，2006年3月までの約5年間にわたって続けられることになりました。

通常，金融政策は短期金融市場の**利子率**をある一定水準に維持するように実施されるのに対して，量的緩和政策では操作目標が無担保コールレートから**日本銀行当座預金残高**へと変更され，さらに実施期間の目処として消費者物価指数の前年比上昇率が採用されました。当座預金残高の目標は，当初はそれまでの残高4兆円強に1兆円を積み増した5兆円強とされましたが，9.11テロの発生やりそな銀行への公的資金注入など，景気の悪化が懸念されるたびに増額され，2004年1月には30～35兆円にまで増額されました。その間，公定歩合（基準貸付利率）の引き下げ（0.15%から0.10%へ）や**長期国債**買入れの増額（2002年10月には月1兆2000億円へ）といった政策も合わせて行われました。

このような量的緩和政策ですが，経済理論によってその効果を説明するのはかなり難しい問題です。標準的なマクロ経済学では，金融緩和の効果は実質利子率の低下による消費や投資の増加によってもたらされます。金利がゼロになってしまい，各銀行が必要以上の準備を保有している状況では，さらに準備の供給を増やしてもマネーストックは増加せず，金利も下がるわけではないので，それだけでは何の効果も期待できません。ゼロ金利を超えた量的緩和政策の効果としては，次の2つのルートが期待されていました。

第1のルートは，いわゆる**時間軸効果**と呼ばれるものです。日本銀行が操作目標としている無担保コールレート・オーバーナイト物とは，今日借りて明日返すごく短期の利子率ですが，企業の投資活動は着手してから収益が上がり，費用が回収できるまでに何年もの期間がかかります。そのため，投資に影響を

■BOX10.4　日本銀行当座預金金利より低い市場利子率■

短期金融市場の利子率はどこまで下がるか？　普通に考えると，安全な中央銀行の預金金利より低い利子率で破たんリスクのある民間金融機関に貸すのは何のメリットもないので，補完当座預金制度の説明であったように，中央銀行当座預金の利子率が短期金融市場の利子率の下限になると考えられます。ところが，日本の代表的な短期金融市場である無担保コール市場では，実際には，2003 年から 2005 年にかけて，（当時の日本銀行当座預金金利である）ゼロ金利を下回る**マイナスの利子率**が何度も観察されました。この現象については，資金が余っている一部金融機関にとって，リスク管理上日本銀行ですら無限には資金を預けられないリスクのある貸出先と思われたため，より低いマイナスの利子率でも資金の一部を他の比較的安全な借り手に貸し出したほうが望ましかったからとの説明もありましたが，当時は例外的な現象と考えられていました。

補完当座預金制度が導入され，日本銀行当座預金に 0.1%の利子率が適用されるようになると，無担保コールレート O/N 物が日本銀行当座預金適用金利を下回ることは常態化しました。なぜなら，当の日本銀行自身が，コールレートの誘導目標を 2008 年 12 月には当座預金金利と同じ 0.1%前後に，2010 年 10 月にはより低い 0 ～ 0.1%に引き下げたからです。ですが，マイナス金利政策が導入されてからは，コールレートが政策金利の－0.1%を下回ることはなくなりました。日本銀行は改めて当座預金金利を市場利子率の下限と設定したようです。

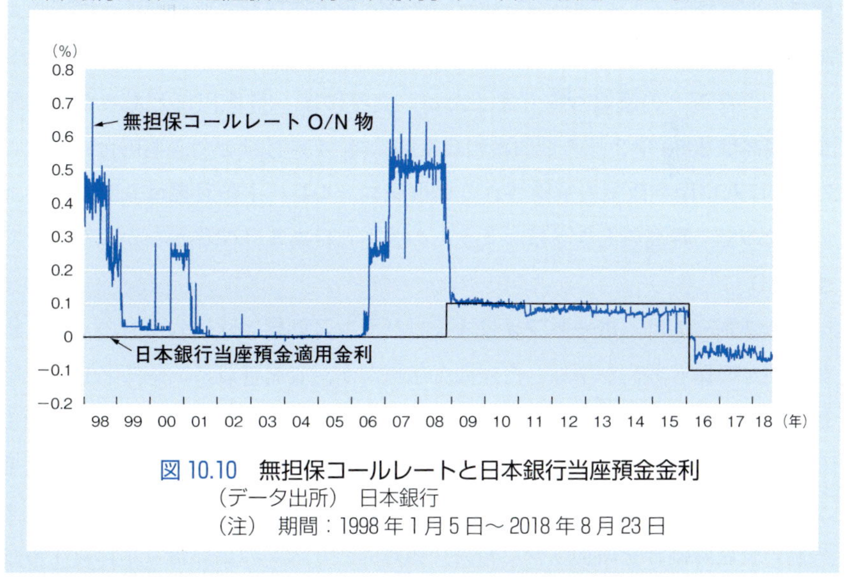

図 10.10　無担保コールレートと日本銀行当座預金金利
（データ出所）　日本銀行
（注）　期間：1998 年 1 月 5 日～ 2018 年 8 月 23 日

及ぼすのは短期ではなく主に長期の利子率となります。

レッスン6.2で学んだように，金利の期待仮説によれば長期利子率は現在から将来にかけての短期利子率の予想を反映して決定されます。そのため，将来物価が上昇し始めたときに，通常であればインフレを防止するために金利を引き上げるところを，しばらく引き上げず低いままでいることを**コミット**する（信頼できる約束をする）ことができれば，短期金利がゼロ未満に引き下げることができなくても，現在の長期金利を引き下げることが可能となります。時間軸効果とは，このような金融緩和の「前借り」の効果をいいます。

日本銀行は量的緩和政策を導入する際に，実施期間の目処として「（量的緩和政策は）消費者物価指数（全国，除く生鮮食品）の前年比上昇率が安定的にゼロ％以上となるまで，継続することとする」と宣言することで，ゼロ金利の状態が長期間にわたって続くことにコミットしたといわれています。この時間軸効果については，統計データからその効果を確かめた実証研究も出てきています。

以上の説明で明らかなように，時間軸効果は当座預金残高とは直接には何の関係もありません。一部には，残高が多ければ多いほど必要な額にまで減らす時間がより長くかかるため，それだけゼロ金利の期間も長くなり，より強いコミットになるとの議論もありましたが，実際には，26兆円ほどあった当座預金の残高は2006年3月の量的緩和政策解除後，4カ月ほどで5兆円台に減少し，7月にはゼロ金利政策も解除されて無担保コールレートの目標は0.25％へと上昇したので，残高の大きさはコミットの強さとはあまり関係がなかったようです。

第2のルートは，**ポートフォリオ・リバランス効果**と呼ばれるもので，日銀当座預金の保有残高が増加した民間金融機関が，資産構成において名目収益率がゼロの貨幣を減らしてより期待収益率の高いリスク資産運用や貸出を増やすことを通じて，実体経済に影響を及ぼそうとするものです。当座預金残高を増やすために，日本銀行が長期国債や資産担保証券など，より長期でよりリスクの高い資産の割合を増加させた結果，相対的にリスクの高い借り手に対する金利が低下しました。これが，投資や消費の拡大にどこまでつながったのかは，

■BOX10.5　金融システムの安定と日銀特融■

レッスン 10.2 で述べたように，金融システム安定のための信用秩序維持政策は金融政策と並ぶ中央銀行の主要な政策です。日銀特融とは，信用秩序維持のためにとくに必要であり，政府からの要請があった場合に「特別の条件」によって行われる，日本銀行による資金の貸付です。日銀特融は東京オリンピック後の昭和 40 年不況の際，山一證券に対して行われたのが最初で，2 カ月後に大井証券にも実施された後は，30 年間実施されることはありませんでした。しかし，1995 年 7 月に経営破たんしたコスモ信用組合へ特融が行われてから，2003 年のりそな銀行と足利銀行への特融措置の決定（実行はされませんでした）まで，毎年のように破たん金融機関への日銀特融が行われました。日本銀行は特融以外にも，金融システム安定のために，住宅金融専門会社（住専）処理との関連で 1996 年に設立された新金融安定化基金への資金の拠出なども行っています。

日銀特融は一つの金融機関の破たんが，他の金融機関に波及して金融システム全体が動揺する恐れ（システミック・リスク）を抑えるために行われますが，結果として破たん金融機関の業務や雇用が維持されることから，「いざとなれば日銀が助けてくれる」との金融機関側の甘え（モラル・ハザード）を助長する危険があります。そのため日本銀行では，①システミック・リスクが顕在化する恐れがある，②日本銀行からの資金供与が不可欠である，③モラル・ハザードを防止するため，責任の明確化などの対応が行われる，④日本銀行自身の財務の健全性の維持に配慮する，という 4 原則にもとづいて特融を実施するかどうか決定しています。

日銀特融と同様の，中央銀行の「最後の貸し手」としての資金供給は，日本以外の国々でも行われています。アメリカでは，世界金融危機の際にニューヨーク連邦準備銀行が，2008 年 3 月には投資銀行大手のベアー・スターンズ社に，同年 9 月には全米最大の保険会社 AIG にそれぞれ最大 290 億ドル，850 億ドルの融資枠を設定して融資を行いました。

肯定的な研究と否定的な研究の両方があってはっきりしませんが，直前に導入された補完貸付制度と相まって，少なくとも金融システムの動揺を回避し，金融市場の安定化につながったとの指摘があります。というのも，2002年から2003年にかけては，銀行の経営危機問題が表面化してりそな銀行への公的資金注入や足利銀行の一時国有化が行われたり，日経平均株価が最安値を更新するなど，金融システムに対する不安や金融市場の混乱が生じていた時期だったため，経営状態に不安のある一部の金融機関は，市場から資金を調達するのが難しい状態にありました。ですが，日本銀行が潤沢に資金を供給したため，これらの金融機関も十分に低い金利で資金を調達することができました。

量的緩和政策が行われていた時期には，その導入時点より一貫して，日本銀行の金融市場調節方針に，「なお，資金需要が急激に増大するなど金融市場が不安定化する恐れがある場合には，上記目標にかかわらず，いっそう潤沢な資金供給を行う」との文言が付け加えられていました。このことからも，量的緩和政策では，通常の金融政策の目的であるマクロ経済の安定に加えて，信用秩序維持政策の目的である金融市場の安定化も重要な目的とされていたことがわかります。

レッスン10.7 フォワードガイダンスと近年の金融政策

レッスン10.6で紹介した量的緩和政策のうち，とくに時間軸効果を狙った実施期間の目処の公表は，現在では**フォワードガイダンス**の嚆矢と評価されています。フォワードガイダンスは，簡単に言えば「将来の金融政策運営についての情報発信」ということができますが，より正確な説明のためには，1980年代以降の金融政策に関する議論と実践を簡単に振り返ってみる必要があります。

フォワードガイダンスのもとになった政策の一つが，**インフレターゲット**です。インフレターゲットとは，中央銀行がインフレ率に対して一定の範囲の目標を明示し，その実現を目指して金融政策を行う政策運営の枠組みです。1990

■BOX10.6　テイラールール■

レッスン 10.7 で紹介した狭義のフォワードガイダンスの定義は「将来の金融政策について，従来の行動から予測される政策の変更とは異なるタイミングでの政策の変更を前もって公約」することでしたが，「従来の行動から予測される政策の変更」とはどのようなものでしょうか？　かつてフリードマンは裁量的な金融政策を批判してマネーサプライを一定率で機械的に増加させる k%ルールと呼ばれるルールにもとづく金融政策を提唱しましたが，裏を返せば，それまで実際に行われてきた裁量的な金融政策は予測不可能で，それゆえ不要の景気変動を引き起こすと判断していたことになります。

このように，かつては予測不可能と考えられてきた中央銀行の政策決定ですが，スタンフォード大学のジョン・B・テイラーは 1993 年の論文で，過去の FRB の金融政策において政策金利の誘導目標 i_{t+1} がおおよそインフレ率 π_t と実質 GDP の自然率からの乖離（GDP ギャップ）y_t の一次関数，具体的には

$$i_{t+1} = \pi_t + 0.5\,y_t + 0.5\,(\pi_t - 2) + 2$$

で表されることを示しました。この式から FRB は，GDP ギャップが 1%増加すると政策金利を 0.5%引き上げ，インフレ率が 1%上昇すると政策金利を 1.5%引き上げるという単純な反応をしていたことがわかります。

テイラーは，それまで理論的に考察されてきた望ましい政策ルールが現実の政策決定にどのように適用可能か考察する中で，そのようなルールが適用可能なだけでなく，実際の政策を正確に描写することを発見しました。これは，中央銀行の政策決定が完全な裁量≒気まぐれではなく，むしろ，いくつかの経済変数に対して機械的に反応する政策ルールに従っていること，またそのような政策ルールが実際に望ましいものであったことを示唆しています。このようなインフレ率と GDP ギャップに応じて決定されるタイプの政策ルールのことを一般にテイラールールと呼びます。

フォワードガイダンスは，テイラールールで示されるような，過去の政策決定から予想される政策ルールとは異なるタイミングでの政策変更にコミットすることになります。

年にニュージーランドが導入して以降，各国で導入が進められましたが，初期に採用した国々の多くは，1980年代に慢性的な高インフレ・高金利に苦しんでおり，インフレの鎮静化のために導入が進められました。当初は，政府によるさまざまな政策目標の追及で過大なインフレが生じないよう，中央銀行の政策目標をインフレ率の安定だけに限定するコミットメントの効果が重視され，短期的な物価安定のために厳格な運営が試みられました。やがて，インフレ率が低下し，インフレターゲットの枠組みに対する信認が強まるとともに，中期的な物価と実体経済の安定を目指す運営に変化していきました。

インフレターゲットに対する信認が高まる過程では，中央銀行による金融政策の透明性が大幅に向上・強化され，政策判断の根拠となる経済・物価の見通しの丁寧な説明や，合議制の政策決定過程の議事要旨・投票結果の公表，先行き金利経路の公表などが行われるようになったことが大きな役割を果たしました。さらに，信認が確立した後も，信認を保ち続け，市場との対話を通じて金融政策を効果的にするために，透明性の強化が進められています。このような透明性向上のための情報発信も，広い意味でのフォワードガイダンスに含める議論もあります。

これに対して，日本銀行が2018年7月に正式に導入した狭義のフォワードガイダンスでは，単なる透明性の向上にとどまらず，将来の金融政策について，従来の行動から予測される政策の変更とは異なるタイミングでの政策の変更を前もって公約します。そのため，後になってより適切だと思われる政策変更を実施したくても，過去のフォワードガイダンスのせいでできない，という事態が発生します。将来インフレ率が上昇し，本来であれば政策金利を引き上げるべき状況で低位に据え置くことを約束することで，現在の長期利子率を引き下げようとするのが，金融緩和のためのフォワードガイダンスなのです。これは，**レッスン10.6**で述べた時間軸効果そのものです。

2008年9月にリーマンショックが生じて以降，世界の金融市場は大混乱となり，アメリカやヨーロッパ国内の短期金融取引や国際的な米ドル資金の調達が極めて困難な状況となりました。2008年10月に行われたアメリカやヨーロッパなど6カ国中央銀行による協調利下げは，通常の金融政策というよりも信

■BOX10.7 古代ギリシアとフォワードガイダンス■

レッスン 10.7 で学んだように，フォワードガイダンスには，透明性向上のための情報発信と，将来の金融政策についての公約の 2 種類があります。シカゴ連邦準備銀行総裁のチャールズ・L・エヴァンズらが 2012 年に発表した論文では，前者が「デルフィ的なフォワードガイダンス」，後者が「オデッセイ的なフォワードガイダンス」と呼ばれています。この「デルフィ」「オデッセイ」は，ともに古代ギリシアに関する言葉です。

まず「デルフィ」ですが，古代ギリシア語では「デルポイ」となり，「デルポイの神託」で知られる古代ギリシアのポリス（都市国家）の名前です。デルポイの神託は古代ギリシアで千年以上にわたって最も権威のある神託として名声を博しますが，ピュティアと呼ばれる巫女が神がかり状態で話す言葉がもとになっているため，その多くは謎めいた韻文でした。もちろん中央銀行の声明がそのようななぞなぞクイズのようであっては困るので，エヴァンズたちもそのような意味ではなく，将来に対する中央銀行の単なる予測の意味で使っていると書いています。

次に「オデッセイ」ですが，こちらは古代ギリシアの有名な叙事詩「オデュッセイア」のことです。「オデュッセイア」は英雄オデュッセウスがトロイア戦争からの凱旋の帰途に体験した 10 年間にも及ぶ放浪と冒険を描いたものですが，その中に，セイレーンという怪物のいる島の傍らを船で通過するエピソードがあります。セイレーンの歌声は人の心を魅惑し引き寄せてその餌食にしてしまうのですが，オデュッセウスはセイレーンの声を聴きたかったため，前もって部下たちの耳を蜜蝋でふさぎ，オデュッセウス自身は部下に命じて帆柱に立ったまま手足を縛らせました。歌が聞こえると，オデュッセウスはセイレーンのもとへ行こうと暴れましたが，部下たちは前もって命じられていた通りさらに強く縛りつけ，一行は無事セイレーンの島を通り過ぎることができました。オデュッセウスが島を通過することを前もって公約し，後になってその公約を撤回できないように手足を縛ったことが，金融政策を前もって公約する狭義のフォワードガイダンスに重なることからのネーミングです。

用秩序維持の側面が大きかったように思われます。その後の急激な景気悪化とインフレ率の低下に対して，伝統的な利子率の引き下げだけでは対応できなかったため，各国の中央銀行はより長期のオペレーションや長期国債，資産担保証券等の購入，フォワードガイダンスの推進など，各種の非伝統的な政策を実施しました。

日本とアメリカでは，早期に短期利子率が実質的な下限に達してしまったため，その後は長期国債等の大規模な購入によるバランスシートの拡大，いわゆる「量的緩和」（Quantitative Easing；QE）が実施されました。これに対してユーロ圏では，2014 年 6 月に主な政策金利である主要リファイナンス・オペ金利を 0.15％に引き下げる際，中央銀行当座預金に適用される預金ファシリティー金利を－0.1％に引き下げ，マイナス金利政策を導入しました。

近年の日本の金融政策を振り返ると，2013 年 3 月までの白川総裁時代には金融緩和に消極的で，黒田総裁に代わってから打ち出された量的・質的金融緩和でそれまでにない異例の金融緩和が実施されたような印象があります。ですが，量的・質的金融緩和で強調されたインフレターゲットの採用，政策手段の金利から資産規模への変更，長期国債や ETF（指数連動型上場投資信託受益権）の買入れといった個々の政策手段は，実は白川総裁時代にすでに導入されていました。量的・質的金融緩和は，緩和の程度を拡大するとともに，「2 年程度」とインフレ目標の達成時期を示したり，「2％」「2 倍」「2 年」といった単純で強力なメッセージを発信することで，市場との対話を進めて金融政策の効果を高めたと考えられます。

量的・質的金融緩和の目標であった 2 年間で 2％のインフレ率は，結局，総裁任期の 5 年かかっても実現できず，黒田総裁が再任されて量的・質的金融緩和は更なる拡張を伴いながら継続されています。その間，マネタリーベースは 2012 年末の 138.5 兆円から 2014 年末にはほぼ見通し通りの 275.9 兆円に倍増し，2018 年 6 月には 502.9 兆円と 500 兆円の大台を超え（図 10.11），2017 年度の名目 GDP548.7 兆円に迫る勢いです。保有する長期国債も，2012 年末の 88.9 兆円から 2018 年 6 月末には 435.4 兆円と 4.9 倍に増加し，発行残高の半分に迫る勢いです（図 10.12）。このような日銀資産の膨張は，更なる量的緩和を困難

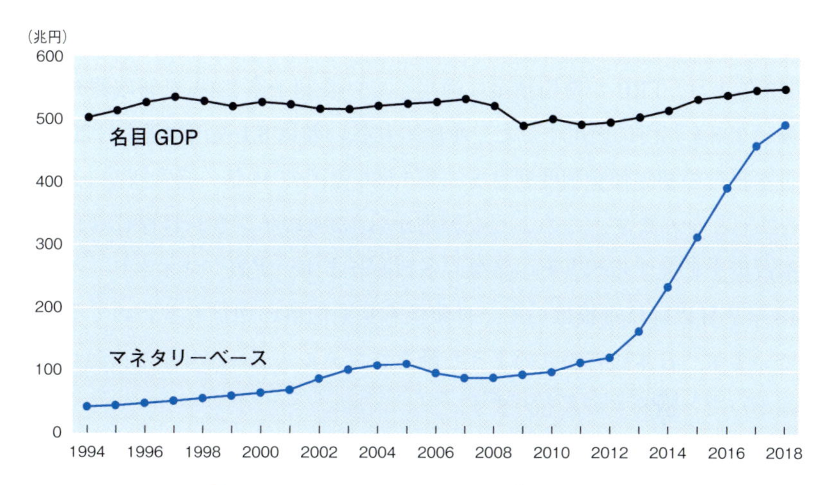

図 10.11　マネタリーベースと名目 GDP
（データ出所）　日本銀行，内閣府

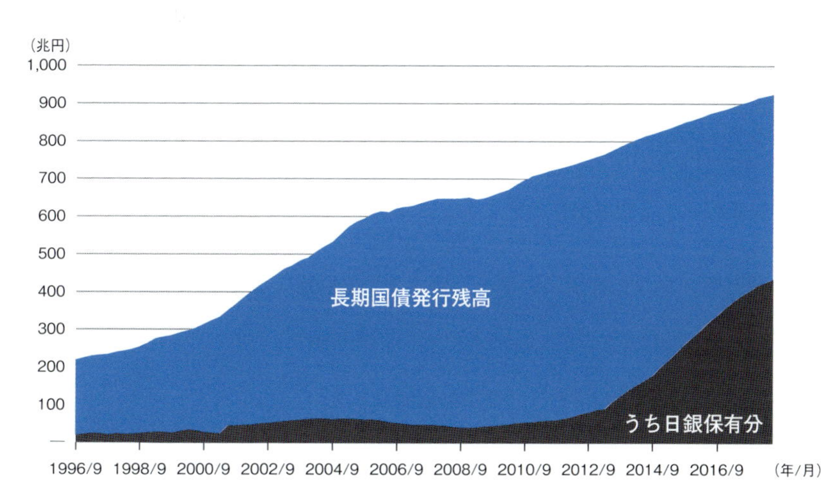

図 10.12　長期国債残高に占める日本銀行保有分
（データ出所）　日本銀行，内閣府

にするとともに国債市場をゆがめ，また，インフレ目標が達成された後の金融政策の正常化において，短期利子率の引き上げのために準備預金等に多額の利子を支払うことで日本銀行の財務を悪化させる懸念があります。仮に，現在（2019年1月）FRBが準備預金に適用している利子率2.4%を日本銀行の超過準備額338.4兆円に適用すると，年間の利払い額は8.1兆円に達し，2017年度の日本銀行の補完預金制度利息支払額1,836億円の44倍，経常収益1.8兆円の4倍以上となります。このような弊害から，2%のインフレ目標にこだわらず，金融政策を転換するべきとの議論も多数あります。実際，マネタリーベースは2018年7月以降ほぼ横ばいで，日銀保有長期国債の増加もきわめて小さくなっています。日本銀行のこのような動きをステルステーパリング（隠れた緩和の縮小）だと指摘する人もいます。

第10章　演習問題

1. 中央銀行の3つの役割について，それぞれ簡潔に説明しなさい。

2. 中央銀行の主な目的は物価の安定と経済の健全な発展（産出量の安定した成長）の2つですが，金融政策においてこの2つが（1）両立するケースと（2）相反するケースについて，それぞれ簡潔に説明しなさい。

3. 中央銀行による金融政策の主な手段について，簡潔に説明しなさい。

4. 金融政策がマクロ経済に影響を及ぼす3つの経路について，それぞれ簡潔に説明しなさい。

5. 中央銀行の独立性について，簡潔に説明しなさい。

演習問題略解

第1章

1. (1) ①リスク分散　(2) ③流動性供給　(3) ②情報生産
2. (1) プロジェクトB　(2) プロジェクトA
3. 解答例：収益性の高い投資プロジェクトを資金調達難で断念・中断せざるを得ず，結果的に総需要，総供給が低下する。
4. (1) 民間貯蓄：140兆円，政府貯蓄：－30兆円　(2) 純輸出等：10兆円

第2章

1. 「欲求の二重の一致」とは，互いに相手の欲しいものを持っている状態を指し，直接的物々交換が実現可能な条件である。これがない場合には，貨幣が交換の媒介とならない限り，人々の間で交換が実現しない。
2. (1) 要求払預金：普通預金や当座預金など，いつでも自由に引き出し可能な預金のこと。日本銀行のマネーストック統計において預金通貨を構成する。
   (2) 準通貨：日本銀行のマネーストック統計における第3の貨幣分類。定期預金や積立預金などの定期性預金からなる。
3. 予想外のインフレが生じると，貨幣の貸し手は受け取る貨幣の実質的な価値が下がって損失を被り，その分貨幣の借り手は返済の実質負担が減少して利益を得る（つまり，実質利子率が低下する）。
4. 交換方程式 $MV=PY$ において，貨幣の流通速度 V と実質国民所得 Y がともにマネーストック M の変化の影響を受けないことから，物価水準 P はマネーストック M の変化に比例して変化する。

第3章

1. (1) $10\times0.2=2$ 億円
   (2) 企業Bの株式20%，債券の20%に投資する。この投資戦略で得られるリターンは $0.2\times1\ (10-50\times0.1)\ +0.2\times50\times0.1\times=2$ 億円となる。
2. 新規開業企業は過去の財務諸表がなく，資金の出し手にとっては信用供与に関する判断に用いる情報が決定的に不足している。公募社債，株式公開で一般投資家から資金調達を試みても情報不足から買い手がつかないのは当然として，銀行等，通常の金融機関の

情報収集手段でも，融資，融資条件の決定に必要な情報が十分得られず金融機関も融資に消極的である。一方，ベンチャーキャピタルは役員を派遣するなど，経営に積極的に関与することで，資金の出し手としてのベンチャーキャピタルと資金の受け手としての新規開業企業の間での情報の非対称性に起因する逆選択，モラル・ハザードの程度を軽減することができる。このため，新規開業企業に積極的に資金供給ができる。

3. 短期の運転資金でも長期間，ロールオーバーされていれば，企業にとっては安定的な資金であり，結果的には，経済的に長期の設備資金と区別がつかない。
4. 中小企業と一般投資家との間の情報の非対称性は大きく，一般投資家は中小企業のクレジットリスク（返済能力）を識別できない。したがって，市場で決まる金利は，クレジットリスクの高い（返済能力の低い）企業の発行する社債も，クレジットリスクの低い（返済能力の高い）企業の発行する社債も等しくなる。この場合，クレジットリスクの高い企業にとっては情報の非対称性がない完全市場の場合に比べて金利が低く，クレジットリスクの低い企業にとっては完全市場の場合に比べて金利が高くなるので，結局，クレジットリスクの高い企業だけが社債を発行することになる。しかし，一般投資家は，発行される社債がクレジットリスクの高い企業だけになるという結果を合理的に予想できるので，社債を購入しない。したがって，中小企業の公募社債市場は成立しなくなってしまう。

第4章

1. 企業のデフォルト確率を p とする。地方自治体向け融資から得られる期待利子収入と企業向け融資から得られる期待利子収入が等しいので $0.1(1-p) = 0.06(1)$，これより $p = 0.4$ と求まる。
2. 中小企業は経営・財務の透明性が低く，資金の借り手として貸し手との間の情報の非対称性が大きい。また，財務諸表が提出されたとしても，公認会計士の監査を受けていないなど信頼性が低い。リレーションシップ・バンキングは，財務諸表などの定量的（ハード）情報に依存するのではなく，金融機関の融資担当者が企業に頻繁に訪問し，企業より直接，経営に関する定性的（ソフト）情報を入手することで情報の非対称性の程度を軽減するのに有効である。このことからリレーションシップ・バンキングは中小企業向け融資において有効である。
3. 地方銀行が他県に出店するなど，各銀行が従来の地盤を越えて融資を展開するようになったこともあり，伝統的な融資における競争度が高まり，銀行の利ざやが縮小傾向にある。そこで各銀行は収益性改善を目的として投資信託，保険の販売，シンジケート・ローンの組成などによる手数料収入を拡大する必要に迫られた。これが，2000年代に入り，日本の銀行が利益に占める非資金利益を増加させている理由である。

第5章

1. 大手銀行同士が合併した銀行は規模が大きく，合併銀行の倒産が金融システムに与える悪影響が大きい。たとえば，銀行倒産のリスクとして，銀行が倒産すると，インターバンク市場を通じて信用を供与していた金融機関が不良債権を抱えて倒産し，倒産が連鎖するリスク，いわゆる，システミック・リスクがある。このシステミック・リスクの規模は，合併銀行では金融システム全体を機能不全に陥らせるほど大きいため，政府は合併巨大銀行を倒産させず，経営危機に陥った場合は，救済する可能性が高い。したがって，合併銀行は経営危機に陥っても政府が救済してくれることを前提に，過剰にリスクテイクしてしまう。つまり大手銀行が合併して巨大銀行になると，銀行セクターのリスクテイクが必要以上に大きくなってしまい，銀行システムの脆弱性が高まることが問題である。
2. (1) リスク調整済み自己資本比率＝$8 \div (10 \times 0 + 10 \times 0 + 40 \times 1) = 8 \div 40 = 0.2$ となる。答えは20%。

   (2) 不良債権は $40 \times 0.15 = 6$ 兆円である。バランスシート上では不良債権が処理されると資産では企業向け貸出金が6兆円減少して34兆円になり，負債では資本が6兆円減少して2兆円になる。不良債権処理後の銀行のバランスシートは以下のようになる。

資　産		負　債		
必要準備預金	10	預金	52	
証券（国債）	10			
企業向け貸出金	34	自己資本	2	純資産
合計	54	合計	54	

（単位：兆円）

   (3) リスク加重資産は $2 \div 0.08 = 25$ 兆円にしなければならない。したがって企業向け貸出金を9兆円削減し，国債に再投資する。その結果，国債は9兆円増加して19兆円になる。

資　産		負　債		
必要準備預金	10	預金	52	
証券（国債）	19			
企業向け貸出金	25	自己資本	2	純資産
合計	54	合計	54	

（単位：兆円）

3. 金融機関が，不動産バブル下で不動産価格の上昇による担保価値の上昇を根拠に不動産担保融資を急拡大し，不動産バブルの崩壊によって，不動産担保融資が不良債権化，金融機関の自己資本が毀損したことに起因するという点が共通している。
4. 100%保証の場合，金融機関が保証協会保証付きの融資で貸倒れ損を被るリスクはゼロである。この場合，融資後，金融機関がモニタリングを怠り，結果として，貸倒れが発生する可能性が上昇する。貸倒れの損失分は税金を原資とする公的資金で貸し手金融機関に返済されるので，最終的には納税者の負担の上昇につながる。部分保証の場合は貸し手金融機関も貸倒れの場合は一定の損失を被るのでモニタリングを怠る可能性は低下する。

第6章

1. 7%
2. （1）100万円　（2）91.3万円
3. 4%
4. 実質利子率は上昇し，投資は減少する（資金供給曲線が左に移動するため）。

第7章

1. 5%
2. 5000円
3. マーケット・ポートフォリオが6%のとき：7%，−2%のとき：−5%
4. 省略（レッスン7.7参照）

第8章

1. 10%減価
2. （1）ドル買い・円売り介入
   （2）20兆円。対外純資産は増えた。
3. 97円
4. 1%上昇
5. 省略（レッスン8.7参照）

第9章

1. 信用乗数が $1 \div 0.04 = 25$ となるので，短期市場金利が正で超過準備が存在しなければ，預金総額は $40 \times 25 = 1000$ 兆円となる。
2. （9-6）式より，インフレ率 π は $\pi = 7 - 4 = 3\%$ となる。
3. 貨幣保有の機会費用とは，もし富を貨幣ではなく他の資産の形で保有していれば得られたはずの収益のことであり，通常は名目利子率で測られる。
4. 流動性選好が高まると，同じ利子率の下で貨幣需要が増加し，貨幣需要曲線が右方にシフトする。このため，金融市場では貨幣に対する超過需要が発生し，貨幣の価格である名目利子率が上昇する。

第10章

1. 中央銀行の3つの役割：①発券銀行：銀行券（紙幣）を独占的に発行する。②銀行の銀行：民間金融機関との間で貸借を行い，危機の際には「最後の貸し手」となる。③政府の銀行：政府と預金，貸付その他の金融取引を行う。

2. (1) 両立するケース：総需要に対するショックが生じた場合。AD 曲線のシフトを打ち消すような金融政策を実施すればよい。

(2) 相反するケース：総供給に対するショックが生じた場合。物価の安定と経済の健全な発展とで金融政策の方向が逆になる。

3. 現在の主要先進国では，短期金融市場における取引を通じて短期市場金利の水準を操作する公開市場操作が，金融政策の主な手段となっている。

4. (1) 消費の変化を通じた経路：利子率の低下が貯蓄減少・消費増加を通じて，総需要を増加させる。

(2) 民間投資の変化を通じた経路：利子率の低下が民間投資を増やし，総需要を増加させる。

(3) 純輸出の変化を通じた経路：利子率の低下により為替が減価し，輸出が増加・輸入が減少する。

5. 中央銀行が一般政府から独立した存在であり，経済成長や高水準の雇用を過度に追及する政治の圧力から切り離されて，望ましい物価の安定のために自律的に金融政策を行えること。

索引

●さ　行

●た　行

●な　行

●は　行

●ま　行

●や　行

●ら　行

●わ　行

●欧　文

執筆者紹介

細野　薫（ほその　かおる）　[1・6・7・8章担当]

1961年　京都府に生まれる
1984年　京都大学経済学部卒業
1990年　ノースウェスタン大学経済学修士号を取得
2009年　一橋大学博士号（経済学）を取得
　　　　経済企画庁（現内閣府），一橋大学経済研究所，名古屋市立大学経済学部等を経て
現　在　学習院大学経済学部教授

主要著書・論文

『金融政策の有効性と限界――90年代日本の実証分析』（杉原茂氏，三平剛氏との共著）東洋経済新報社，2001年。

『金融危機のミクロ経済分析』東京大学出版会，2010年（第53回日経・経済図書文化賞受賞）。

『いまこそ学ぼうマクロ経済学　第2版』日本評論社，2016年。

『インタンジブルズ・エコノミー』（淺羽茂氏，宮川努氏との共編著）東京大学出版会，2016年。

“The Transmission Mechanism of Monetary Policy in Japan: Evidence from Banks' Balance Sheets,” *Journal of the Japanese and International Economies*, **20**(3), 2006.

“Financial Shocks, Bankruptcy, and Natural Selection,”（with U. Uchida, D. Miyakawa, A. Ono, T. Uchino, and I. Uesugi）, *Japan and the World Economy*, **36**, 2015.

“International Transmission of the 2007-2009 Financial Crisis: Evidence from Japan,”（with M. Takizawa and K. Tsuru）, *Japanese Economic Review*, **67**(3), 2016.

“Natural Disasters, Damage to Banks, and Firm Investment,”（with D. Miyakawa, T. Uchino, M. Hazama, A. Ono, U. Uchida, and I. Uesugi）, *International Economic Review*, **57**(4), 2016.

石原　秀彦（いしはら　ひでひこ）　[2・9・10章 担当]

1968年　東京都に生まれる

1992年　東京大学経済学部卒業

1997年　東京大学大学院経済学研究科博士課程単位取得退学

　　　　東京大学大学院経済学研究科助手等を経て

現　在　専修大学経済学部教授

主要論文

"Existence of a Continuum of Equilibria in a Monetary Random-Matching Model," *Review of Economic Dynamics,* 13(4), 2010.

渡部　和孝（わたなべ　わこう）　[3・4・5章 担当]

1973年　東京都に生まれる

1995年　慶應義塾大学経済学部卒業

2003年　プリンストン大学 Ph.D.（経済学）

　　　　総務省，大阪大学社会経済研究所，東北大学経済学研究科等を経て

2013年　慶應義塾大学商学部教授

現　在　慶應義塾協生環境推進室勤務

主要著書・論文

『ダブル・クラッシュ――世界金融危機と連鎖不況の構造』日本経済新聞出版社，2009年。

"Prudential Regulation and the 'Credit Crunch': Evidence from Japan," *Journal of Money, Credit and Banking,* 39(2-3), 2007.

"Foreign Direct Investment and Regulatory Remedies for Banking Crises: Lessons from Japan," (Coauthored with Linda Allen and Suparna Chakraborty), *Journal of International Business Studies,* 42(7), 2011.

"The Effects of Public Capital Infusions on Banks' Risk-Shifting to the Deposit Insurance System in Japan," *Journal of Financial Stability,* 26, 2016.

●グラフィック［経済学］―5
グラフィック 金融論 第2版

2009年6月25日©	初 版 発 行
2019年4月10日©	第 2 版 発 行
2023年3月10日	第2版第4刷発行

著 者 細野 薫　石原秀彦　渡部和孝
発行者 森平敏孝
印刷者 山岡影光
製本者 小西惠介

【発行】 株式会社 新世社
〒151-0051 東京都渋谷区千駄ヶ谷1丁目3番25号
編集 ☎(03)5474-8818(代) サイエンスビル

【発売】 株式会社 サイエンス社
〒151-0051 東京都渋谷区千駄ヶ谷1丁目3番25号
営業 ☎(03)5474-8500(代) 振替 00170-7-2387
FAX ☎(03)5474-8900

印刷 三美印刷 製本 ブックアート

《検印省略》

ISBN978-4-88384-289-6
PRINTED IN JAPAN

サイエンス社・新世社のホームページのご案内
http://www.saiensu.co.jp
ご意見・ご要望は
shin@saiensu.co.jp まで。